法藏知津

七 編

杜 潔 祥 主編

第 1 冊

入《壇經》注

馮 天 春 著

花木蘭文化事業有限公司

國家圖書館出版品預行編目資料

入《壇經》注／馮天春 著 -- 初版 -- 新北市：花木蘭文化事
業有限公司，2021〔民 110〕
目 2+212 面；19×26 公分
（法藏知津七編 第 1 冊）
ISBN 978-986-518-295-3（精裝）
1. 六祖壇經 2. 注釋
030.8   109011258

ISBN-978-986-518-295-3

法藏知津七編
第 一 冊   ISBN：978-986-518-295-3

入《壇經》注

作　　者　馮天春
主　　編　杜潔祥
副總編輯　楊嘉樂
編　　輯　許郁翎、張雅淋　美術編輯　陳逸婷
出　　版　花木蘭文化事業有限公司
發 行 人　高小娟
聯絡地址　235 新北市中和區中安街七二號十三樓
　　　　　電話：02-2923-1455／傳真：02-2923-1452
網　　址　http://www.huamulan.tw 信箱 service@huamulans.com
印　　刷　普羅文化出版廣告事業
初　　版　2021 年 3 月
定　　價　七編 29 冊（精裝）新台幣 86,000 元

入《壇經》注

馮天春　著

作者簡介

馮天春，男，雲南普洱人，哲學博士，現就職於雲南省社會科學院宗教研究所，主要研究中華經典詮釋學、佛道教哲學、心理學。擅長將佛教禪修技術、道家性命之學與現代心理學融合，解決心智成長與身心問題。同時，致力於中華傳統文化與養生、睡眠、心靈養護等領域的研訓、抒寫，提倡和實踐「中華經典深度閱讀」。目前主持國家社科基金項目《雲南禪宗史》，完成著作《藏漢佛教修道次第比較研究》《禪蹤》《禪茶文獻鉤錄》《禪茶論典輯釋》等，另已發表學術論文二十餘篇。

提　要

　　本書從傳統禪修技術、現代心理學的綜合視野對《壇經》進行注解，歸納出了研學《壇經》乃至其餘中華經典的「經典五步研學法」，並重點整合、詮釋了《壇經》一直以來較為隱秘零散的十四種修道次第。作者並不將本注定位為真理、正解。人的經歷不同，業惑不同，視角及關注點不同，必然會導致不一樣的體驗、結論。此注所做的，不是描述自性或宣揚《壇經》理論，而是探討如何「走入」《壇經》，走入之後，因緣殊異，便是各自精彩的自性世界。

本書為 2018 年度國家社會科學基金一般項目
《雲南禪宗史》
（批准號：18BZJ020）階段性成果

目

次

緒 論

一、經典深度研習法

　　早有無數人注解、講傳過《壇經》。於我而言，二十年間，通讀數百遍了，甚至還有研究成果。然而，什麼是自性、一行三昧、般若行？出口成章，卻似是而非；如何有效坐禪、見性開悟、轉化身心？繞山繞水，總還不曾真體貼。到頭來《壇經》依然是《壇經》，我依然是我，相隔何止一層！那種看似超離，卻又如影隨形的執念，暗暗在啃噬著我本該美好、高貴、圓滿的生命。

　　於是，某天，一發狠，遂逐字逐句解讀、體味，同時虛化身心，坐忘印證。幾周後，心中歡喜。原來，徹底虛化身心，生命才會自動、自流，內外因緣才會與人無涉，才有不思善、不思惡、不住空的自性境。《壇經》句義，原來是在訴說這種生命究極！同時，隨手翻閱，其間學習的心得居然記寫得密密麻麻，有些還是瞬間靈性綻放的火花。

　　一時間仿才明瞭，不由感慨：這類描繪、求證某種深層生命維度的經典，我們在日常中不是不讀、不學，而是輕易就忽略放過了，看似明澈，實則僅得皮毛。正如我們的生命，時時說著要實現遠大理想、擴展厚度寬度，卻又浮皮潦草一生，到頭來只發現實在是沒腳踏實地修學過、生活過。

　　我想，我找到了一種可以深入內核的經典研習法。其要略如下：

　　第一步，**選擇經典**。選定一部可反覆讀、長期讀，甚至一生讀的經典，使之成為你蘊養生命的入處、立處和文化名片。勿求多，只求深，待有所突破後再作拓寬。到時則可從根本處直入其餘典籍，一片開闊。

　　第二步，**吃透句義**。對整部經典的文句、主旨、構架了然於心。這是研

學經典的基本要求。否則雖說讀過，但當往精細處追究，或需要講說時，則往往朦朧無物，不知所云。這證明經典並沒有真正成為你知識系統中的存藏。

第三步，**實修互證**。經典能夠指導修學，但反過來，要讀懂經典又需要實踐修證而契入其中。許多經典敘說的都是深層生命境界及體悟，如無法親自印證，即使懂了道理，也不過是經義表皮。諸多講授者常常將經典講成了知識簡介、道德說教、心靈雞湯，到了某一層次就無法往深處講，便是因對內在性命未實修探究、同步共進的緣故。在此意義上的經典習學，實際是與內在生命的對話、融通。

第四步，**空心品讀**。經典往往在描述本心，所以難懂難會。覆蓋本心的主體物實際是意識思維，日常所作所為所學所解，本身就是意識思維在運作。最終，我們對經典的習學充其量只是推論出了一套邏輯理論，並未穿透思想，契合本心。如何深入本心？這一直是諸家經典在講說的內容：身心空化，本心自顯。故而高超之讀書，實際是放空身心，有意無意，不求甚解，反覆品讀。彼時之讀書，便是經典與你本心的互融，同時也是本心的如實外化。如此才是習學經典的根本目的。若是只限於知解，雖在「讀經」，其實是在「叛經」，又在覆蓋真心了。

第五步，**歸納整合**。讀過，體貼過，但不多久，所學常常又忘了，其根源在於未及時將零散的體悟形成條理性記錄，沒有歸納整合的習慣。人的身心實際上是一件精密的工具，你若將所得條理化儲存，自然隨時可取可用，積成你的深厚學養。上述「經典深度研習法」，便是我習學《壇經》而最終歸納整合的產物。

博覽群書，一目十行，固然快意，但常常落於知識層面，後果多自以為是，根基虛浮。而退去自我，實修印證，一本一本地讀，一句一句地讀，雖然看似散漫落伍，無所進益，但不多久你將發現，這才是最簡捷、最有效、最堅固的學習方法。同時也是實現真正博覽群書、一目十行的深厚內功。

有人會說：「這誰都懂，平淡無奇。」然而，即使自認為懂，如果不踏實進入內心，細微體貼，便也如之前所說，「相似懂」而已。諸經勝義，還是不可能與你發生關聯。其實，以上研習法，最難領會、運用的是如何實修互證，如何空心品讀，這涉及到一整套禪修方法的學習，且其核要在從容，在虛心，在涵養。故需專題講解，反覆訓練，耐心煉養本心德行。

　　也因此，我將研學《壇經》的心得梳理歸納，呈現於前，略作一種研學經典的參考。此注本，是我「進入」《壇經》的重大收穫，整理之後，便稱為《入〈壇經〉注》。對這麼一部在佛學領域流傳極其普遍的經書，我不想越學離題越遠，而只想平實、純粹地進入她的世界，同時也解放、用活自己的本心。至於更深密的《壇經》內義，只有在注解中結合具體內容隨機而談、隨心體會了。

二、《壇經》在講說一種深度生命層級

　　此注所選取的《壇經》底本為元代宗寶本，從《大正藏》第四十八冊中擇出。主要原因是筆者認為宗寶本乃目前文句最為優美，意境最為動人，且內容最為豐富的版本。

　　一般認為，《壇經》由惠能講授，門人法海輯錄，在流傳過程中內容發生了巨大變化。遺憾的是法海古本已不可見了，敦煌本可能是最接近法海古本的現存本，至於後來的惠昕本、契嵩本、宗寶本、旅博本等，相對於古本都有所增減。也就是說，你我現在讀到的諸版《壇經》，在文字上，甚至都已不是我們想像中的惠能《壇經》。並且，可以肯定的是，目前所見僅僅是惠能數十載講傳內容的一小部分。

　　《壇經》被視為中國本土產生的唯一佛經，卻一直被人翻來覆去修改、增減。這一點引起了許多宗門中人的不滿。在此問題上，人心因諍論而起伏動亂不堪。我想，讓人見自心，證自性，才是《壇經》的本懷。在我看來，《壇經》不止於一部文獻、一堆文字，更是一種深度生命層級，所有《壇經》文字都在圍繞著這種深度生命層級而展開。故而不論是何種版本，哪怕某些舛錯，都可視為《壇經》在演釋生命過程中的內容構成。實際上，圍繞著《壇經》，古今中外早已形成了一個龐大的「壇經文化詮釋群落」，其形態五花八門，然而內在生命力卻經相互碰撞交融而多渾為一體。我一直堅信，不同的理解永遠比正確的理解接近真理本身。而我們站在道德高度、權威高度，借《壇經》固化某種絕對真理，到底已經多久！《壇經》說：「若不思萬法，性本如空，一念思量，名為變化。」〔註1〕所有心念、經文，不都是因緣而從自性中生出？包括歷來徒眾、學者的解讀，不也是自性生命的一部分？我們只需平淡、清醒地對待其書就好。

〔註1〕惠能，《壇經·懺悔品》，《大正藏》第48冊，頁354。

當然，這種態度的前提是必須心生安定，心生不動，在一切事件中映顯著一切心物的發生、聚散，看清那所謂的不同、高下、對錯不過就是一串串起起落落的心念。否則，想平淡，想清醒，如何可能？你只會被捲入是非、善惡、評斷，唯見自己正確，他人錯謬，哪還見得到《壇經》為你千般描繪好、苦心準備好的自性本心！

三、此注不重經論互詮，而以身心淨治契入

《壇經》某一問題在《維摩詰經》中如何說，《楞伽經》中如何說，《圓覺經》中又如何說，諸如此類，本注不再關心。我並不否定引注經論、彼此互詮的價值，相反，我還非常敬佩這類注解者紮實精細的治學態度及考據功力。在特定的學科語境中，其重要價值是無法被取代的。只是，對絕大部分讀者而言，通過數種原句引注、堆疊，顯然並不足以讀懂《壇經》。有修學者曾對我說：「有時，那只會讓人感受到一種冷冰冰的理性堆砌，禪學的生命力不見了。」

不過，筆者並不因此就自詡此注優勝或了不起，也從不將之定位為真理、正解。人的經歷不同，業惑不同，視角及關注點不同，必然會導致不一樣的體驗、結論。我所做的，不是描述自性或宣揚《壇經》真理，而是探討如何「走入」《壇經》，走入之後，因緣殊異，便是各自精彩的自性世界了。

故而，於此，我主要是以自己的體悟，從優化身心、修行體道的實用性上來注解。例如，惠能說：「不思善，不思惡，正與麼時，那個是明上座本來面目？」〔註2〕我不會去直接翻譯為「不思善惡時，哪個是你的本來面目」；也不會去引注哪一部經典中說過類似觀點，或大篇幅描述那屬於另一生命維度的生命本真。這樣做了，說猶未說，別人還是不解。我的解讀是，告訴你如何做到不思善、不思惡，然後你自己體驗本來面目去。

上句經文之前，曾是這樣記述的：

惠能云：「汝既為法而來，可屏息諸緣，勿生一念。吾為汝說。」

明良久。〔註3〕

其實讀者大多都忽視了此鋪墊內容的重要意義。惠能首先讓惠明「屏息

〔註2〕惠能，《壇經‧行由品》，《大正藏》第48冊，頁349。
〔註3〕惠能，《壇經‧行由品》，《大正藏》第48冊，頁349。

諸緣，勿生一念」，惠明跟隨著靜靜地調整了「良久」，然後惠能才給出了關鍵點撥。實際上，那一刻間，惠能是在逐步引導惠明進入靜定，內心空空，在有意無意處，才一舉打破，讓惠明感受到了內在自性。

至於惠能如何具體引導惠明進入，這是關鍵，更是核心技術，甚至是禪門不易傳、不易會之法寶。這些細節，我會在注解中盡可能述出。

曾有人問：「為什麼不譯成白話文？這樣大家都能讀懂。」關於這點，我有幾方面的考慮。

首先，《壇經》本來就已經很直白，和現代白話文非常接近，至於少量生僻詞句，在注解中說清就行。

其次，讀不懂《壇經》，絕不是因為《壇經》屬於舊時文言。時下諸家將《壇經》譯成白話文的不少，你讀懂了沒？即使是所謂的懂、忽有所得，也不過是邏輯思維的解悟，自我承許而已。原來，難懂難會的是言外之意，根本原因是注解者、讀者多在意識界來「思維修」「修思維」，不關那《壇經》的半文言。

再次，《壇經》文辭絕美，是數代禪者、大家之妙筆，強行翻譯，淡乎寡味。想必諸位早已見識過了諸多今譯，委實不通不順，越翻譯越讓人讀不懂。此處，我不是輕視譯者或妄斷別人有無資格翻譯，而是以為，如果沒能達到《壇經》美文筆法、乃在證境的要求，雖有好心，但還是不要強意譯之，以免譯者、讀者一起迷失在《壇經》當中。

還有，《壇經》自有一套言說體系，自是一套信息結構，自在說著一種深層生命內涵，你覺得這些「非知識」維度能用今語翻譯出來麼？除非是已經開悟徹證者，才有可能以另外的語言形式來翻譯、解說《壇經》。

故而我所做的工作是忠實於原本，是解構身心與之相應，進入，而非試圖以某種新奇論點來強行破壞經書的內在結構，逼她與我有限的理解相合拍。《壇經》本就是要破除人的「自以為是」而讓人走進深層生命，如我的注解卻要強行將之切碎、降格，那已經是離題萬里，在斬殺慧命了。固然，不論你我如何折騰，《壇經》的內在生命都不滅而永在，只是你我卻又要在自己的思維界裏攪動一番，迷失半生，弄不好還會誤導某些不明就裏的初學者。

四、障道的不是識不識字，而是人我思想

這是一樁爭論千數年的公案。

有人說：惠能不識字，這部經書是他開悟後所說，故而自性、開悟、成

佛與文字沒有關係。作為不識字的禪修者，能開悟並講出如此一部影響世界文化的佛經，並且現在研究、修學者都是高端文化群體，可見惠能是多麼的了不起。

另有人說：惠能還是認識一些字，原因是其父曾是官員，惠能小時候家教不差，雖然後來衰落了，但肯定還是識字的。而且，《壇經》中惠能曾多次引用《楞伽經》《大涅槃經》《淨名經》《法華經》《金剛經》《菩薩戒經》等經典，不識字如何能做到？

又有人接著說：不對，《壇經》中無盡藏問《涅槃經》義時，惠能親口回答：「字即不識，義即請問。」〔註4〕他自己也承認不識字。

到這裡，還無休止。對《壇經》瞭解較多的人又說：這是因為惠能要突出禪「不立文字」，而且《壇經》很多內容都是後世徒眾增補的，不能算是惠能所說，故而經文說惠能不識字並不可盡信。

以《壇經》為鏡，此時人心就是這樣而產生、運作的。這些論諍者的心，與你我何異？若見此刻人心，想必也就能理解、超離惠能識不識字之爭了。《壇經》，平常誦讀，平常視之即可。惠能父親早亡，生活貧苦，確實沒機會讀書學習。後來開悟、居有定所後卻也還是注重習學經典。《壇經·懺悔品》中惠能告誡弟子：

> 自心既無所攀緣善惡，不可沈空守寂，即須廣學多聞，識自本心，達諸佛理，和光接物，無我無人，直至菩提。〔註5〕

曾否定文字，也主張廣學多聞。在惠能那裡，識不識字沒那麼多複雜心思，方便善權而已，需要則學。事實上，惠能識不識字跟你我有關係嗎？最大的關係是你我通過識不識字發生了爭論。此時的爭論已經不是問題本身，而是你我要通過這個問題爭辯出「我是對的」，以豢養內心的執著。

關於此問題，我遭遇無數次了，然而在自我執著面前，其中道理好像說了也白說，每個人都依然活在自己的世界裏否定著對方，哪怕是對自己的師長。

歷次閉關參修中，不止一次，高學歷者輕視讀書少者，以為下根；而讀書少者，也在譏諷高學歷者，說讀書過多，知識障道。

實際上，見不見性，不是看你的身份學識、讀書多少、修不修行，而是

〔註4〕惠能，《壇經·機緣品》，《大正藏》第 48 冊，頁 355。
〔註5〕惠能，《壇經·懺悔品》，《大正藏》第 48 冊，頁 353。

看你有無出離「思想觀念」。博學者容易被「思想觀念」主宰，但無學識者同樣也容易被「思想觀念」主宰。若善反思照見，此時的識不識字、你我各色人等，誰又不被拘役在自我觀念中？人一旦形成固化觀念，識不識字，修不修行，都已迷失得只會以否定別人來提升自己的虛榮。

看到這一點，還不捨得破掉你抱死一生的分別心麼？破掉了，正說反說，講不講經，讀不讀書，修不修行，起心動念之間，你早已有了主意。

對此問題，惠能其實已多次表明了態度：拘執於識不識字均是邊見。——其實質已遠離問題本身，是人們在心意識層面的非此即彼、唯我獨尊。

該如何做？惠能在《壇經・付囑品》中說：

> 明是因，暗是緣，明沒即暗。以明顯暗，以暗顯明。〔註6〕

舉一反三，則識字是因，不識字是緣，相互彰顯，最終識字不識字都破除。此刻，看見自心之運作了嗎？這才是出離對立之後的自性動用。

據此看，我們的日常言行，幾乎念念都陷落在意識界裏，在單維的世界裏猜度、爭論著是非。障道的，就是「這個」啦。當你跳出一看，原來，不脫離意識界，即使修百千萬劫，也只是在思維中偽修，在思維中掙扎。開不開悟哪會關識不識字！故而我常常覺得人們將「禪」翻譯為「思維修」並不利於大眾的理解、修學。思維層面的修學，確實距離真禪還有十萬八千里！而此刻，有人一面寫著、讀著、修著，一面還在妄造著大師相呢！

五、惠能何曾否定坐禪

《壇經》中多次出現過惠能直接反對坐禪的內容，例如：

> 道由心悟，豈在坐也。〔註7〕

> 長坐拘身，於理何益。〔註8〕

> 只如舍利弗宴坐林中，卻被維摩詰呵。〔註9〕

直觀的理解是惠能南禪強調頓悟、心悟而反對坐禪。這一度成為過去數十年間禪學界的主流觀點。但目前看來，深入研究、體證《壇經》的人越來越多，很多人已經意識到了惠能並不否定坐禪。對此問題，我們辯證來看。

首先，惠能反對的不是坐禪，而是拘執於坐禪相。今天，大凡談禪，多

〔註6〕惠能，《壇經・付囑品》，《大正藏》第48冊，頁360。
〔註7〕惠能，《壇經・宣詔品》，《大正藏》第48冊，頁359。
〔註8〕惠能，《壇經・頓漸品》，《大正藏》第48冊，頁358。
〔註9〕惠能，《壇經・定慧品》，《大正藏》第48冊，頁352。

將之定位為端坐不動、心不外求。這並無不妥。關鍵之處卻是修行者不要迷失在坐相中，以坐為功，以坐為勝。迷於坐相，何來真禪！這會出現三種問題：其一是無法深入坐、長久坐，從而收不到坐通、坐透的效果。其二是即使能長久坐、深入坐，也只是個假象，實則卻困囿於「無記空」之昏濛中，無法突破空執。其三是造了個坐相橫在心中，障礙了自性運作。這種種「法執相」，往往是雖長期坐禪卻無所突破的原因，也是惠能多次破斥坐禪的根本所在。

其次，坐禪也是禪，也可見性，只看你心中有無執著。禪並不拒絕一切相的發生與存在，關鍵是不要迷於其中。對坐禪也如是。如果坐得深、坐得透，坐中同樣可以破有、破空、證性，到達終極寂靜而生生不息。許多人為了獨標高妙，強說禪不在坐，而在心。既然在心，必是不關坐臥，又何必否定坐禪？如果拘執於「心悟」，以此為勝，豈不正好也執著於「心悟相」！執於坐、執於心，兩者並無差別。故而真正開悟見性者，坐也可，不坐也可，甚至在睡眠中、行走中、應事中，自心都清明透亮。豈能矯枉過正，又說禪不在坐中！

再次，惠能禪性是需要坐禪來加以促進、純熟的。坐禪，向來是禪宗的主要特色。例如，據傳禪宗第一祖迦葉正在雞足山閉關等候彌勒佛出世，更要等三十六億七千萬年之久，這是典型的閉關長坐禪功那伽定。又如，菩提達摩在嵩山少林寺面壁九年，且其「二入四行」禪法體系中，坐禪也佔了大部分篇幅。至於慧可、僧璨、道信、弘忍，則更是坐中高手，常有數十年脅不沾席之精進。另外，惠能十五載獵人群中韜光養晦，雖未見諸記錄，但很大程度上也是在以禪定純化心性，築牢根基。實際上，坐禪是無數聖賢數千年來發明、完善的修道見性之利具，深層次的身心轉化、業惑消除、性體確立，都必須借深度禪定來完成。否則，雖表面上能談佛理禪旨，精妙絕倫，但在深層生命處，卻無法撼動諸業惑半分。

惠能並不線性地看待坐禪，而是建立在識心見性的廣角基礎上。在此意義上，坐禪實則是以見性為基的修、用、顯現。《壇經·坐禪品》中說：

> 何名坐禪？此法門中，無障無礙，外於一切善惡境界，心念不起，名為坐；內見自性不動，名為禪。善知識！何名禪定？外離相為禪，內不亂為定。外若著相，內心即亂；外若離相，心即不亂。本性自淨自定，只為見境、思境即亂。若見諸境心不亂者，是真定也。善

知識！外離相即禪，內不亂即定。外禪內定，是為禪定。〔註10〕

坐禪，固然可以識心見性，但反過來說，有效坐禪又是識心見性以後的產物。不辯證認識，坐禪常常流於空浮，心有所執而無法實質性進展。一旦見性，坐禪，實際上就成為輔助、鞏固、顯現證境的工夫。從這個角度來看，坐禪的涵義顯然就更為寬闊、靈活了。

也就是說，惠能所教的禪包含坐禪，但不僅限於此，而是所有行住坐臥中處在禪的境界，無念行，三昧行。所謂的「否定」，其實是對陷落執著的破斥，千萬不要侷限在章句上找真意。若你不重坐禪，只求心悟，惠能的話肯定又會反過來說：「禪在坐也，豈在心悟。」隨緣說法，乃為截斷眾流罷了。

六、《壇經》帶有明顯的南宗偏向

哪怕面對神聖、深奧的佛經，我們也要保持清醒，凡所有相，皆是虛妄。誰也不能否認佛經蘊藏著真慧至理，但佛經同樣也是個人情感、價值觀等雜合的產物。儘管作為佛陀、惠能或其餘聖賢在著述時發自本心，無所偏執，但一經徒眾或學人整理、翻譯、注解，便雜入了許多情感因素。《壇經》也不例外。《壇經》屢經南宗徒眾整理、損益、潤色，其中透露著明顯的南宗傾向。這是一個修學者，無論南宗北宗甚或四眾之外者都要清醒意識到的，否則對修學不利。

這一點，惠能也在反覆批駁。例如《壇經‧頓漸品》中說：

> 時，祖師居曹溪寶林，神秀大師在荊南玉泉寺。於時兩宗盛化，人皆稱南能北秀，故有南北二宗頓漸之分，而學者莫知宗趣。師謂眾曰：「法本一宗，人有南北。法即一種，見有遲疾。何名頓漸？法無頓漸，人有利鈍，故名頓漸。」〔註11〕

惠能禪不思善，不思惡，心中一片清明，沒這許多般南禪北禪的判斷區分。問題的產生，實際是由於學修者的主觀解讀和團體利害關係決定的。

我想先從神秀講起。諸本《壇經》將神秀視為一個只懂依文解義，漸修漸悟而又未修未悟的義學行者，個人覺得這並不如實。真正修行的南宗弟子，你可以對南宗更有情感或更有心得，但千萬不要因此就認為神秀不堪。這種

〔註10〕惠能，《壇經‧坐禪品》，《大正藏》第 48 冊，頁 353。
〔註11〕惠能，《壇經‧頓漸品》，《大正藏》第 48 冊，頁 358。

觀念的產生，一方面是個體的屬性，基於迷失，動輒揚己抑他，自居正脈，以有限、固化的眼識去判斷神秀北宗；另一方面，實際是南北宗門諍鬥過程中積累起來的偏見、輕視、攻擊，絕非客觀定論。如果你從史學及其著述的角度來審視神秀，恐怕結論就不是這麼回事了。世俗成就上，神秀貴為國師級別，當時全國重要城市或文化中心多傳有其禪脈。另外，在禪法上，我們都應該去好好研學一下神秀的《觀心論》《大乘無生方便法門》，其中何曾少了頓悟頓修之見地、正法。我們判斷神秀，其實基本是依據《壇經》來進行的，人云亦云。作為修學者，先不論惠能、神秀證境如何，而應趁此好好反觀一下自己對待二人時的分別心。

有意思的是，從敦煌本到宗寶本，《壇經》增加了近一萬字，這其中，有不少是在描述惠能神異，鄙夷北宗教言的。例如，惠能坐磐石上，惠明連袈裟也提不起；北宗弟子請張行昌刺殺惠能，連斬三劍都斬不下惠能頭顱。內中所記事件頗為精彩，卻不一定是「事實」，我們在面對這些內容時，須時時警覺內心生起的盲從、分別、輕視，這樣才不至於陷入經中所摻雜的鬥諍。

其實，如是真正的南禪弟子，更應該保持清醒、自覺照見，如實地看待北宗，以破除這些毀傷南禪慧命的邪行邪見，善自維護好南禪的慧命正法，保持南禪的純潔性、智慧性。惠能禪的精髓，不在這些諍鬥，也不在立誰的名相，而在回觀返照、自性呈現之時。

七、頓漸並不對立，而是一體相破相依

與南北宗分別最直接相關的一個問題是頓漸關係。《壇經》中，五祖弘忍選立法嗣時讓徒眾作偈，神秀偈曰：

> 身是菩提樹，心如明鏡臺。
> 時時勤拂拭，勿使惹塵埃。〔註12〕

惠能偈曰：

> 菩提本無樹，明鏡亦非臺。
> 本來無一物，何處惹塵埃。〔註13〕

基於《壇經》及後世禪門對兩首偈語的解讀導向，修學者大多對兩個問題存在偏解：一是認為南宗頓悟，北宗漸修，兩者對立。二是認為唯頓悟

〔註12〕惠能，《壇經・行由品》，《大正藏》第48冊，頁348。
〔註13〕惠能，《壇經・行由品》，《大正藏》第48冊，頁348。

才能成就佛果，而漸悟永不可成。諸如此類見解，我們有必要進一步展開補詮。

　　首先，南宗也有大量漸修，而北宗也有不少頓見。所謂頓悟，是指直截立於自性頂峰或在特定語境下突然提升、見性。但是，發生頓悟必須有前期乃至前生的積累。況且，即使見性，也並不是修行的終點，之後還要時時保任，精進修持，隨緣消業。以惠能為例，他的頓悟至少經歷了聽聞《金剛經》、初見弘忍、八月踏碓、丈室證性幾個階段。在頓悟以後，還歷經山中藏匿十餘載，磨礪工夫。至於北宗，也有大量頓悟思想及方法。以神秀為例，據各燈錄載，五祖弘忍曾稱其「懸解圓照第一」，他自己也強調「一切佛法，本自心有；將心外求，捨父逃走」〔註14〕，突出佛性本自具足的先天頓見。而當武則天問他所依宗旨，他回答說依《文殊般若經》之一行三昧。《文殊般若經》，頓見頓悟之絕典。其中一行三昧，正是惠能禪時時見性、時時用性的源頭之一！

　　其次，頓漸只不過是佛門根據受眾具體情況而設置，絕非頓可成佛而漸不可成。頓漸是交互共進的，絕非一成不變。頓悟只是特定時機、特定階段下的頓悟，而漸悟也是。一旦積累足夠，所謂漸悟，瞬間突破，也許比所謂修頓悟者還要成就得更迅速、更牢固。而持頓悟見地者，縱然已窺道門，也還須紮實磨礪，更上層樓。故而對於頓漸，一定要從自性法的角度去理解，頓漸乃自性隨緣顯用，體性一同。能統攝頓漸之法者，大多已經入了禪修的門。而時常強調頓漸優劣殊異者，卻往往是法執最為熾盛的時候。

　　還有一重要層面可輔助我們理解頓漸一體關係：頓漸相破相依。

　　詮釋佛教初始以來一直強調的「破相法」，是《壇經》所貫穿的重點內容之一，即對所執之相加以破除，以顯中道。破種種邊執，滅種種戲論，連「中道相」也不著，自然就呈現出不被諸主觀「好相」所左右的本來面目。

　　因當時的神秀禪法修行漸次非常明顯且成功，很多人以為圭臬，便難免有陷入「漸次修法執」者。這不是方法的問題，而是人性使然。本來，漸次修法是修行中的必然，有漸次，才有所依，但是如果忘了自性的本來具足，執著於漸次階梯，那顯然就誤走偏離。由於時人對漸次禪法的偏執漸生，惠能頓悟禪就橫空出世了。

　　不過，從《壇經》的敘述來看，惠能並未因立頓就放棄了漸次，而是在

〔註14〕如卺，《禪宗正脈》卷一，《卍新續藏》第85冊，頁388。

自性的宏觀視野下頓漸相攝。換句話說，認為惠能禪否定次第之法，這是很片面的，只能說，惠能否定一切成為障礙的禪法：當漸次法成為障礙，惠能否定之，而當頓悟法在人們的觀念中形成一種障礙，惠能也會否定之。故而惠能《壇經》中暗藏的漸次法，實則也是為了破除人們對頓法的偏執而設立的。漸次第法，不正是神秀北宗的專長嗎？我們講述禪法，一定要將南北宗合在一起理解才全面。

當個體對頓法形成一種固定觀念，這種「頓法」即空有名相，其實已經成為一種執著，當然需要破除。所以惠能是高超的，他所要的不是頓，也不是漸，而是「二者相破」之後所顯現的無染自性本體。

這一點，在《壇經·付囑品》之「三十六對法」中可謂體現得淋漓盡致。惠能行將滅度時，教授門人以說法要旨，所教即「三十六對法」。云：

> 吾今教汝說法，不失本宗。先須舉三科法門，動用三十六對，
> 出沒即離兩邊。〔註15〕

惠能強調說，傳授禪法的時候，要先牢牢把握住禪法的宗旨。在方法上，要先舉三科法門，動用三十六對。出或者入都要離邊見，如此就可以得自性中道之自由。

這是《壇經》禪法的「破法」總綱，從這種理路上來看，任何方法一旦形成執著，都需要對治方法來破之。歷史上的漸悟，有頓悟來破，而頓悟，則有漸次來破。也即，當下頓悟和漸次修行是用以「相破」的，而同時又是一體的，可謂之「相破相依」。一旦相破，偏病既除，中亦不立，也就可以證見本來面目之清淨。

展開《壇經》的接受史，受眾對「時時勤拂拭」貶斥不已，獨尊「本來無一物」。但是常常遺忘了，僅僅從這種情感偏向上看，眾人就已經將本來無一物「異化」成一種頑空和葛藤。也許是《壇經》篇幅短小或是由徒眾幾經增益而充滿情感愛憎的緣故，這些執著常常被賦予以智慧的名相面目，在修行者的心頭橫成一道屏障。如此當然就應該有「時時勤拂拭」的工夫前來破斥，才會進步。也唯有如此，才能保持究竟無所障礙的自性清醒。也就是說，禪的智慧與法的頓漸無關，只關人心迷悟。在《壇經》中，神秀禪法和惠能禪法也是相破相依，作為一體的。

以上是從經論、義理上說頓漸。然而有一點我們需要明白：所謂頓漸，

〔註15〕惠能，《壇經·付囑品》，《大正藏》第48冊，頁360。

那是別人的判斷。漸修落在踏實處，而頓悟立在高遠處，二者不可偏廢。嚴格來講，頓漸實際上是一種證境。如未用心修學，即使你心中所推舉的是頓法或超離頓漸的「最上乘法」，你也依然比不過踏實、精進的漸修者。故而頓漸於我們而言不是看派別或方法的殊勝與否，而是看自身能證取到多少。真修學，真入門者，面對於頓漸一事，一切清楚現成，哪還有那麼多攪亂心海的論諍！

八、《壇經》中的修道方法

《壇經》到底有沒有修道方法？有人眼中的《壇經》提綱挈領，泛泛而談，無法可言；也有人認為《壇經》處處直指，無處不是，但問及如何具體修學，卻又語焉不詳，無處著落。此處筆者依據《壇經》傳承，結合現代人心特點，歸納出了十四種代表性方法，略作參考。這些方法，我從不敢說是自己獨創，正如惠能所言：「教是先聖所傳，不是惠能自智。」〔註16〕我不過是循著《壇經》的用意來加以歸納解說罷了。即使沒有我來做這項工作，它們照樣也會被發掘、運用，所不同者就只看修學者各能領悟到幾分。另外，這些方法雖說次第已明，但依然只是簡要步驟，且可隨緣變化，至於詳細運用、修學，尚需踏實琢磨，專人指導。否則其中精義，言語心念之間，早已流失。

（一）見性法

見性有各種各層。禪宗典籍常說道不用修，直用現成，這是從已見性的視角來破斥「修行執」，而非真的不用修行就已是佛。尤其是當前動輒自稱見性成就者，則更需按照某種次第踏實參修，沉心悟入。

次第一，識心。識心重在悟知本心的真實不虛。《壇經·行由品》中，弘忍曾對門徒強調：「不識本心，學法無益。」〔註17〕不識本心，盲目修學，自然不可能最終證悟。具體教授中，惠能通過「十八界」與本心的一體連結和互動原理來進行講述：「世人自色身是城，眼耳鼻舌是門，外有五門，內有意門。心是地，性是王。王居心地上，性在王在，性去王無。性在身心存，性去身心壞。」〔註18〕言下之意，本心獨立、無染，顯現著六根、六門、六塵

〔註16〕惠能，《壇經·行由品》，《大正藏》第48冊，頁350。
〔註17〕惠能，《壇經·行由品》，《大正藏》第48冊，頁349。
〔註18〕惠能，《壇經·疑問品》，《大正藏》第48冊，頁352。

的運作。一般所謂識心常常有限，尚不圓融徹底：某瞬間解透了禪理，是識心；某刻感受到了自性作用，是識心；又或親證了本來面目，也是識心。故而，識心之後，更要精進起修，最終純熟，以至自性自識。

次第二，空靜。空靜並不獨指空心靜坐，更指全然虛化身心，脫離生命桎梏，為本心的呈現騰出空間。若不能做到有效空靜，深度空靜，則所謂修行永遠只會停留在意識層、覺受層。《壇經・行由品》中，惠能對惠明說：「汝既為法而來，可屏息諸緣，勿生一念。吾為汝說。」〔註19〕屏息諸緣，勿生一念，靜坐良久，便是在虛化身心，創造、尋求這種見性前提。

次第三，反觀。空靜，往往便能虛化，從而體知空無的存在，這證明生命層級已更加精微、深入。不過，又經常會陷在空處，不知突破。此時若找準時機提點、反觀，便可知仍有知空、覺空之覺性自在獨耀，便又破空而出。「正與麼時，那個是明上座本來面目？」惠能就是這樣引領惠明反觀破空的。

次第四，性見。實際上，本覺自性時時刻刻在發生著作用，無什麼頓漸次第深淺的斷分，只不過大多數受眾所承載的無明深重，無法在一切事一切時中保持清明，故而才求「見性」。最終的見性，並不是你「見」到了本性，反而是本性自己無障礙呈現，「性見」一切。此時，自性之我不見是非善惡過患，不見有有無之心，僅僅是呈現一切，自在運作。所謂「性見」，已是直接從本心寂照的角度來審視所有修行方法、過程。本心既見，自然究竟一乘，所有環節都被此一乘真心涵攝，不復有先後次第，甚至已無方法設置。

（二）空化法

次第一，誠意正心。真誠，專純，建立儀式感。修禪從來是大事、精細事，無此誠意正心，實際上是未真正尊重禪法、珍視自己，更未將禪貫徹在當下此刻。故而接下來的所有「修學」，必然帶著放逸、浮躁、貢高，無法深入。惠能非常注重這一環節，講授之前，多是先令徒眾「胡跪」「自淨其心」，又或「總淨心念摩訶般若波羅蜜多」，莊嚴身心，高明地引導眾人過渡到鬆化境界。

第次二，虛化自我。深度禪定，乃至自性呈現，關鍵均在於虛化自我。除惠能常講的無念、淨心、屏息等，針對現代人的心理結構特徵或個體差異，

〔註19〕惠能，《壇經・行由品》，《大正藏》第48冊，頁349。

我們在修學中還可活用不同鬆化方法。例如，可借鑒止觀的數息、呼吸、脈輪放鬆，或道家醫家的內景五行圖、十四經脈觀想，甚至現代冥想中的大腦、神經、四肢放鬆。所做既久，自會退卻我識，空空如也。

次第三，自性直用。鬆化之後，溫養既久，自會過渡到空蕩蕩、活脫脫的自性呈現境地，此時直見究竟一乘，即《壇經》中極力推崇的當下直入，即修即用。正因為該方法占主導地位，《壇經》才被判為頓悟教典。同時也因這類方法若有若無，難以把捉，《壇經》才被認為無修道方法。概括而言，這一次第法約有「一行三昧」「無念行」「般若行」等。若再細分，此法在實際操作中也有深淺先後之次第。大意是：完全空化身心之時，自性不受束縛而自然呈現。此過程中，也會激發出深層的業識，但是，當業識出現，自性便自動識別、化解，經歷稍微的動盪以後，又會回歸於空蕩蕩無所著的自性自在境，映顯著一切相的發生散滅。如此修行，自性直顯、直用，修用一體，乃屬《壇經》中最高超的修道方法，即所謂道不用修但莫污染、不除妄想不求真之無為法。

（三）坐禪法

此處既然講「坐禪」，便是以「坐」為形式的禪法，切忌泛泛而談，開口便說行住坐臥都是禪的空話，而要落實在具體可操作的層面來修學。有所入處後，再談境界、變化。

次第一，身坐。這一層級注重調身。放鬆身體，莊嚴柔順，令無任何一絲緊張病患，以輔助心性深入。具體方法，可借鑒禪宗四祖道信教言，《入道安心要方便法門》云：「初學坐禪看心，獨坐一處，先端身正坐，寬衣解帶，放身縱體，自按摩七八翻，令腹中嗌氣出盡，即滔然得性，清虛恬靜。」[註20]這一次第，切不可因為簡單易行就忽略放過，而應踏實完成。一旦「身坐」進入正常程序，身體會隨著進階而發生種種觸受，這實際是自性啟用，化生能量，自動調整身體疾病、脈輪以進入生命優化整合。具體情況可尋求有經驗者解疑。

次第二，心坐。此次第主要解決心思動亂難安，惠能在各類講授導入時運用較多。具體坐中，應任心念去來遷流，不隨不住，如果跟隨，則耐心重頭調整。便如《入道安心要方便法門》說：「坐時當覺，識心初動，運運流注，

[註20] 淨覺，《楞伽師資記》，《大正藏》第85冊，頁1289。

隨其來去，皆令知之，以金剛慧徵責，猶如草木，無所別知，知無所知，乃名一切知。此是菩薩一相法門。」〔註21〕心念流永遠在動，這是人的基本屬性，所謂心坐，便是慢慢調伏，自動剝離心念與己生命之緊縛纏繞，形成能夠坐看雲卷雲舒的心性能力。

次第三，禪坐。不執著於進程中出現的體受、心念、空淨等，惟是光明、淨在，凡一切有無盡皆覺知其因緣聚散。這實際是任運意義上的禪。惠能所謂坐禪，便是此不執著於動靜有無、行住坐臥的禪性。他說：「此門坐禪，元不著心，亦不著淨，亦不是不動。若言著心，心元是妄，知心如幻，故無所著也。若言著淨，人性本淨，由妄念故，蓋覆真如。但無妄想，性自清淨；起心著淨，卻生淨妄。妄無處所，著者是妄。淨無形相，卻立淨相，言是工夫。作此見者，障自本性，卻被淨縛。善知識！若修不動者，但見一切人時，不見人之是非善惡過患，即是自性不動。」〔註22〕從這個角度來研修坐禪，才可能真正坐深，坐透，坐成佛。

（四）相應法

此法師徒相應，極其高明。絕大多數時候，惠能的講傳就是直接引導徒眾進入自性境的具體方法，而非先講清道理再來讓徒眾練習。其核心技術約有三步：

次第一，鬆化。完全放鬆身心，心中空空無物。同於空化法。這其實是所有修行方法最基礎卻也是最核要的步驟。此次第做不到位，之後的修行只會漂浮在覺受層。

次第二，聽隨。心無所思，跟隨講傳者的聲音心力，授受完全共頻共度，一路直被引導到空無寂靜層面。《壇經·行由品》中弘忍深夜為惠能講解《金剛經》也是運用這種方法，以至於惠能在經文「應無所住而生其心」〔註23〕處突然觸破契入。

次第三，空忘。久久靜定，無聽無聞。積累純熟之處，突然出離，破有，破空，破生滅，自性圓覺呈現。

惠能最善於運用這種方法。作為傳授者，在開講之前最常強調的一點就

〔註21〕淨覺，《楞伽師資記》，《大正藏》第85冊，頁1287。
〔註22〕惠能，《壇經·坐禪品》，《大正藏》第48冊，頁353。
〔註23〕惠能，《壇經·行由品》，《大正藏》第48冊，頁349。亦見《金剛經》，《大正藏》第8冊，頁749。

是讓聽者不思善、不思惡、總淨心念般若波羅蜜多、胡跪、志心諦聽等。雖然只是極其簡單的幾個詞，但惠能往往是很耐心地引導聽眾完成這個步驟，讓聽眾完全放鬆自己，放下自我的拒斥和思維推理，然後再往後說法。如此，聽眾處在單一心、專心、無念中，與惠能同一頻度，故能有效契入，常常在不經意間便破除空空而化入無所有處。

（五）觀心法

這是最直接的脫出當下業力的方法。出乎其外，常常可有效制止自己的無明妄作。

次第一，**觀人言行**。言行即是心的語言，心的運作。修學者當放棄成見，純粹作為一個旁觀者觀察別人的言行舉止。由此看清問題，思考對策，而非藉此評判他人優劣，生起優越、自卑。例如對經中神秀心理猶豫、廊下寫偈等行為的如實觀察，不做評判，用以警醒自我。

次第二，**觀自身心**。修行者最喜觀察評判別人，卻常常迷失自己，惠能說：「迷人身雖不動，開口便說他人是非長短好惡。」〔註24〕故觀自身心，更顯緊要。仔細觀察、搜尋自身行為病患乃至起伏動靜。時時自察自省，最後仿若牧牛，唯見身心語言，而不被自我執著束縛。

次第三，**自觀自在**。此為虛化自我，超離意識界的觀察推理而自動呈現本心。例如弘忍對徒眾說：「汝等各去，自看智慧，取自本心般若之性，各作一偈，來呈吾看。」〔註25〕若去絞盡腦汁搜索肚腸寫「禪偈」，所得必是心識造作的產物。故而想要解透弘忍「自看」教言，須是身心空化，不著一物，處處若即若離，出乎其外。禪修一事，從此唯時時閒牧身心，自觀自在而已。

（六）誦經法

禪宗意義上的誦經非惟信仰，更是自心與經書內在生命的直接對話。所以，如果運用得當，見性開悟會來得非常迅速。同時，教理知識的積累會更快，對經義的理解也會更深入透澈。實際上，這種方法可以用來研學絕大多數哲學與宗教經典。

次第一，**莊嚴身心**。誦經之前，可著重形成固定儀式，清理身口意。所有儀式，均為收攝身心、莊嚴性命而設。忽略放過，已然心生放逸，毫無實

〔註24〕惠能，《壇經·坐禪品》，《大正藏》第 48 冊，頁 353。
〔註25〕惠能，《壇經·行由品》，《大正藏》第 48 冊，頁 348。

處。何談更進一層！

次第二，**體讀句義**。真修真行者，更需注重經書基本句義、理念的理解和體悟，對一切經書文字充滿敬畏、珍愛，這其實是生命的自我尊重，自我愛惜。勿偏解惠能所說「諸佛妙理，非關文字」〔註 26〕。一者，惠能已證自性，見多了修學者拘執於經書文字的案例，故而以此離文字義來加以破斥。二者，惠能所修不是誦經法，無須過多依賴經文語言。實際上，惠能因聽《金剛經》及弘忍講傳而悟，豈非也是依經義文字！善用者，文字句義大可增進正見，促發開悟。須知每一處句義的領悟，都在引領你進入更深層次的生命境。對於修學誦經法者，句義不明，談何透悟，又怎能輕率選擇誦經法修持！

次第三，**反聞自性**。邊誦讀邊靜聽，直至空空如也，其義自現。這是結合耳根圓通聞性法門來展開的修學。邊誦邊修邊用，超離具相。在此層次，雖依經文，也離經文，凡聲音經文與自性相契合共振便是。

次第四，**空空誦讀**。在紮實做足前面次第的基礎上無所求而讀，隨性而讀，內心的純淨不受限制。此時，凡所念誦語言文字，都在空蕩蕩的心性世界中隨緣幻化出一朵朵金紅色蓮花，光明，自在，自足。

（七）歸依法

此處依《壇經》不說「皈依」而說「歸依」，直觀上表明禪超離一切宗教相、神秘性，著力突出歸依並非向外馳求，而是「回歸」本心。此處特別強調一點：大多習禪、講禪者均會開口即說「皈依乃皈依自心佛」，但我們在實際中不希望陷入戲論空談，而提倡將工夫做在具體行動中，踏踏實實地按照「歸依法」來回歸自心。直到真正歸依自心，所講出來的「禪」才有踏實感、深厚度、穿透力。

次第一，**立心**。有相歸依佛法僧，無相歸依覺正淨。所謂歸依，絕非歸依某人某法某教，而是歸依自性，歸依覺正淨。故歸依之首要其實是「立心」，保證內心之清醒、獨立、尊嚴，不卑不亢，不依賴於外物形象。可知為何數十年跟隨大師明師還是戰戰兢兢，於禪虛浮無力？便是自心未立，依賴於師，依賴於境。惠能說：「歸依覺，兩足尊。歸依正，離欲尊。歸依淨，眾中尊。從今日去，稱覺為師，更不歸依邪魔外道，以自性三寶常自證明，勸

〔註26〕惠能，《壇經·機緣品》，《大正藏》第 48 冊，頁 355。

善知識歸依自性三寶。」〔註27〕故知立心者，正是斷邪迷，立正氣。如此自心歸依，最終才能成就勇者，智者，大者。

次第二，覺用。訓練「覺」的能力，逐漸深入，過渡到自性覺用的純熟。《壇經》說：「佛者，覺也。自心歸依覺，邪迷不生，少欲知足，能離財色，名兩足尊。」〔註28〕故而，「歸依覺」的具體工夫，就是將對佛、佛法的盲目迷信、崇拜轉移到對覺性的訓練、運用上來。能覺，即是佛用，即是歸依真佛。

次第三，正用。《壇經》云：「法者，正也。自心歸依正，念念無邪見，以無邪見故，即無人我貢高，貪愛執著，名離欲尊。」〔註29〕「正法」須正真佛法，而最尊最正的佛法便是「自性」，故而「歸依正」實際上是見性證悟。從具體操作來看，「歸依正」的核心乃在於立正破邪，念念看破邪迷，以至於凡所有相，隨見隨破，包括所謂的「正」，最後唯只剩下一種空蕩蕩生機無限的自性境。此乃佛法之用意。故而對「正用」，要指向於日常生活中具體破除人我貢高、貪愛執著等一切欲念。否則，即使是對佛法的虔誠追求，也往往會成為執著，貪欲，不是「正用」。

次第四，淨用。《壇經》云：「僧者，淨也。自心歸依淨，一切塵勞愛欲境界，自性皆不染著，名眾中尊。」〔註30〕歸依「僧」的本質是歸依「淨」。但前提是真僧，有成就之僧，否則就談不上「淨」。而真正「淨」者為何？乃無染之自性。不見自性，不修用自性，則對僧寶的歸依也必成執著。故而修學者需於一切言行舉止中見自心，用自性，成就自身心如琉璃，淨在，淨顯，淨用。

對於上述，《壇經》中惠能強調：「若修此行，是自歸依。凡夫不會，從日至夜受三歸戒。若言歸依佛，佛在何處？若不見佛，憑何所歸，言卻成妄。善知識！各自觀察，莫錯用心。經文分明言自歸依佛，不言歸依他佛。自佛不歸，無所依處。今既自悟，各須歸依自心三寶，內調心性，外敬他人，是自歸依也。」〔註31〕故而歸依一法，實乃見真佛、真法、真僧，善用善學者，於此法用處徹見自心運作，瞬間見性脫離。

〔註27〕惠能，《壇經‧懺悔品》，《大正藏》第48冊，頁354。
〔註28〕惠能，《壇經‧懺悔品》，《大正藏》第48冊，頁354。
〔註29〕惠能，《壇經‧懺悔品》，《大正藏》第48冊，頁354。
〔註30〕惠能，《壇經‧懺悔品》，《大正藏》第48冊，頁354。
〔註31〕惠能，《壇經‧懺悔品》，《大正藏》第48冊，頁354。

（八）破相法

此法乃中觀精義化用，在《壇經》中運用極廣：破相，破性，隨破，逐層深入，最終破無所破。

次第一，立性破相。多屬初步理入。即從自性、解脫的層面來破除對表象的執著，生起解脫心，明瞭解脫方向。例如《壇經・頓漸品》中，張行昌習學《涅槃經》即是立「真常性」以破「無常相」，屬於理上推敲。又如《壇經・機緣品》中方辯從南天竺來禮拜惠能瞻仰衣鉢：「師乃出。次問：『上人攻何事業？』曰：『善塑。』師正色曰：『汝試塑看。』辯罔措。過數日，塑就真相，可高七寸，曲盡其妙。師笑曰：『汝只解塑性，不解佛性。』」〔註32〕行昌、方辯雖仍然陷在二元對立中，但經惠能點撥，已開始出離表相，趨向內心，屬於典型的立性破相。

次第二，立空破性。一般修學者所談的「自性」實際上與真實自性無關，而只是心意識臆想、推理出來的某種境界或實體，這同樣是將「空性」執著成了一種實有，故而必須超越，以「真空」來破除。《壇經・機緣品》中記載：「禪者智隍，初參五祖，自謂已得正受。庵居長坐，積二十年。師弟子玄策，遊方至河朔，聞隍之名，造庵問云：『汝在此作什麼？』隍曰：『入定。』策云：『汝云入定，為有心入耶？無心入耶？若無心入者，一切無情草木瓦石，應合得定；若有心入者，一切有情含識之流，亦應得定。』隍曰：『我正入定時，不見有有無之心。』策云：『不見有有無之心，即是常定。何有出入？若有出入，即非大定。』隍無對，良久，問曰：『師嗣誰耶？』策云：『我師曹溪六祖。』隍云：『六祖以何為禪定？』策云：『我師所說，妙湛圓寂，體用如如。五陰本空，六塵非有，不出不入，不定不亂。禪性無住，離住禪寂；禪性無生，離生禪想。心如虛空，亦無虛空之量。』」〔註33〕其中智隍，已經處在以「空無」破除了「實有」的狀態，可進入深定，不見有有無之心。但是，卻陷入了「空」而無法出離。玄策為之指出了問題所在，已蘊積著純粹自性的顯現發生。

次第三，隨遇隨破。此時正說，反說，未必合乎邏輯，甚至背離常識，但明者始終不離自性，從而空有、性相、正邪等諸邊俱破，自性現，自性用，不執一物。例如《壇經・頓漸品》中惠能為張行昌講解常無常義，完全是違

〔註32〕惠能，《壇經・機緣品》，《大正藏》第 48 冊，頁 358。
〔註33〕惠能，《壇經・機緣品》，《大正藏》第 48 冊，頁 357。

反常識講；又如惠能斥責神會「亦見亦不見」「諸佛之本源，神會之本源」等似是而非的「禪解」，同樣也是隨遇隨破，直逼對方思維，直至無可躲藏，無可辯解，清理出自性呈現的空間。其中原理，《壇經‧付囑品》之「三十六對法」解說得尤為透澈。惠能說：「此三十六對法，若解用，即通貫一切經法，出入即離兩邊。自性動用，共人言語，外於相離相，內於空離空。若全著相，即長邪見；若全執空，即長無明。執空之人有謗經，直言不用文字。既云不用文字，人亦不合語言。只此語言，便是文字之相。又云：『直道不立文字。』即此『不立』兩字，亦是文字。見人所說，便即謗他言著文字。汝等須知，自迷猶可，又謗佛經。不要謗經，謗即罪障無數。若著相於外，而做法求真；或廣立道場，說有無之過患。如是之人，累劫不得見性。但聽依法修行，又莫百物不思，而於道性窒礙。若聽說不修，令人反生邪念。但依法修行，無住相法施。汝等若悟，依此說，依此用，依此行，依此作，即不失本宗。若有人問汝義，問有將無對，問無將有對，問凡以聖對，問聖以凡對。二道相因，生中道義。如一問一對，余問一依此作，即不失理也。設有人問：『何名為暗？』答云：『明是因，暗是緣，明沒即暗。』以明顯暗，以暗顯明，來去相因，成中道義。」〔註34〕「三十六對法」是立足於自性空而衍生出來的中觀對破方法，直接見子打子，著相者，破其相；著空者，破其空；著破相破空者，也破其「破」。凡所有相皆是虛妄，所破者，實際是心意識界的執持。追逼到空、淨、活的境界，如此因緣作息就是。

（九）轉識成智法

　　尋常所謂轉識成智，多是以心識轉心識，一念壓一念罷了。翻來覆去，只看誰人的氣勢、地位、話語權來斷定正誤迷悟。然而真正的轉識成智，卻是發生在自性層面。也就是說，轉識成智是修學方法，但同時也是見性開悟後的運用。最突出的例子是《壇經‧機緣品》中惠能教導智通理解《楞伽經》，此處按其要旨略作歸納。

　　次第一，明九識四智。九識：眼識、耳識、鼻識、舌識、身識、意識、末那識、含藏識、淨識〔註35〕；四智：大圓鏡智性、平等性智、妙觀察智、

〔註34〕惠能，《壇經‧付囑品》，《大正藏》第48冊，頁360。
〔註35〕梁真諦所演釋之唯實學極重此淨識，認為第八阿賴耶識有染有淨，唯淨識才是最真最純之佛性真種。而唐玄奘所立之唯識宗則認定阿賴耶識淨染真妄交纏為一，並無獨立淨識存在。事實上，一切識共為一體，分而為八、九只是

成所作智。此處重在悟知尋常八層識心外，更有至深至純之第九淨識本心智性。而此本心智性，通過一定的方法是可以煉純、發顯的。即轉識成智，將心識、染識轉變為自性層面的淨識。具體對應關係如惠能所說：「大圓鏡智性清淨，平等性智心無病。妙觀察智見非功，成所作智同圓鏡。五八六七果因轉，但用名言無實性。若於轉處不留情，繁興永處那伽定。」〔註36〕言下之意，轉前五識為成所作智，轉第六識為妙觀察智，轉第七識為平等性智，轉第八識為大圓鏡智。而淨識，則是「能轉者」，四種智，其實是「淨識」的不同顯用形態。

次第二，習轉識工夫。此步驟重在轉識成智慧力的練習，無此能力，則必然只是以意識轉意識，陷入轉化戲論。惠能強調：「自性具三身，發明成四智。不離見聞緣，超然登佛地。吾今為汝說，諦信永無迷。莫學馳求者，終日說菩提。」〔註37〕意即轉識成智要落在真實處、自性處，否則就只成為口頭葛藤。而「轉識」能力是可以習得的，此處略分兩層入手：首先，有意訓練覺察、觀照能力，一見即覺，一覺即轉，一轉即忘。其次，鬆化身心，創造自性運作的空間，由自性處深度轉化心識。

次第三，任自性自轉。工夫純熟時，一切離心意識而轉，自性轉，佛慧轉。在此意義上，轉識成智實際是一種果境。即自性長顯現，凡心念起處，行為落處，均見其根本，不為所動，並且自然轉邪為正，轉識成智。正如智通悟後所說：「三身元我體，四智本心明。身智融無礙，應物任隨形。起修皆妄動，守住匪真精。妙旨因師曉，終亡染污名。」〔註38〕

（十）懺悔法

禪門懺悔之法，學者多不重視。原因之一，好高騖遠，追求自性一舉消盡所有業惑，未立足築基修行，落在實處。原因之二，迴避自心愚迷現狀，不願面對，自然不願懺悔。原因之三，只涉及空洞的後悔，並未真心懺悔消業。懺者懺其前愆，悔者悔其後過。懺悔之法，須是誠心用意每一步都做到位，才見工夫，才見殊勝。此法《壇經·懺悔品》中講得極為透徹，要略如下：

方便言說，實踐中，若不立此、證此第九識，便無「慧光」徹底照透生命之虛幻業種，洗淨那無染真心。

〔註36〕惠能，《壇經·機緣品》，《大正藏》第48冊，頁365。
〔註37〕惠能，《壇經·機緣品》，《大正藏》第48冊，頁356。
〔註38〕惠能，《壇經·機緣品》，《大正藏》第48冊，頁356。

次第一，**誠意正心**。建立儀式感，清理身口意，暗示自己進入真心懺悔。

次第二，**清理前事**。首先，懺悔指向須具體，不可空泛，而要選擇具體事件或懺悔對象，使目標、結果清晰。其次，感覺真實，在懺悔中切實感覺到所懺罪業已理清，化盡。

次第三，**斷絕後續**。僅僅斷絕前事還不夠，還須滅卻可能重新引動罪業之因緣，令之永不復起。真實體驗到已懺清，悔淨。如此豈不正是空空淨淨，一塵不染，本心之境！

次第四，**隨起隨懺**。此懺悔法，當用心踐行。尤其前三次第，更須安排固定時間來進行修用，否則懺悔經常落空。而所謂「隨起隨懺」，一方面是對前三次第中的「漏網之魚」進行清理掃除，另一方面又是自性的化用，隨緣消舊業、消深層業。所作久久，形成規律，最終純熟到在本心層面懺悔。凡有業心偶起如絲，即如實照見，自懺自悔。以至於有意無意之間，自性圓滿成就。

（十一）發願法

學習者發願不起作用的原因大多如下：其一，當做與佛菩薩的某種交換。其二，空泛而發，未結合自己的具體情況。其三，未動真心，未在本心的層面來發。其四，未形成固定步驟、習慣，導致此刻心雖大動，即刻之後卻迷失於業力。故欲成就大願法者，須是真實去做，往精細處體悟、執行。

次第一，**誠意正心**。莊重，端正，放空身心，唯此為重。

次第二，**設立誓願**。首先以《壇經》四弘誓願引入。其次，勿空泛，應具體結合所要達成的目標、結果。再次，真實發願，感覺真實，真切。

次第三，**理清方法**。理清能夠達到目標的具體方法步驟，堅定不移照著做。

次第四，**形成規律**。首先，安排固定時間發願。其次，養成身心隨時處在大願中的感覺。

（十二）最上乘法

最上乘法，絕非貪圖簡易直截，也非優於其餘法門。禪門諸法，悟即悟，迷即迷，沒有半說，均是透徹之智慧，關鍵是看能否用心去做。所謂最上乘法，不過是不迷於諸法次第而直接見性、用性罷了。這在絕大多數人身上都會發生，只是轉瞬即逝，既不曾留意，也不敢相信。須知，真參實悟者，逐步按次第修也即是最迅捷、最圓滿之見性法。若貪圖簡捷，漂浮不實，則所

謂最上乘法也會落入空頑，陷入愚迷。《壇經》最上乘法，此處略結合三首禪偈來加以詮釋。

次第一，**勤拂拭**。神秀說：「身是菩提樹，心如明鏡臺。時時勤拂拭，勿使惹塵埃。」〔註39〕筆者從不認為神秀此偈執著於「有」，執著的是此刻的「讀者」「認為者」，而非神秀。《壇經》中惠能認為此偈未悟、弘忍也認為神秀尚在門外有其特殊語境，一是弘忍惠能有其要破斥的漸悟對象，二是南禪後學極力渲染。不信？假設此偈由惠能所作，你會得到什麼結論？時時勤拂拭，乃自心隨見隨調，何等從容、樸實！

次第二，**無一物**。惠能云：「菩提本無樹，明鏡亦非臺。本來無一物，何處惹塵埃。」〔註40〕萬物因緣色相，一眼看穿，本來空空如也，種種執念心塵，不過是心動所造。

次第三，**心數起**。惠能云：「惠能沒伎倆，不斷百思想。對境心數起，菩提作麼長。」〔註41〕人心永遠在動，不動即是死物。但是，被心動掌控和任心動而不隨不拒是兩種境界。惠能此偈便是隨緣牧心，寂照而已，故而心念的起落不過是在其自性界中因緣聚散。對於經歷多般修學者，或是先天利根者，突然空化身心，也可如此。原來，一切深淺因緣、大小業惑均如光影塵埃，自己僅僅是這樣虛化、自在、寂觀著。

如此修，如此用，就是直修直用，正所謂自性本來現成。原來是自己的意識之網收得太緊，束縛它了。善用、直用這三次第，無形中自己已悠悠然獨立於外，充盈於內，越來越純，越來越淨，大事因緣已經解決。

（十三）煉化法

《壇經》沒有記錄具體的身心煉化法，這不能不說是一種遺憾。其實非惟《壇經》，整個禪宗在傳承過程中，那些口傳心授的秘法精華逐漸喪失，僅留猜想。由此許多人凡談及禪法便只高談闊論，淪為虛無，於深度禪定、身心煉化處毫無建樹。此處根據佛教傳統及筆者參修所得，將之略為展開、補詮。須知禪雖說重在見性，少論禪定解脫，但在實際中，如不煉化身心，根本進入不了自性生命的最深層，於是所謂見性必不純澈，充其量只是在意識界中輪轉罷了。真不知許多般修學者如何敢自稱見性，已得解脫！真正圓滿

〔註39〕惠能，《壇經・行由品》，《大正藏》第48冊，頁348。
〔註40〕惠能，《壇經・行由品》，《大正藏》第48冊，頁348。
〔註41〕惠能，《壇經・機緣品》，《大正藏》第48冊，頁358。

的禪法具足雙翼：一為開悟見性系統，二為禪定煉化系統。兩者共進，方可身心道行圓滿。其中，《壇經》身心煉化技術核要有以下幾點。

次第一，**深入禪定**。此為修禪者的基礎工夫，尋常經典中忽略不談，久久成人誤解，以為禪宗不重禪定。現代社會，想要深入理解《壇經》、禪法，則需過此基礎關，借鑒四禪八定、禪七、默照、參話頭等法行去。

次第二，**煉化脈輪**。有關脈輪煉化可重點關注兩種：其一，三脈七輪。此法多在藏傳佛教中保留，但絕不是說禪門沒有，只是我們不瞭解罷了。在佛法而言，開悟見性之時，也需同步轉化色身，由此修三輪七脈是必經之路。否則，所謂見性，必不純淨透澈。其二，任督及中脈。此語言多在道家及《黃帝內經》中有記錄，但是，誠如天台、禪門、淨土所載，坐忘到一定時候，身體脈輪必會發生變化。稍淺層次便是某穴位、任督二脈、中脈的煉通，更深廣者則是周身奇經八脈乃至全身細胞一併光化。欲得最終法身、報身、化身三身圓滿，必然要將身體脈輪修透轉化。上述兩種，根要相同，稍有表述差異。煉化細節，此處不作泛論，且待面對相應層次問題再談相應的應對方法。

次第三，**淨化法身**。法身心性不淨，縱使脈輪轉化，神通生發，照樣還會因含藏中的業惑而陷入迷昧。並且，所轉化出的能量層級越高，所造成的破壞就越大。故應如惠能一般在入世出世中涵養打磨，淨化法身，以最終能自主出入無礙。

次第四，**出離生死**。從《壇經》推測，惠能不是不講禪定煉化，想必是未記錄或傳承過程中流失了。《壇經·付囑品》中，惠能可預知命終，瞬間「奄然遷化」，乃是深度修行才具有的果境。至於臨終時「異香滿室，白虹屬地」，乃至塔內「白光衝天三日」，實際是虹化現象之一。〔註42〕最遺憾的是禪門很少記錄這些知識，而後人又不解或不知繼承、珍視，於是「禪意的棲居」和「生死的自由」往往成為空談。生死自主並非佛禪的最終果境，但卻是修持成就的某種指標。身心煉化，工夫圓滿，不但心性上不受阻塞，更是生死無礙，連最後的肉身也能最大限度地轉化分散，回歸浩渺，不留身後半絲執念。

（十四）惠能教法

《壇經》大部篇幅都在講述惠能如何教人修禪，包括上述十三種方法，

〔註42〕惠能，《壇經·付囑品》，《大正藏》第 48 冊，頁 362。

實際也是惠能教法的細化、運用。那麼，有沒有一種教法總綱能讓我們在研學、講授禪文化中有所憑藉？其實，惠能在經中已對此作了特別強調，只是歷來研學者極少重視。《壇經·付囑品》中，惠能在預知自己不久將離世時對弟子說：「吾今教汝說法，不失本宗：先須舉三科法門；動用三十六對，出沒即離兩邊；說一切法，莫離自性。忽有人問汝法，出語盡雙，皆取對法，來去相因。究竟二法盡除，更無去處。」〔註43〕可知，先舉三科法門、動用三十六對、莫離自性是惠能教法的三大核心步驟。這是惠能數十年講傳禪法的方法論。當然，結合《壇經》所記，惠能教法還有首尾兩個基礎步驟：空化、坐禪。此處一併歸納為五次第加以詮說。

次第一，空身心。通俗而言即是空化身心。惠能極其重視這一次第的完成。例如，講傳之前，惠能多次強調「屏息諸緣，勿生一念」「不思善不思惡」「志心諦聽」「胡跪」「總淨心念摩訶般若波羅蜜多」「但一切善惡都莫思量」等。這是所有教法的基礎，切不可輕易放過。如此便能很好地撤去聽受者的自我思維亂念，為有效進入禪法修學清理乾淨，打好基礎。並且，此次第至淺至深，若體用得好，可直接突破心識業惑，瞬間立於自性本位。如惠能所描述的「本來無一物」「惠能沒伎倆」，便是身心虛化到極致的自性顯現境。

次第二，舉三科。三科即陰、界、入。舉此三科乃為講清身心自性的產生、實質及運作原理。「陰」是「五陰」，屬心識蘊積對本性的遮覆。「入」是十二入」，即六塵、六門，指心識攝取及作用處。「界」是「十八界」，包括六塵、六門、六識，乃是描述生命的內外一體及其共頻。簡言之，六塵生處，六門同步攝取，再經六識加工、傳送，通過末那識融入含藏。形成了當前之生命結構。生命含藏收存著整個宇宙、物類、民族、家國、個體等的一切經驗信息，三科動處，或顯現染，或顯現淨。染者為迷，淨者為悟。悟此三科原理，即見自心之運作、迷失，實可瞬間脫離而出。延伸而言，一切迷失，乃至當今大眾心理世界中的焦慮、抑鬱、畸形等心靈脫軌現象，均是此三科運作而生的虛幻執持。故此三科之理，不但可直擊禪法修學之核心，亦可運用於當前社會的自他心靈療愈。

次第三，用對法。即運用三十六對法來辨破中邊，一如之前所講中觀破相法，往返破立之間，出離偏執。在日常中，對法是一種很有效的修學檢驗

及妙用。例如，別人一問一激，你我即刻作答、辯解，這是被邏輯思維控制的體現，答疑者自身也迷失了。若欲清醒，切不可從線性邏輯來應對問題，而應有離邊執之宏觀心量。凡遇所問，即覺見疑問背後的對立心念，便依對法順勢加以破斥，從而出離正反兩邊、中間、多邊。實際修學中，我們大可反覆熟讀背誦此三十六對，在記憶的基礎上深味其神韻，並隨機演化運用，凡應對一切偏執時必不至陷入。

次第四，立自性。也即立足自性視角，時時警覺、反觀、照化所講所用是否陷入心念迷失，這也是「對法」能起作用的根本原因。如無自性起用，對法即陷入饒舌戲論，邏輯詭辯，越對越迷。故而，惠能所教，無不以此為根本目的。見性，用性，才是禪的入門，體解，動用。

次第五，通坐禪。即精通、純熟坐禪工夫。此處再次強調，惠能並不拒斥坐禪，只是說不要執於坐禪。須知佛陀也是禪坐高手並於坐中證道。在見性悟道之後，反而應生起大精進，打磨禪功，以轉化身心乃至深度業種。故而，講傳惠能禪法，切勿再說惠能否定坐禪，而恰好應該強調見自性、通坐禪之兩翼共進，以促進、淨化、圓滿生命。

惠能曾說：「汝等若悟，依此說，依此用，依此行，依此作，即不失本宗。」〔註44〕從整體的《壇經》來看，以上五次第是惠能教法的精要，有心者可詳加研學。當然，五次第並不是僵化條目，在研學過程中大可開放心態，深深體悟之餘，根據具體語境而做出靈活演釋。

總體而言，《壇經》中的修道方法隨處可見，真正用心習學、研修《壇經》者，凡在其字句間，均可歸納、演繹出修道方法來。並且，不同的人，不同的視角，必會看見不同的方法。上述不過是略舉數種罷了！至於更為詳盡、殊勝者，便只待有心人結合自身的情況去如琢如磨，深度挖掘。

九、從《壇經》習學到自性寫作

對如《壇經》這般有助於建立生命尊嚴、實現存在價值、安住本心境界的傳統文化經典，在這個快節奏的時代，我們不主動來踏實學、深度學，很可能絕大部分人就逐漸遺忘了生命中還有這麼一件事、這麼一類書。而更可能的，是先賢聖哲所探索出來的可矯治種種身心疾病、紊亂且可步入生命究極的高超方法，就要被人見而不識了。

〔註44〕惠能，《壇經·付囑品》，《大正藏》第 48 冊，頁 360。

　　我不敢說現代人讀書少，現代社會信息發達，獲取知識的渠道豐富，但現在人讀書確實普遍很淺，縱然博覽群書，也只是浮在面上。其實，讀書必須要有廣度，但更要有深度。廣度讓你大量獲取信息，增廣見聞；而深度，則是整合一切見聞，深入浸潤到生命內層，令你真正建立起審美力、生命感、智慧性，從而做到惟精惟一，不再陷入非此即彼的偏執和漂浮不安的浪跡。在我看來，深度閱讀實際上是最快速的學習方法。剛開始看似很慢，但當你吃透一本經典，而後再去大量閱讀其餘書籍，不論傳統經典還是中外名著，你都會發現一拿起書就自然契入其中。因為，你所見的，是人心，是道性，而非簡單的知識描述、信息堆積。

　　至於當前從小學，中學，大學，到社會群體中普遍存在的寫作難產或乾瘤、輕浮的窘困，我自認為在深度閱讀中找到了有效解決方法。在深度閱讀、見識人心道性的前提下，寫作往往提筆神來。

　　我曾給人講授過多年來積累歸納的寫作簡便方法。沒錯，寫作真的有簡便方法，但是，這依然要建立在深度閱讀的基礎上，前提是心中有物。好的文章，哪怕是學術論文、公文，都是內心生命、思想的外化。未建立在對經典，準確說是對內在生命的體驗上，如何能深入淺出、直擊目標！當我講授時，別人一聽：「哦，寫作果真簡單，原來就是那麼幾個步驟！」可實際中一用，卻發現並不靈，連最簡單的寫作入手處也無法駕馭，還歸因於暫時的不熟練。他們都忽略了我所無數遍強調的經典深度閱讀對自身生命的滋養。從經典習學到寫作，其基本步驟、原理是這樣的：

　　首先，必須深度研學，心中有物，內化為我。

　　然後，虛化身心，空絕靈明，歷歷寂在，無我無人。

　　最終，凡有外緣推促，則略搭構架，文章便從心底綿綿不絕流淌出來。

　　對我而言，常年反覆讀的書不多，就集中在幾種傳統經典如《壇經》《心經》《金剛經》《維摩詰經》《首楞嚴經》《中論》《老子》《莊子》《黃帝內經》、「四書」、禪詩或一些性靈文學。當旅行或應對無聊場合時，我通常隨手帶上一本經典，漫無目的、不求甚解地讀。總在不經意間，又有不曾預料的收穫。

　　事後反觀，深度閱讀，不求甚解而讀，原來正合了經書本意。經典，尤其是傳統儒釋道經典，大多是在生命本來面目層撰寫、描述的。我在閱讀前，往往也是放空身心，讀到什麼就是什麼，不去強行思考辨析。當然，這個過程已經建立在對經典詞彙、句意全面瞭解的基礎上了。如此，沒料到恰好契

入了經典的中心。

　　人們從不真正反思，自我最大的敵人就是思維模式。虛化身心、不求甚解、漫無目的而讀，恰好瓦解了思維的界限，喚醒了內在的靈性。於是，經書和人，就合為一體了。也只有在這種時候，「六經注我」才不是空話，六經才等同於人本身。否則，泛談「六經注我」只會成為一種狂妄的偏執，還以為所有的經書都是為了體現你的價值而存在！

　　一直以來，我其實很想將由此歸納而出的研學、閱讀、寫作方法等與更多人特別是孩子們分享，目前也初見成效，但絕大部份人出於功利慣性，似乎覺得我這種方法過慢過老套而不以為然。不過我並不遺憾，隨緣而已，我並不想強行推銷某種觀點理論。我要做的，只是虛化自我，充分打開心門，讓心底的自性力量源源生出。並且，總會有人願意如我一般，深入某幾部經典，印證、淨化自己的生命，然後綿綿不絕地，從心底湧出無可取代的生命文章來。

2018.6.30.天春撰於昆明

行由 [註1] 品第一

時 [註2]，大師至寶林。[註3] 韶州韋刺史與官僚入山請師出，於城中大梵寺講堂，為眾開緣說法。[註4] 師升座次，刺史官僚三十餘人，儒宗學士三十餘人，僧尼道俗一千餘人，同時作禮，願聞法要。[註5]

大師告眾曰：

善知識！[註6] 菩提自性，本來清淨。但用此心，直了成佛。[註7]

〔註1〕 行由：一切行為、結果的因由。此品講述惠能身世及聞經、求法、修學、得法的種種因緣經歷。

〔註2〕 時：當時。印度佛教傳統並不注重具體歷史時空，記敘常以時、一時等詞簡略帶過，這種習慣也影響到了中國佛教的經論表述。

〔註3〕 大師：惠能。寶林：寶林寺，今廣東曹溪南華寺前身。

〔註4〕 韶州：廣東韶關。韋刺史，即韋璩，是當時惠能的主要官方支持者，《壇經》即韋刺史支持惠能門人法海輯錄。開緣說法：因緣而開壇講授禪法。

〔註5〕 升座：坐尊位、高座。次：之後。此句記述刺史官僚、儒宗學士、僧尼道俗千數人同時作禮請法，一為突出惠能禪極受尊崇；二為顯示惠能禪能夠廣泛折服各階層人；三為表明禪乃儒釋道的融合創新，某種程度上超越一切宗派隔閡。惠能禪在當時備受矚目，有此壯觀的傳法場面也在情理之中，但後世研學者切不可因此就認定《壇經》智慧高於其餘派別。這並非輕視《壇經》，而是，首先，上述場景本身就體現出了眾生、眾法的平等，是對宗派藩籬的突破，禪的智慧是超宗教、超時代的；其次，這是對自我心意識的反觀、警省，很多學人在認定自宗殊勝於他宗的同時，「自我」原形畢露，已經陷入了分別、偏執，這正是惠能《壇經》力圖要破除的「有念」。以能自覺自照、平等無分別之心研學此經，才可能契入、體貼惠能所教的本心智慧。否則，即使禪法再深透、殊勝，於研學者終將無所受益！

〔註6〕 善知識：一般指稱能傳授佛法正解、正修、正行的明師，但此處是惠能以平等心稱呼聽學眾人。

〔註7〕 「菩提自性，本來清淨。但用此心，直了成佛」乃《壇經》經旨。延伸而言，

善知識！且聽惠能行由得法事意。〔註8〕

惠能嚴父，本貫范陽〔註9〕，左降〔註10〕流於嶺南，作新州百姓。〔註11〕此身不幸，父又早亡，老母孤遺，移來南海，艱辛貧乏，於市賣柴。〔註12〕

時有一客買柴，使令送至客店。〔註13〕客收去，惠能得錢，卻〔註14〕出門外，見一客誦經。惠能一聞經語，心即開悟。〔註15〕遂問：「客誦何經？」

客曰：「《金剛經》。」

生命的原初質地自淨、寂在、光明，可以無任何障礙地呈現一切萬有之生滅、變化、運作。遺憾的是在生命演化歷程中，內因外緣的聚合促生了孤立的「意識觀念我」，越積越重的「我」導致個體生命再也無法自然照見、呈現一切因緣。甚至，生命負重而異化成了恐懼、焦慮、偏執、邪惡等面目。這就是本性的迷失。經中所謂成佛，其實是回歸生命的原初質地。一旦能夠重新安住此原初自在境，即能如實照見、呈現五蘊塵勞的空幻，成就自心之佛。故而才說「但用此心，直了成佛」。惠能禪講究自性的直覺直用、即修即成。不過，鑒於眾生的迷失境狀，又如何可能直用本心？結合禪法修持進階，其方法約可歸為幾層：第一，虛化身心、放空自我，自性便不受束縛而直接顯用；第二，「直了成佛」常表現為明頓成之理或本性間斷顯現，剩餘的純熟工夫還得漸次做，踏實做；第三，反觀自我就是自性覺照、空性動用，那一念間即是當下修行、當下成佛、當下妙用；第四，自性自在、自照、自顯、自覺，這是自性工夫純熟之時的自然而然，是禪宗意義上的佛境。惠能禪站在此自性之巔來看一切修與無修，必然得出「直了成佛」的結論。不過，在此「頓成」見地下，修學者還是要端正心態，如實看待自己。須知頓悟也是無欲念、無分別或工夫做在無心處才可能發生的果境。自詡已經頓悟成佛，必定落入魔地。而無心無佛，卻正是此心直用、當下成佛的覺性境。

〔註8〕惠能開始講述自己的身世、求法、得法等因緣。

〔註9〕范陽：約今北京大興。

〔註10〕「左」為降職，「右」為升遷。

〔註11〕嶺南：五嶺之南，屬今廣西、廣東一帶。

〔註12〕新州：可視為現廣東新興縣。南海：南海郡，現南海縣。惠能父親名盧行瑫，曾在范陽為官，後被貶至嶺南邊地，在惠能幼時便去世。惠能由母親養大，長期靠打柴為生。

〔註13〕惠能先天純心，打柴便一心打柴。這一點，是多少人求而不得的宿世善緣。

〔註14〕卻：退卻，退出。

〔註15〕由於《壇經》宣揚當下直了，頓悟成佛，不少傳統注解、修學者便以為此時惠能已經見性成佛。其實，惠能的「頓悟成佛」也經歷了許多次第、環節。此處開悟，當指惠能有感於《金剛經》所講道理、境界、智慧，心嚮往之，而非證悟。

復問：「從何所來，持此經典？」〔註16〕

客云：「我從蘄〔註17〕州黃梅縣東禪寺來。其寺是五祖忍大師在彼主化〔註18〕，門人一千有餘。我到彼中禮拜，聽受此經。大師常勸僧俗：但持《金剛經》，即自見性，直了成佛。」〔註19〕

惠能聞說，宿昔有緣，乃蒙一客取銀十兩與惠能，令充老母衣糧，教便往黃梅參禮五祖。〔註20〕

惠能安置母畢，即便辭違。不經三十餘日〔註21〕，便至黃梅，禮拜五祖。

祖問曰：「汝何方人？欲求何物？」

惠能對曰：「弟子是嶺南新州百姓，遠來禮師，惟求作佛，不求餘物。」〔註22〕

祖言：「汝是嶺南人，又是獦獠，若為堪作佛？」〔註23〕

惠能曰：「人雖有南北，佛性本無南北；獦獠身與和尚不同，佛性有何差別？」〔註24〕

〔註16〕惠能心純，不亂不雜，聽聞《金剛經》語便與之相應，生起道心，開始追問。

〔註17〕蘄〔qí〕州，屬今湖北。唐時，蘄州轄境約今湖北省內長江以北、巴河以東地區。

〔註18〕主化：主持弘法，度化眾生。

〔註19〕《金剛經》有不思議功德，但不是說手捧誦讀即有，而要純心相待、無心相應，如此才會顯現真心，去除諸業雜染，當下見性直了。有心而讀、有欲而求，本身行止即在障道，修百千劫，又如何見？

〔註20〕真心一動，心光遍及十法界，眾生都會蒙受感召，為求道者護持，創造上善因緣。對「客」而言，這是供養功德。對惠能而言，也好盡孝，處理好世法與出世法的關係。

〔註21〕敘說輕巧，讀得更輕巧，而今誰還願以三十餘日之路程求法？求法之前，多是利害捨得比較一番。殊不知，道心動者，三十餘日，便是行腳立基、馴化自心，內心因此更淨、更純、更堅。正是如此，惠能也才積發出與五祖弘忍的一番立於自性的對話。

〔註22〕惠能心純，只會這麼想，此為惠能內心當下就立於真為求佛、真可成佛之純念。既不是口上悟解或「建立一個宏偉遠大的目標」，也不同於儒家所說的「雖不能至，心嚮往之」，更非「取乎其上，得乎其中；取乎其中，得乎其下；取乎其下，則無所得」之有意而為。

〔註23〕嶺南獦獠〔gé liáo〕之說，或是當時普遍觀念，也或是五祖故意試探。

〔註24〕眾生的迷失，正是被南北、高下、身份等「習以為常的下意識判分觀念」所束縛。有的人發出這幾句話表面上是闡述平等無別，卻未覺察還是陷入意識

　　五祖更欲與語，且見徒眾總在左右，乃令隨眾作務。〔註25〕

　　惠能曰：「惠能啟和尚，弟子自心常生智慧，不離自性，即是福田。未審和尚教作何務？」〔註26〕

　　祖云：「這獦獠根性大利！汝更勿言，著槽廠去。」〔註27〕

　　惠能退至後院，有一行者，差惠能破柴踏碓。

　　經八月餘〔註28〕，祖一日忽見惠能曰：「吾思汝之見可用，恐有惡人害汝，遂不與汝言。汝知之否？」〔註29〕

　　惠能曰：「弟子亦知師意，不敢行至堂前，令人不覺。」〔註30〕

　　祖一日喚諸門人總來：「吾向汝說，世人生死事大〔註31〕，汝等終日只求福田，不求出離生死苦海；〔註32〕自性若迷，福何可救？」〔註33〕

　　　　陷阱：力求證明平等，是因自己心底也認為不平等，故還是陷入判斷分別心。又或是為了顯示對禪的理解，脫口而出，成口頭禪。

〔註25〕五祖太瞭解世道人心了。

〔註26〕惠能不解，如實問：「弟子已經開悟，一切在自心福田中做，還需其餘什麼勞務？」既見自心，顯現智慧，便是在種功德福田，但此時惠能尚未考慮到周圍人事，還需打磨、內化、圓融。

〔註27〕利根，不是理解力強，也不是佛學修養深，而是能紮實、踏實、精進修行。惠能從始至終就是給人以踏實、敦厚、智慧的印象。五祖也發現了惠能心不在其餘，而只在自性成佛一事，便讓他無需多說，安心去槽廠做事。

〔註28〕破柴踏碓八月餘，如真心、實行，便是又修行、琢磨、體貼了八月餘。

〔註29〕弘忍身邊也有不少名為求法，實為求名利者。八月餘後，弘忍到槽廠探看惠能，並說明讓他來槽廠的原因：保護惠能，避免有嫉妒心者的傷害。實際上也暗藏深意：進一步考驗品行、打磨心性。

〔註30〕師徒心心相知。這一期間，惠能專心只在槽廠內做事，不入堂前。真修行者，才能沉下心來等待，一心安住於眼前事務。然而，對於師徒相知，須是無我、見性方可，否則人與人之間必然是以猜度、利害來建立關係的，逃不出臆想、誤解、尊卑。

〔註31〕生死事大，故修行為大。生死是什麼？即人生時、死時、死後的一切痛苦、愚迷、無知、恐懼等。證悟自性本體，便能清晰照見存活時的愚迷、痛苦，獲得人生智慧；同時，也通達以死亡為界的「未知生命」「未知世界」，從而在生死一體、生命永恆的境界裏寂靜涅槃、去來自由。

〔註32〕這是眾生的屬性，多只在果上求福報福德，未能將工夫做在實修、真煉以及處理生死苦厄上。

〔註33〕自性若迷失，所得就不是真福，即使偶有福報，也只是表象上的，對生命的安頓昇華起不了任何作用，也無法實際、透徹地解決生命問題，故而真福德是自性福德，關鍵在見性。

汝等各去，自看〔註34〕智慧，取自本心般若之性，各作一偈，來呈吾看。〔註35〕若悟大意，付汝衣法，為第六代祖。〔註36〕火急速去，不得遲滯，思量即不中用；見性之人，言下須見。若如此者，輪刀上陣，亦得見之。〔註37〕」

眾得處分，退而遞相謂曰：「我等眾人，不須澄心用意作偈，將呈和尚，有何所益？〔註38〕神秀上座，現為教授師，必是他得。我輩謾作偈頌，枉用心力。〔註39〕」

餘人聞語，總皆息心，〔註40〕咸言：「我等已後依止秀師，何煩作偈！」〔註41〕

〔註34〕自看，莫如說「看自」更為直接。

〔註35〕見不見性，當下一念之間。弘忍令大眾「看」其實頗有深意，即妙觀察，如實呈現自心，如此即是見性，乃至「性見」。如思維心息、不思議、無念，則所寫偈語自然就立足於自性層；如是冥思苦想而來，再精妙的語言充其量也只是念頭的集合、思維的產物。

〔註36〕弘忍認為，本心被迷則任何福德都沒有意義。他讓弟子們下去觀照自己本心，從「本心」中運作智慧妙用來寫一首詩偈，如果誰的詩偈已達見性層面，就傳禪宗祖師衣法，讓他做第六代禪祖。學界對這段公案的解讀常常忽略了前提：「取自本心般若之智」，亦即開悟見性。必須開悟見性，才有資格承受衣法。見性以後，所作詩偈自然立足「自心」層面，心心相印，就是諸佛諸祖之心。至於袈裟，不過是表明身份的一種外在信物。在中華文化的特定範疇中，外在特徵往往成為人們的定性標準。神會在滑臺與北宗論辯時，造出了南宗譜系和衣法傳承，目的就是為了建立「正統相」，得到外物表徵的承認和支持，這本身和禪宗「心印」的傳承並沒有必然關係。只認衣缽信物，若不悟大意，付與袈裟名號也只是偽證。

〔註37〕輪刀上陣：舞刀如輪上陣。事實上，思量非但不中用，還墮入想陰。見性之人，見於一言一行，何必思量，離於思量。即使在輪刀上陣之生死關頭、刻不容緩間，也是清清楚楚地活在自性顯現中。

〔註38〕眾人又計較得失開去。反觀，此刻見自心計較思量否？

〔註39〕謾：寬泛、隨意。五祖讓徒眾莫思維，但話音剛落，眾人就思維開了：首先是將神秀與自身份出了上下等次；其次完全將禪道置於自己不可能證取的層面。徒眾思維「枉用心力」，卻不知凡起心思維處即錯，正是「不能用心力」，本性才呈現。在此刻，徒眾實際是使勁用心力、使勁遮覆真性而不自知。就如你我，當下放鬆身心，放下思維念頭試試，一刻半刻間，見有見空否？

〔註40〕此處是「假息心」，是退縮放棄。若真能息心，便是見性從容，隨緣進退。

〔註41〕將心待悟，到何年月？只此「已後依止」便是業力，便是第一念即迷失。禪沒有以後，只有當下清明。

神秀思惟：「諸人不呈偈者，為我與他為教授師。我須作偈，將呈和尚，若不呈偈，和尚如何知我心中見解深淺？我呈偈意，求法即善，覓祖即惡，卻同凡心，奪其聖位奚別？若不呈偈，終不得法。大難！大難！」〔註42〕

五祖堂前，有步廊三間，擬請供奉盧珍〔註43〕畫《楞伽經》變相〔註44〕及五祖血脈圖〔註45〕，流傳供養。神秀作偈成已，數度欲呈，行至堂前，心中恍惚，遍身汗流，擬呈不得。前後經四日，一十三度呈偈不得。〔註46〕秀乃思惟：「不如向廊下書著，從他和尚看見，忽若道好，即出禮拜，云是秀作；若道不堪，枉向山中數年，受人禮拜，更修何道？」〔註47〕是夜三更，不使人知，自執燈，書偈於南廊壁間，呈心所見。〔註48〕偈曰：

身是菩提樹，心如明鏡臺。
時時勤拂拭，勿使惹塵埃。〔註49〕

〔註42〕神秀也思維開去。當然，這是指《壇經》中的神秀，而非歷史上真實的神秀。他先將其餘人的想法與自身境況做了一番對比計較，後又以為呈偈求祖位是惡，不呈偈五祖又不瞭解自己道境。其實無論呈不呈偈，語默之間，五祖豈有不知神秀所修之理。作為讀者、修學者，有一點要清醒：我們在看這一段經文時對神秀已暗自評判開了。要知道，首先，境界如何那是神秀的，你的判斷是你的迷失；其次，對神會的描寫是後世或南宗徒眾所為，未必如實。真實的神秀，結合南宗以外的史料記錄且去看看其《觀心論》《大乘無生方便法門》等，即知絕非《壇經》中所描繪者。故而，習學《壇經》，要警覺後世加入的抑揚褒貶及任何一種偏見，乃至於當下自心的從眾、揀擇。

〔註43〕供奉：官名，有一技之長的內廷技師類。

〔註44〕楞伽經變相：《楞伽經》所記錄的說法佛會等情形。

〔註45〕五祖血脈圖：達摩、慧可、僧璨、道信、弘忍之五祖傳承譜系。

〔註46〕極為傳神，古今眾人，面對重要事情而憂懼時不都如此心神不寧！

〔註47〕見不得人？自心有鬼？實則如何藏得住！如此作教授師、法師，能傳什麼法？

〔註48〕無心力承擔，如此所見，只在心識層修，遠未到心性層。此中神秀即你即我，若能在此刻此事中反觀自己，應能驚覺而見性。

〔註49〕因此詩偈就判斷神秀漸修、不悟？古人從具體語境來說神秀此偈未悟是沒問題的，但我們不應人云亦云。試想：假如這首偈語從弘忍或惠能口中說出，你又要如何理解？真悟之人，從自性的層面隨緣消舊業、時時勤拂拭，並無不妥，都是用工夫處。未悟之人，時時勤拂拭，雖未能當下立足自性境來審視一切，但不正是在築牢基礎？如今，能做到隨時反省、時時勤拂拭者就已經是大修行人了。況且，誰說漸修不能成佛？頓漸因人而異罷了。

秀書偈了，便卻歸房，人總不知。秀復思惟：「五祖明日見偈歡喜，即我與法有緣；若言不堪，自是我迷，宿業障重，不合得法。」聖意難測，房中思想，坐臥不安，直至五更。〔註50〕

祖已知神秀入門未得，不見自性。〔註51〕

天明，祖喚盧供奉來，向南廊壁間，繪畫圖相，忽見其偈，報言：「供奉卻不用畫，勞爾遠來。經云：『凡所有相，皆是虛妄。』〔註52〕但留此偈，與人誦持。依此偈修，免墮惡道；依此偈修，有大利益。」〔註53〕令門人炷香禮敬，盡誦此偈，即得見性。〔註54〕門人誦偈，皆歎善哉。〔註55〕

祖三更喚秀入堂，問曰：「偈是汝作否？」〔註56〕

秀言：「實是秀作，不敢妄求祖位，望和尚慈悲，看弟子有少智慧否？」〔註57〕

祖曰：「汝作此偈，未見本性，只到門外，未入門內。〔註58〕如此見解，覓無上菩提，了不可得。〔註59〕無上菩提，須得言下識自本心，

〔註50〕心中不安，輾轉反側；揣度人心，患得患失。修行要解決的不就是這些問題？
〔註51〕明師，心如日月，顯現、照見一切有無。
〔註52〕「凡所有相，皆是虛妄」乃《金剛經》語，但不要被名言牽著走，是否虛妄，因人而定，見自性者才能見一切相虛妄。你可自我檢驗：若凡一切相皆是虛妄，那你見其因緣聚散了嗎？見自心起伏去來了嗎？如果有人駁斥：「你所說只是掉書袋、拾人牙慧。」且看看你自心反應，還一切相皆是虛妄否？善知、善用者，此時正好見內心動向，見自性動用。如此才能立於自性境，——實質上，此時已無虛妄真實之分別，如實呈現而已。
〔註53〕弘忍說，此偈語儘管不徹底，還是有所利益。於你我而言，有益無益關鍵在於面對弘忍定論時是否隨意判斷別人所學而不知，是否能隨時反觀自心陷入好壞是非之對立、迷失。
〔註54〕指某一程度上的見性，可理解為見惡、見塵，而非徹證。
〔註55〕眾人從來盲目隨流。
〔註56〕深夜三更好傳法，寂靜之中，自心之戰戰兢兢、動盪起伏，任一絲半縷，如何藏住！只是看神秀能否反觀覺照了。
〔註57〕神秀始終不自信，不自知，不見！
〔註58〕活在思維意識層即是門外。「門」是意識和本心之界，穿透意識心，即入本心門內；否則縱然參禪煉氣，苦修千年，也還是在門外困擾折騰。
〔註59〕絕大部分人的禪修都停留在心識層。至於如何是「言下識自本心，見自本性不生不滅」，此處不作結果描述，但在「因」上做足工夫：第一，放鬆身心，乃至虛無，方能達到最大限度的自性顯現，故關鍵在學會虛化身心；第二，

見自本性，不生不滅；〔註60〕於一切時中，念念自見萬法無滯，〔註61〕一真一切真，萬境自如如。〔註62〕如如之心，即是真實。〔註63〕若如是見，即是無上菩提之自性也。汝且去，一兩日思惟，更作一偈，將來吾看。汝偈若入得門，付汝衣法。〔註64〕」

神秀作禮而出。又經數日，作偈不成，心中恍惚，神思不安，猶如夢中，行坐不樂。〔註65〕

復兩日，有一童子於碓坊過，唱誦其偈。惠能一聞，便知此偈未見本性，雖未蒙教授，早識大意。〔註66〕遂問童子曰：「誦者何偈？」

童子曰：「爾這獦獠不知，大師言：『世人生死事大，欲得傳付衣法，

不論在日常還是禪坐中，都覺察自我身心言行，訓練見相即見心的主動觀照、追溯能力；第三，前兩步做得紮實、純熟，則言下識本心、見自性就是自然而然的結果。

〔註60〕離生滅相，自性呈現，須真實體證到本性的靈明、寂然而在，才能於一切時中念念自見萬法而無滯，否則只是在自心中又多了一種以「自性」「無滯」為名目的觀念執著。

〔註61〕一切時中，不迎不拒，則自然心無阻塞，任意呈現一切心相之起伏有無、聚散流動。

〔註62〕若得一心之本，在自心處，萬物與己便不對立。一切相便是真心之運作、呈現，萬物便以其本來相狀、規律而自動、起滅。注意：並非心、物最終融合為一體，而是「所有的分離、一體都是人心的認為」，一旦不被心轉，無分別心，則心自是心，物自是物；心便是物，物便是心。是你見到、顯現了心物的本來面目，而非你融合、分離了心物。——當無滯於「心念」，才能夠體證此境。

〔註63〕「真實」不是尋求到某種絕對真理，而是確證自性之無染，見一切心相物相之生滅去來，——此即是如如本心之在、之用。

〔註64〕五祖已授秘法，若心門開放，言下早已悟透。可惜神秀還是以日常習慣中的緊縮心、思維心在聽，故而不能契入。五祖又讓神秀一兩日思維，但可以預料的是，一兩日後，神秀依然只會按原來的思維慣性去揣度推測，最終「不悟」。除非是突然反照，看見自己的下意識思維反應模式，突然突破。順則凡，逆則仙，你我也一樣，如不知反觀自照，截斷業力，始終都只會按原來的迷執軌道「修」，越行越遠。

〔註65〕數日之間，可見神秀還是以「前心」在思維，故而越用心力，便是越催動、增長業種，「修」得越用功，便陷得越深。如此別說一兩日思維，即使再過三五十載，也不會證悟。反觀，反觀，見自身心之不安、過患、驚悸，即在念念相續迷失之網處打開一個出口！這不就是自性動用？行在何處，自性不就顯在何處？若反觀得力，正是於大惑大疑處大徹大悟。

〔註66〕數月舂米踏碓，善學善修者，內心早已沉靜下來，自然有了善聽言外音、見相即見心的功夫。

令門人作偈來看。若悟大意，即付衣法為第六祖。」神秀上座，於南廊壁上書無相偈，大師令人皆誦。依此偈修，免墮惡道；依此偈修，有大利益。」〔註67〕

惠能曰：「我亦要誦此，結來生緣。上人，我此踏碓，八個餘月，未曾行到堂前。望上人引至偈前禮拜。」〔註68〕

童子引至偈前禮拜。惠能曰：「惠能不識字，請上人為讀。」〔註69〕

時有江州別駕，姓張名日用，〔註70〕便高聲讀。惠能聞已，遂言：「亦有一偈，望別駕為書。」

別駕言：「汝亦作偈？其事希有。」〔註71〕

惠能向別駕言：「欲學無上菩提，不得輕於初學。〔註72〕下下人有上上智，上上人有沒意智。若輕人，即有無量無邊罪。〔註73〕」

別駕言：「汝但誦偈，吾為汝書。汝若得法，先須度吾。勿忘此言。」〔註74〕

〔註67〕世間人心正如此童子：迷失、盲從、貢高，又有附庸風雅的癖好。借佛法相，卻不會辨別，人云亦云，更增輕我慢業罪。你我也常常如此。

〔註68〕惠能內心重法、敬法，自重、自敬，雖童子輕視自己而不生嗔恚心，不起波瀾，因此眼中無一不是上人。

〔註69〕惠能不卑不亢，如實請別人讀。但警惕此刻你我已生慢心、判別心，在識不識字的問題上推理、爭論開了。

〔註70〕別駕：刺史的佐官，相當於秘書類。日用即道，別駕雖名日用而不知。

〔註71〕衝口即出，張別駕已生慢心慢行。樣貌美醜、識字與否，不礙學法，不礙作偈。此處並非以另一種「對立心」來為醜陋、不識字辯護，而是說美醜乃由自心生、自心界定，是一種社會集體無意識中的「分別認為」。判別他人美醜，不正是無知無覺中陷入業力慣性而迷失？人們絕大多數情況下都如張別駕，在來不及反應之間便下意識衝口而出、反應而出。只有少量人能夠在事後反思，更只有少數人能夠時時觀照自己，了知業心運作、變化。工夫純熟之後，此類人能在業心一起、未起時，便自動照見，當即化解歸空。

〔註72〕輕人的實質是自輕。別人、世界不會因你的輕視而增減半分，只是你的「輕視」已經起了判別，重重地壓在你自性上，自性如何還能如實呈現？上上人或下下人是世俗判分，佛性平等無別，一旦認為某某為上、為下，即陷入愚迷，故而其智慧即被隱沒、遮覆，即所謂「沒意智」。

〔註73〕此處惠能並非以某種修學標準、道德倫理來進行辯解、說教，而是他對人心的運作、動向了若明炬，故而也深知，如輕人，自心即陷入迷失愚癡，造下無量無邊罪業。

〔註74〕見惠能言語不凡，張別駕收起輕慢心。當時的人還是普遍以見性得度為首要

惠能偈曰：

菩提本無樹，明鏡亦非臺。

本來無一物，何處惹塵埃？〔註75〕

書此偈已，徒眾總驚，無不嗟訝，各相謂言：「奇哉！不得以貌取人，何得多時，使他肉身菩薩。」〔註76〕

祖見眾人驚怪，恐人損害，遂將鞋擦了偈，曰：「亦未見性。」〔註77〕眾以為然。〔註78〕

次日，祖潛至碓坊。見能腰石舂米，語曰：「求道之人，為法忘軀，當如是乎！」〔註79〕乃問曰：「米熟也未？」〔註80〕

惠能曰：「米熟久矣，猶欠篩在。」〔註81〕

祖以杖擊碓三下而去。惠能即會祖意，三鼓入室。〔註82〕祖以袈裟遮圍，不令人見，為說《金剛經》。〔註83〕至「應無所住而生其心」〔註84〕，惠能言下大悟，一切萬法，不離自性。遂啟祖言：

價值，知道應該虛心就教。

〔註75〕此偈針對於神秀偈而作，直立於空性，不被一切相遮覆，是以無菩提，無明鏡，無塵埃，無一切。南禪強調當下直入本性，不過，這並不意味著不用修。禪無次第，並不意味著禪修無次第。頓悟之後，尚須保任打磨、純化此心。此刻，如你我已經生起神秀低而惠能高之分別念，則已經「有一物」。若見此念不生，或見生滅而不迎拒，則是空性顯用，心不被染，此即「無一物」。

〔註76〕眾人驚奇反思。如時時反思，也就是在時時拂拭，清掃業積，同樣是做實際工夫。只不過應更深一層追問：是誰能見此過患？是誰能夠反思？

〔註77〕護徒情深。弘忍深諳人心：眾人驚異過後，能反思當然是正修行，但絕大部分人下意識的業心會不受約束地發作，例如嫉妒，甚至傷害。

〔註78〕人云亦云。任何時代，修行者多不明就裏，迷信大師。這是修行界的實況。德高行正之師，自然言行衛道，如是隨行邪師外道，則貽害無窮。

〔註79〕俗人俗世則為軀忘法。

〔註80〕一語雙關，問工夫打磨得如何？

〔註81〕惠能自知有悟，但仍然粗精相混，尚須師父指授，沉心涵養。

〔註82〕何必文字，何必語言，心通相知。

〔註83〕秘授《金剛經》義。

〔註84〕你我現在思索、推究的「這是何意」即是「有所住」，是思維心動。須沈寂、穿透意識思維，才能立於本心，無所住而自生其心。故如何「無所住」，才是大學問。有的人心體天然寂靜，面對一切因緣真心不動，能無所住，例如惠能。而對於更多人，就需要一個正修、訓練的過程，才能有所成。具體如何做？可緊扣此三要點：第一步，不是以心止心、壓心，而是完全撤去內心的

何期自性本自清淨，〔註85〕

何期自性本不生滅，〔註86〕

何期自性本自具足，〔註87〕

何期自性本無動搖，〔註88〕

何期自性能生萬法。〔註89〕

運作、抵抗，進入鬆化境，任內心諸念往來聚散，其中有寂靜自照者，乃為自性動用。此即無所住而生其心，也可稱為「生其心而無所住」。第二步，如做不到第一步，就應踏實訓練日常中的「覺察」能力，反思、深追做不到的原因。並且，要時刻覺照下意識的行為、內心的運作，由此映照出深層的業根，其根自化，隨即其心也自用。第三步，以深度坐禪為輔。深度坐禪中可見性，可無所住而生其心。當然，善用功者，不拒絕三步驟融合共用，深度純化自心。

〔註85〕「本自清淨」指本源的寂靜、無染。「清淨」可以有很多重意思，有心清淨、身清淨、相清淨等。作為生命之源的自性是無法判定為染淨的，一有染淨，就落在其次，再也不是本體，而是生發出來的作用了。惠能在這裡將自性描述為「清淨」，旨在說明心體一旦清淨，萬物就會相應顯化出本來面目、相來。實質上，自性只是一個純粹的「清淨之體」，如果要生發出「萬法」，還必須有「善不善緣」作為刺激因素，因緣和合，引動自性真如顯化出「相」。因為清淨，它才具備了顯現「一切萬法」的基礎。

〔註86〕「本不生滅」指自性的永恆。生滅指現象變化，由於「本源」不生不滅，自然就超越了現象層。這種不生不滅的本源存在也是一種生命力，但它屬於生命現象的「內質」。惠能將「自性」的這種屬性指了出來，為生命現象的生滅找到了一個歸屬。作為人自身，生命現象會結束，但生命本源還在，生命現象滅散不過是化歸於生命本源而已。

〔註87〕「本自具足」指自性的完美、圓滿。從唯識理論來講，生命中的任何一種信息都含藏在自性中，包括善不善各種元素。然而，生命的本源自性，又不是善不善、常不常所能夠影響的。確證自性，就可以得到生命的永恆，生命現象上的生死憂患，種種苦惱就可以斷除，生命就可以顯現出自性的無窮生命力。自性的圓滿性還體現在另一方面，生命現象的侷限常常阻礙了自性的顯現，但自性並不因此消失，它依然空空靈靈，完美具足地存在著，只是我們認識不到。當觀念意識層面的侷限一旦破除，自性本來面目就自然出現。這個自性，並不是人為塑造、雕琢出來的，它就是「如此」而存在。

〔註88〕「本無動搖」指自性的穩固。既然自性是生命的終極源泉，它就是牢不可破的，而「金剛能斷」者，是指斷邪見。斷盡邪見，那不可動搖的生命本體就自然顯現。

〔註89〕「能生萬法」指自性的妙用。惠能的自性義其實可歸結為體和用兩個方面。屬性不過也是關於體的描述，「妙用」本質上也是體的屬性，只不過它已經「顯現為對象」而已。從自性生命本源的角度講，這種「生生」正是一切萬象的生命力所在，即那生命萬象所要尋求的本源力量。此處略作延伸：「五個何期

　　祖知悟本性，謂惠能曰：「不識本心，學法無益；〔註90〕若識自本心，見自本性，即名丈夫、天人師、佛。」〔註91〕三更受法，人盡不知，便傳頓教及衣缽，云：「汝為第六代祖，善自護念，〔註92〕廣度有情，流佈將來，無令斷絕。〔註93〕聽吾偈曰：

　　　　有情來下種，因地果還生。

　　　　無情既無種，無性亦無生。〔註94〕」

　　祖復曰：「昔達磨大師，初來此土，人未之信〔註95〕，故傳此衣，以為信體，代代相承；法則以心傳心，皆令自悟自解。自古佛佛惟傳本體，師師密付本心。〔註96〕衣為爭端，止汝勿傳。若傳此衣，命如懸絲。汝須速去，恐人害汝。〔註97〕」

　　惠能啟曰：「向甚處去？」

　　祖云：「逢懷則止，遇會則藏。」〔註98〕

　　惠能三更領得衣缽，云：「能本是南中人，素不知此山路，如何出

　　　　「自性」之外還應有第六「何期自性能照能覺」。須知自性無時不在諦觀一切虛實，澈照一切苦樂，澄現一切迷悟。

〔註90〕如何是識本心？即真正體驗到一切外物或心識的自起自落、自來自去而心明如鏡。不識本心，所學所修都只是浮在思維層面，是「修思維」。

〔註91〕都是佛名號。佛名號有調御丈夫、天人師、能仁、善逝、薄伽梵等。

〔註92〕意指惠能雖悟，但還須要清醒，須注重保任、打磨工夫。

〔註93〕實際證悟才有資格承受衣缽為第六祖，也才有能力續傳禪宗血脈，廣度有情。

〔註94〕詩偈大意為：有情眾生種下開悟之佛種子，一旦因緣成熟，佛果就顯現。而無情眾生未種修行之種，則無成佛之因，故而果也不可能生。這是從無情無佛性的角度來說的。

〔註95〕按「人未信之」來理解。

〔註96〕故而「傳衣」也未必得心印。達摩明確說過，諸佛祖師的法印「匪從人得」，必須自修自證，瞬間取得與祖師「心印」的溝通，這樣也才能接下「法印」。《壇經》版本流傳過程中，極大多數人熱衷於爭論其版本新舊，文法得失，卻不曾有多少人親修實證，從「心印」入手來「正佛所傳」，這不能不說是一件憾事。也正因如此，禪宗的「以心傳心」才令很多人難解，「大智慧」在他們的觀念中就自然成為囈語怪夢了。

〔註97〕首先，傳衣之初，惠能尚未如弘忍一樣建立毫無爭議的地位，禪門都在爭搶袈裟信物，是以有命如懸絲之害。其次，惠能證道、立宗、授徒之後，得道者既多且廣，無需指定唯一傳承者。

〔註98〕懷：懷集縣，屬廣西。會：四會縣，屬廣東。惠能由湖北向九江、廣西、廣東一帶隱藏。

得江口？」〔註99〕

　　五祖言：「汝不須憂，吾自送汝。」祖相送，直至九江驛。〔註100〕祖令上船，五祖把艣自搖。〔註101〕

　　惠能言：「請和尚坐，弟子合搖艣。」〔註102〕

　　祖云：「合是吾渡汝。」〔註103〕

　　惠能云：「迷時師度，悟了自度；度名雖一，用處不同。〔註104〕惠能生在邊方，語音不正，〔註105〕蒙師傳法，今已得悟，只合自性自度。」〔註106〕

　　祖云：「如是，如是！以後佛法，由汝大行。汝去三年，吾方逝世。〔註107〕汝今好去，努力向南。不宜速說，佛法難起。」〔註108〕

　　惠能辭違祖已，發足南行。兩月中間，至大庾嶺。〔註109〕

　　五祖歸，數日不上堂。眾疑，詣問曰：「和尚少病少惱否？」

　　曰：「病即無。衣法已南矣。」〔註110〕

　　問：「誰人傳授？」

　　曰：「能者得之。」〔註111〕

　　眾乃知焉。

〔註99〕本是山中樵夫也不識山路，足見八個月間不知黃梅山外世界，一心只在寺中。

〔註100〕九江驛：今江西九江。

〔註101〕親送惠能出山，還親為惠能搖槳，弘忍也如俗世為人父母者，恨不能心心俱到。

〔註102〕惠能有可能不會搖船，但一學即會。對比眾生心，不會或從未接觸過者總是憂懼、掛礙。見性者，不會則學，一學則會，從不預設難不難，從不擔心會不會。

〔註103〕高僧到達最高境，也就是一位返璞歸真、樸實無華的長者師而已。

〔註104〕有大氣象，一語雙關，未悟師度，悟後自度。

〔註105〕此是感慨禪之不可思議！心純者得無為法，豈分邊地中原，操何口音。

〔註106〕惠能言下已經句句不離自性，而非簡單的渡河表相。

〔註107〕弘忍欣慰之態畢現，已留禪脈。

〔註108〕弘忍之意，首先要繼續磨煉心性工夫，勤修禪定；其次傳禪要因時而靜，而動。

〔註109〕大庾嶺：江西大庾縣，接近廣東南雄。

〔註110〕弘忍說，傳衣法者已經向南邊去了。所作已辦，遂不復上堂。

〔註111〕話有兩解：一解，有能力者得之；二解，名字裏有「能」者得之。弘忍以此隱認證惠能，否則別人不信，當時惠能還未出家。

　　逐後數百人來，欲奪衣缽。〔註112〕一僧俗姓陳，名惠明，先是四品將軍，性行麄慥，極意參尋。〔註113〕為眾人先，趁及〔註114〕惠能。惠能擲下衣缽於石上，云：「此衣表信，可力爭耶？」能隱草莽中。〔註115〕

　　惠明至，提掇不動，〔註116〕乃喚云：「行者！行者！我為法來，不為衣來。」〔註117〕

　　惠能遂出，坐磐石上。〔註118〕惠明作禮云：「望行者為我說法。」

　　惠能云：「汝既為法而來，可屏息諸緣，勿生一念。吾為汝說。」〔註119〕

　　明良久。〔註120〕惠能云：「不思善，不思惡，正與麼時，那個是明上座本來面目？」〔註121〕

　　惠明言下大悟。復問云：「上來密語密意外，還更有密意否？」〔註122〕

〔註112〕覷覰衣法者數百，可知徒眾心思不純，邪念障重，不理解五祖所謂悟者才能得到衣法之意。

〔註113〕麄〔cū〕慥〔zào〕：粗糙、急躁。惠明有求法心，但以粗糙急性學禪，所學也是一身急躁。

〔註114〕趁及：追到，追及。

〔註115〕再一次強調衣法表信，只有證悟自性者能得，不悟者得到也是德不配位，不能服眾，更不能自度他。

〔註116〕神異，有誇張之意。但也可說明惠明明白了「不悟確實無法將衣法據為己有」之意，因而心有遲疑擔憂，提掇不動。

〔註117〕惠明終於有所省悟，不枉數百里沒頭腦窮追。

〔註118〕一直從容，有莊嚴相。這是惠能的第一次講傳，意義非常，可仔細琢磨其方法次第及深意。

〔註119〕惠能講授前先讓對方調整：平心靜氣，摒除一切干擾，心中無妄念，才有可能聽懂、體悟禪法，眾人不得法就因為追隨外緣，心亂如麻。既靜心，即初入道門。這是惠能的高明之處，連求法心都無生，或生而照見之。

〔註120〕注意這一環節和時間概念。「良久」證明惠明調整了好久：不急不慮，慢慢放鬆，清淨。我們坐禪、聽學往往未將心調適平靜，所以無法進入。

〔註121〕那個是：哪個是。有些地方也理解成「那就是」的指陳語句。經過惠能的引導，性行麄慥的惠明平靜下來，平日遮覆本心的急躁、粗糙、求法求衣缽等欲念俱滅，故而心中既無善念，也無惡念，唯清淨自在。這種境界許多人不是沒體驗過，而是並不在意或說不懂識別，以為得之太易，肯定不是。此時，惠能抓住時機點撥：這種境界是什麼？你的本來面目在哪裏？

〔註122〕惠明是在真實體驗中明白，而非理上解悟，但還不敢最終確證或者說所證並不究竟。故略帶狐疑，以為各代祖師向來所傳可能還有更深密的法寶境界。

惠能云：「與汝說者，即非密也。汝若返照，密在汝邊。」〔註123〕

明曰：「惠明雖在黃梅，實未省自己面目。〔註124〕今蒙指示，如人飲水，冷暖自知。今行者即惠明師也。」〔註125〕

惠能曰：「汝若如是，吾與汝同師黃梅，善自護持。」〔註126〕

明又問：「惠明今後向甚處去？」

惠能曰：「逢袁則止，遇蒙則居。」〔註127〕

明禮辭。明回至嶺下，謂趁眾曰：「向陟崔嵬，竟無蹤跡，當別道尋之。」〔註128〕趁眾咸以為然。〔註129〕惠明後改道明，避師上字。

惠能後至曹溪，又被惡人尋逐。〔註130〕乃於四會，避難獵人隊中，凡經一十五載，時與獵人隨宜說法。〔註131〕獵人常令守網，每見生命，盡放之。每至飯時，以菜寄煮肉鍋。或問，則對曰：「但吃肉邊菜。」〔註132〕

〔註123〕聽不懂就是密。惠能之意，是說不要迷信什麼秘密法，既然為你講，就不是不可見不可感的秘密或還有所隱藏。最重要的是，一旦你向內返照，你的「照」就是秘密法。如何返照？摒息諸緣，勿生一念，不思善，不思惡，密法自然呈現。

〔註124〕惠明回溯、反思先前修行歷程。

〔註125〕須臾間，惠明早先的急躁粗糙已經不見，而成為一個穩重且有內涵，有內在力量的禪悟者。其中意蘊，如人飲水冷暖自知，只有真參實修才能切實體味。師徒間授受的所謂「秘法」，不過就是引導徒弟契入真心。

〔註126〕惠能不居其功，與惠明共同以黃梅五祖為師。此句中最關鍵的一點是「善自護念」，悟後還要勤加琢磨、修習。

〔註127〕據載，惠明先往廬山布水臺，三年後，遵惠能叮囑往袁州蒙山傳道，後成為一方有道高僧。

〔註128〕向：剛才。陟〔zhì〕：攀登。崔嵬〔cuī wéi〕：險峻。惠明往回走，對大眾說：「剛才去處山路險峻，不見惠能蹤跡，應該從其他路上找找看。」如此說既保護了惠能，也保護了自己。

〔註129〕大眾如不反觀自心，永遠只會盲從，或信或疑，盡是妄作。由於自心的遮蔽，他們看不出來惠明在短短時間內已經發生了質變。

〔註130〕惠能先入曹溪，但無立足之地。弘忍所言不虛，佛法難起。

〔註131〕一十五載，一筆帶過，世間好像從此少了惠能其人。然而，惠能卻以十五年之功韜光養晦，純熟工夫。《壇經》中所未詳記之坐禪諸法詳細次第，當在此十五年之間。如此，十五年後出山，才能無所凝滯、疑惑，圓融無礙，一鳴驚人。

〔註132〕惠能盡可能根據條件貫守禪法理念，不絕對，也不走形式。而今，「但吃肉邊菜」卻已多成禪門戲論。實際上，吃不吃素不是開悟成佛與否的絕對標準。

一日思惟：「時當弘法，不可終遁。」〔註133〕

遂出至廣州法性寺。值〔註134〕印宗法師講《涅槃經》。時有風吹幡動，一僧曰：「風動。」一僧曰：「幡動。」議論不已。惠能進曰：「不是風動，不是幡動，仁者心動。」一眾駭然。〔註135〕

印宗延至上席，徵詰奧義。〔註136〕見惠能言簡理當，不由文字。〔註137〕宗云：「行者定非常人。久聞黃梅衣法南來，莫是行者否？」〔註138〕

惠能曰：「不敢。」〔註139〕

宗於是作禮，告請傳來衣缽出示大眾。〔註140〕宗復問曰：「黃梅付囑，如何指授？」〔註141〕

惠能曰：「指授即無，惟論見性，不論禪定解脫。」〔註142〕

宗曰：「何不論禪定解脫？」

能曰：「為是二法，不是佛法。佛法是不二之法。」〔註143〕

宗又問：「如何是佛法不二之法？」〔註144〕

你吃素，你開悟了嗎？

〔註133〕禪門真丈夫，既然傳承禪脈，就該荷擔弘法利生事業。

〔註134〕值：剛好遇上。

〔註135〕眾人驚為天論。風動執於風，幡動執於幡，而此時，讀者多執於惠能「心動」之論。不是風動不是幡動，仁者心動，常常被後人用作口頭禪。此時反觀，正是時機：你的心是否已經隨著此則公案動了？

〔註136〕印宗延請惠能到尊位就坐，詢問禪的奧妙。

〔註137〕惠能不執著於禪理論、文字相，隨問隨答。

〔註138〕弘忍深謀遠慮，為惠能後來的出世、傳法埋下伏筆，造下聲勢。世間早已傳遍弘忍正宗傳人已經向南方來，但是並未見到，由此做足了十餘年的懸念。

〔註139〕惠能承認是弘忍指定的第六祖，但依然虛心。

〔註140〕因緣具足，惠能出示衣缽為證。

〔註141〕印宗求教黃梅禪旨。當時佛教界多還是較為傳統的印度佛教思維，對於「禪」雖聞其名，但還未真正見識過。

〔註142〕驚人之論：無什麼指授，只論見性，工夫做在見性上，而不拘泥於禪定工夫或解脫之果。你我請勿又形成偏見，認為見性禪定對立。既然見性，自會禪定，而且階境更深，自會有終極解脫。

〔註143〕不是不要禪定、解脫，而是世俗之見經常將目光放在禪定之坐相和解脫之果境上。然而不識本心，學法便成執著，所以是兩邊法，而真佛法不執著於兩邊。

〔註144〕印宗所問還是在講論佛理及坐禪方法上。

惠能曰：「法師講《涅槃經》，明佛性，是佛法不二之法。〔註145〕如高貴德王菩薩白佛言：『犯四重禁〔註146〕、作五逆罪〔註147〕，及一闡提〔註148〕等，當斷善根佛性否？』佛言：『善根有二：一者常，二者無常，〔註149〕佛性非常非無常，是故不斷，名為不二。〔註150〕一者善，二者不善，佛性非善非不善，是名不二。蘊之與界，凡夫見二，智者了達，其性無二。無二之性即是佛性。〔註151〕』」

印宗聞說，歡喜合掌，言：「某甲講經，猶如瓦礫；仁者論義，猶如真金。」〔註152〕於是為惠能剃髮，願事為師。〔註153〕惠能遂於菩提樹下，開東山法門。〔註154〕

惠能於東山得法，辛苦受盡，命似懸絲。〔註155〕今日得與使君、官僚、僧尼、道俗同此一會，莫非累劫之緣！亦是過去生中供養諸佛，同

〔註145〕《涅槃經》為佛陀涅槃前最後講述，其中講明佛性離是非、善惡、有無之二邊。如何是「二邊」，即對任何物相、心相、空相等的執著，是思維心、五蘊層之必然屬性。

〔註146〕四重禁亦名四重罪：殺、盜、淫、大妄語。

〔註147〕五逆罪：殺父、殺母、害阿羅漢、斬亂眾生、起惡意於如來。

〔註148〕一闡提：不信佛法，無成佛性，不信因果業報，無慚愧，不見現在及來世，無友善，不隨諸佛教誡，諸佛所不能救治者。

〔註149〕善根是從世俗善惡的角度來說的。

〔註150〕佛性不依善惡評價而有，當善惡評價時，是人陷入迷失而不見佛性，並非佛性消失、斷滅。

〔註151〕五蘊十八界，凡夫分開來看，而智慧者見的是蘊、界背後的深層佛性。佛性之有與無，常與無常，善與不善等，都是從思維意識上來推斷知解，故有二分。而證悟者見蘊見界均是見「心」，豈有二法。正如風幡之動，俗人見風幡，而悟者見人心，見本性。

〔註152〕印宗終究是個講經師，而非禪師，仍然不解惠能真實義。惠能話音剛落，印宗就分出瓦礫真金。真悟者，剎那見自我之分別心，自性呈現，豈有高下之分。

〔註153〕之前惠能從未出過家受過戒，卻已經承接了禪門血脈，這說明出開悟否、持正法否沒有必然聯繫。出家只是一種宗教性的儀式或是一種生活方式、生命價值的選擇，且出家是「心不染塵」之心出家，而非僅僅一身衣缽法相。在此時，惠能出山弘法，方才披剃為僧。你想過沒？假如惠能不出家而作為一個在家菩薩傳承禪法，以後千數年的禪文化將會是怎樣面目？

〔註154〕佛法難起，然十五年後，東山傳承於法性寺光大。

〔註155〕為法忘軀，不惜身命，能當時是有惡人相害，而今我們更多的是「自害」，於正法不惜、不解、不用。

種善根,方始得聞如上頓教得法之因!〔註156〕教是先聖所傳,不是惠能自智。〔註157〕願聞先聖教者,各令淨心,聞了各自除疑,如先代聖人無別。〔註158〕

　　一眾聞法,歡喜作禮而退。〔註159〕

〔註156〕你我如今能讀到惠能頓法,也是累劫之緣,也是過去生中同種善根,供養諸佛菩薩所得。

〔註157〕由佛陀發明佛法,諸聖賢傳心。須知,即使不被佛陀發現,你的本性也依然存在,能發明者,即是聖人。

〔註158〕淨心,才可聽懂、體知先聖所傳之法,見自本心。一旦淨心,見性,你與先聖即一般成就,從此無高下、先後、凡聖之分。

〔註159〕一眾聞法,功德隨喜,無量讚歎,各各回歸而保任自心。如此種種,成就了此部中國本土生長之唯一佛經。然切忌陷入偏執,這也是分別心相。所謂真經,在禪者看來能見真性者即是。

般若品第二

次日，韋使君請益〔註1〕。師升座，告大眾曰：「總淨心念摩訶般若波羅蜜多。」〔註2〕

復云：

善知識！菩提般若之智，世人本自有之，〔註3〕只緣心迷，〔註4〕不能自悟，須假大善知識示導見性。〔註5〕當知愚人智人，佛性本無差別，只緣迷悟不同，所以有愚有智。〔註6〕吾今為說摩訶般若波羅蜜法，使汝等各得智慧。志心諦聽！吾為汝說。〔註7〕

善知識！世人終日口念般若，不識自性般若，猶如說食不飽。口但說空，萬劫不得見性，終無有益。〔註8〕

〔註1〕請益：請教。

〔註2〕與度惠明時同理：首先讓人專心、淨心，一心念摩訶般若波羅蜜多，以達到此心專一，無所掛礙，虛懷聽法。

〔註3〕一切眾生本具菩提般若之智。對你而言真如此？若你本具，試舉出來看看。

〔註4〕意識心動而不知，故迷。

〔註5〕大善知識須是明師，然而明師在任何一個時代都極其稀少。當今之世，誰能為明師大善知識？你我在這樣說的同時，其實經常隱藏著這樣的意圖：別人都不是明師，而自己卻是。真的是這樣嗎？試看看自己內心。

〔註6〕大善知識也不是能給人以什麼，而是引導。凡聖差別是因迷悟不同，人與人之間也是。實際上，試觀之：在你判定別人迷悟、愚智的一瞬間，你就已經迷失。

〔註7〕會聽，才會修。專心、虛心、淨心而聽，即是智慧顯現。聽，就是高級修悟自性之法。開動腦筋而聽，邊聽邊理解，表面上是很認真、有效之修學法，然而此舉不但將明師的開導拒之門外，更重要的是這一過程即是你壓覆自性的過程。

〔註8〕口頭上說般若，說食不飽，徒勞工夫心力尚在其次，最糟糕的是「只知口說」

善知識！摩訶般若波羅蜜是梵語，此言大智慧到彼岸。此須心行，不在口念。口念心不行，如幻如化，如露如電；口念心行，則心口相應。〔註9〕本性是佛，離性無別佛。何名摩訶？摩訶是大。心量廣大，猶如虛空，無有邊畔，亦無方圓大小，亦非青黃赤白，亦無上下長短，亦無瞋無喜，無是無非，無善無惡，無有頭尾。〔註10〕諸佛刹土，盡同虛空。世人妙性本空，無有一法可得。自性真空，亦復如是。〔註11〕

善知識！莫聞吾說空，便即著空。〔註12〕第一莫著空，若空心靜坐，即著無記空。〔註13〕

善知識！世界虛空，能含萬物色象，日月星宿，山河大地，泉源溪澗，草木叢林，惡人善人，惡法善法，天堂地獄，一切大海，須彌諸山，總在空中。〔註14〕世人性空，亦復如是。〔註15〕

本身即業力發作，當下便將自性覺照智慧困縛。長此以往，更將自己拖入愚迷深淵，順著業路越走越遠，萬劫也無法見性。怎麼辦？回觀，虛化，自覺自照。背塵合覺，當即斷了業力，返回正行路上。

〔註9〕口念心行要具體落實在三個方面：第一，先識本心。第二，淨心，屏息諸緣，以練習或修用般若覺照。第三，精修禪定。

〔註10〕此處說大，世人往往又思量開去：到底有多大？無限大，不可思議大。如此又陷入另外一種隱秘相。所謂的「大」，是般若，是本心的自然呈現，無任何相狀和規定性，所以惠能才說「無」各種屬性，正如《心經》中的「無一切」。唯有如此，才是真正的心空。切記，所有的「無」，都是為了破除我們的思維慣性，等看見自己的思維運作，或是心念突然呈現在自性中，那時就是自性之「大」。

〔註11〕一旦催動心力尋求邏輯，即是思議，即不空。空諸所有，妙性才呈現；妙性呈現，自然空諸所有。「無有一法可得」實則是「不能得」，若拘泥於一法，當下心即遮覆本性。故而，是你日常中業力慣性（各種心識）的運作強行阻斷了自性之生機、流動。如何做？修般若，行般若，凡有所見，盡皆即刻照見破之。

〔註12〕外境色相等，有佛教信仰或懂知識理論者就不易執著，但身處「不可見」之種種，或所謂「空慧」、坐入虛空等，便會不知不覺陷入其中。說到底還是未證得虛空真性，生命的流動性和無限生機無法呈現出來，如能呈現，即不著空，也不著「不空」。

〔註13〕「著空」也如「著有」，都是執著。可知惠能並不反對坐禪，而是說不要坐入百物不思，生機全失，似空而實為昏濛的無記空。無記空：無善惡，昏住之別。

〔註14〕超出具體物相世界來看，停歇心念覺知來看，原來一切都在虛空中發生。

〔註15〕自性本空，不是自性在你心中，而是你在自性中。

善知識！自性能含萬法是大，〔註16〕萬法在諸人性中。〔註17〕若見一切人惡之與善，盡皆不取不捨，亦不染著，心如虛空，名之為大，故曰摩訶。〔註18〕

善知識！迷人口說，智者心行。〔註19〕又有迷人，空心靜坐，百無所思，〔註20〕自稱為大。〔註21〕此一輩人，不可與語，為邪見故。〔註22〕

善知識！心量廣大，遍周法界，〔註23〕用即了了分明，應用便知一切。〔註24〕一切即一，一即一切。〔註25〕去來自由，心體無滯，即是般若。〔註26〕

善知識！一切般若智，皆從自性而生，不從外入。〔註27〕莫錯用

〔註16〕警覺不要從時空關係上來想，自性無礙，即容納一切，若去推想自性如何含萬法，此當下之念即障礙你的能含萬法之性，無復能容。

〔註17〕再次強調萬法有佛性，萬法在自性中顯現。不論你愚迷與否，都顯現在自性中——此刻識性否？若不識，是因你還在用腦推想，且停且住，空諸身心，自我徹底泯滅，才有萬法如實、透徹的顯現。

〔註18〕惠能反覆說，一切相不取不捨不染，心才能虛空，才是大，才是摩訶，而非物理、心理、時空上的大。但是，人心的慣性業力導致見一切就必然會發生聯繫，必然染著。如何做到「見」一切相不取不捨不染？這才是關鍵，否則就成為口念而心不能行了，摩訶也因此成為一種偏解和執念。此處不談太多，你我先自淨其心，不思善不思惡試試，還有大小之分別否？——這才是真正的摩訶之大。

〔註19〕接著前面所言，迷人只知口說摩訶及種種殊勝，然而利根者、真修行者，卻在知摩訶時立刻踏實做工夫。

〔註20〕如此實際是陷入無記空，深度昏沉，真心被遮覆，而非真正的「空心靜坐」。

〔註21〕不自知，不知本性，故自稱為大。真正的大，有念生起而不隨，任其往來。即使心動，也即刻照見。即使是無任何念頭產生時，生命也是流動的，生機無限的。

〔註22〕此一輩人心障極重，往往與外界相排斥。

〔註23〕十法界皆由心生，心量之大，應是如此：無因緣法時即是虛空寂靜，因緣顯用時則化成一切物相。不被內外因緣污染，即是真心自在流動。

〔註24〕心在哪裏？在作用處顯現。凡作用處、動心處，了了分明覺知而不隨，才是本心呈現一切物相，覺知一切生滅。

〔註25〕唯有心性虛空無住時，才會如實顯化一切有無，才談得上一切即一，一即一切。

〔註26〕凡心中有念而不能覺知，即是有滯。心體無滯主要表現為：第一，有念而能覺知，轉染為淨；第二，念起念落，物來物往而能不迎不隨；第三，自動呈現一切心相物相，去來自由，無滯無礙。

〔註27〕亦即勿向外求，然更重要而細微的是勿將般若智求成了一種空泛概念，會說

意。名為真性自用，一真一切真。〔註28〕心量大事，不行小道。〔註29〕口莫終日說空，心中不修此行。恰似凡人自稱國王，終不可得，非吾弟子。〔註30〕

　　善知識！何名般若？般若者，唐言智慧也。〔註31〕一切處所，一切時中，念念不愚，常行智慧，即是般若行。一念愚即般若絕，一念智即般若生。〔註32〕世人愚迷，不見般若。口說般若，心中常愚，常自言我修般若。〔註33〕念念說空，不識真空。〔註34〕般若無形相，智慧心即是。〔註35〕若作如是解，即名般若智。〔註36〕何名波羅蜜？此是西國語，唐言到彼岸，解義離生滅。〔註37〕著境生滅起，如水有波浪，即名為此岸；〔註38〕離境無生滅，如水常通流，即名為彼岸，故號波羅蜜。〔註39〕

　　善知識！迷人口念，當念之時，有妄有非。〔註40〕念念若行，是名

　　　而不會意。自性心體乾淨無滯澀，才會生起般若。否則即是惡因緣引動，覆蓋自性，生出愚迷。

〔註28〕只有真性自然呈現，得到此「真一」，你我所作所為才是從自性的角度而發，也才是真。由此看一切物相、世界也才如實。

〔註29〕從真性角度來說來做的，都是「大事」，都是摩訶般若。而從自我心識角度出發進行的，都是「小道」，都是執障，因為「自我」只能以「我」看世界。

〔註30〕再次強調般若須心行，而非口中的玄虛概念。不體理，不體其所言所行即是「小道」，即是「偽禪者」，禍害自心，無有盡時。

〔註31〕也有人為表般若之特殊而翻譯為「大智慧」，但是，若不真心修用，大智慧與小智慧的區別只在口上，依然不出思維分別，無法體會、證得。

〔註32〕一念無明即是凡心，一念覺照即是「智慧」。主動覺照反思雖然有一定作用，但也只是凡心上的相似般若，淨心息念而自性自顯才是大智慧般若。

〔註33〕只此「我修」一念，已經障礙般若流動、生發。

〔註34〕念念說空，落於「念」；念念無滯、流動，才是真空。不是念頭不生，而是生而不迷。

〔註35〕切勿去找一個具體的「般若智」，般若智正好是心中空空不執於形相時的自然呈現。彼時的心即本真自性的流動，顯化在所言所作、時時念念之間。

〔註36〕切記，不但要理解，還要證得，才是般若智慧。

〔註37〕不被生滅聚散的運作遮覆本心，就是離生滅。

〔註38〕一旦心被生滅諸境引動，即著境。何為不著？於相而離相，見相即見心之所動，不染著，任其去來，本心不動。捨此即只見波浪而不見水，心隨波浪起滅而動，只在此岸，未得解脫。

〔註39〕若內心任境來去而不跟隨，即離境，即如靜觀流水自流而心不動。如此才是離生滅，才是大智慧離生滅到自性彼岸。

〔註40〕在口不在心時，即使句句不離經藏及解脫般若語句，也是迷人，屬於障解、

真性。〔註41〕悟此法者，是般若法；修此行者，是般若行。〔註42〕不修即凡，一念修行，自身等佛。〔註43〕

　　善知識！凡夫即佛，煩惱即菩提。前念迷即凡夫，後念悟即佛。前念著境即煩惱，後念離境即菩提。〔註44〕

　　善知識！摩訶般若波羅蜜，最尊最上最第一，〔註45〕無住無往亦無來，〔註46〕三世諸佛從中出。〔註47〕當用大智慧，打破五蘊煩惱塵勞。

臆測，以佛法增強我執。凡舉手投足，都陷入虛妄、是非、不實。

〔註41〕心空無礙，念念清醒，見心念、見物相而不將不隨，是為般若行，是為真心顯用。

〔註42〕般若還是有法可據。所謂般若法，淺層來說，是在訓練自己照見心念而不被牽動的能力，哪怕只是悟知到這一點，也可算是般若法；深層來說，則是這種覺照工夫的自然純熟，念念不迷，念念見根、見緣、見心。所謂般若行，實則就是深層之般若法，是一切時中自性的清醒。如何清醒？不是隨時在提醒自己要般若行，要照見，如此還是一種心念；而是要完全鬆化自心，讓一切心念起落，流動。你的生命猶如一張「如意網」，當你緊張、緊縮，一切心念、妄念，都被細密網格全數收留；然而一旦你身心鬆化，你整個人就是開放的，網格就無限鬆開、擴大，乃至虛無，你的一切心念就自然在其中流動無礙，自性就不受污染。這不就是般若行？

〔註43〕如不是般若行，縱然你苦修苦行、持咒念佛、禪定往生等，依然都只是在凡夫道，在意識界修。然而一念屏息，便自動呈現修行相、自心相，當下即是佛境。切勿懷疑當下即佛，一念清淨，不受內外干擾，不就是佛境！念念如此，不也就是般若行！但是，請勿又將般若行說成了一句空話。對一般的修行者，到達般若行須落實前文所說兩個層面：首先，主動訓練般若覺照；其次，鬆化身心，自照自見。

〔註44〕先不論其他，只此言語之間，請檢視自心是否已起凡夫與佛、煩惱與菩提，迷與悟的分別？若起分別而不知，即是凡夫；若無分別或起分別而照見，即是悟，即是佛。切記：此句名言，雖是至理，但勿言必稱之而不覺，學人經常將之用來顯示自己的佛學修養，殊不知更增我執。已照見無？問題的關鍵是要屏息諸分別見，諸分別念，自性純淨流動，如此才會見凡夫即佛，見煩惱即菩提。一念執迷，凡聖相隔，一念純淨，再無凡聖區分。可是，你的一念，往往由於業力束縛而在心中橫成「一法」，又如何能一念悟？凡第一念，即如約造業，陷入評價、是非。故而你說禪定訓練重不重要？覺照訓練重不重要？此是禪修的核心技術。不實修心行，即是空談，又造我執。

〔註45〕惟其「無」最尊、最上、最第一，才能「空」。從而生出一切流動的，毫無滯澀的離生滅大智慧，並最終能為最尊、最上、最第一。

〔註46〕世間萬法萬相都是有住、有往、有來，唯自性能見這一切而不動。故而禪修的技術核心是修習、訓練、證見自心的淨定不動。

〔註47〕所謂三世諸佛，不過是證見了自性不動，從而一切智慧、一切佛果從中流出。

〔註48〕如此修行，定成佛道，變三毒為戒定慧。〔註49〕

善知識！我此法門，從一般若生八萬四千智慧。〔註50〕何以故？為世人有八萬四千塵勞。若無塵勞，智慧常現，不離自性。〔註51〕悟此法者，即是無念。〔註52〕無憶無著，不起誑妄，用自真如性，以智慧觀照，於一切法不取不捨，即是見性成佛道。〔註53〕

善知識！若欲入甚深法界及般若三昧者，須修般若行，〔註54〕持誦《金剛般若經》，即得見性。〔註55〕當知此經功德無量無邊，〔註56〕經中

〔註48〕迷人就是活在五蘊塵勞之中，也唯有大智慧能穿透、照破五蘊塵勞。

〔註49〕「如此修行」如何解？即用般若智慧做好這三點：第一，識真實般若本心；第二，淨心鬆化，屏息諸緣，令自心流淌、呈現，照見一切有無，自性動用；第三，深入禪定，化盡業積，純化生命。

〔註50〕真心一生，則一切所作均為妙有，一真一切真，八萬四千智慧從般若門中自在流淌。

〔註51〕智慧雖因塵勞而生，但千萬別落入「對治」的陷阱，「對治」即落入「二邊」。諸煩惱塵勞總是在般若自心中生起滅卻，你我見一切相、一切心生起而任其流動，才是無對治、不迷失，如此才是煩惱即菩提。自心智慧常在，常顯，若不見一切塵勞或見而心動卻無知無覺，本心已迷，如何還能煩惱即菩提？

〔註52〕「無念並非沒有念頭，而是無邪念妄念」常常成為修行者推脫真修之藉口，是為邊見。真無念有兩種：第一，心中常寂淨，沒有念頭產生，其時雖非覺行圓滿，但也是正果正境正位。第二，見一切外境而心不動，並且能見、善見一切心念，不跟不隨，如實顯現了自他心中的種種愚迷。注意，所謂「正念」也是「念」，也是人心判別，正如不論黑雲、白雲、彩雲都會遮住太陽，邪念、正念、無念也均會障道。

〔註53〕如何才能做到無念、無憶無著、不起誑妄？要「用自真如性，以智慧觀照」才可。如此才能「於一切法不取不捨」而見性成佛道。用自性，直用自性，否則所謂的無念，以及於一切法不取不捨等都會淪為空談。當然，如不切實依惠能教言修行，「直用自性」也會淪為妄語。你我憑什麼能直用自性？

〔註54〕甚深法界：自性界。般若三昧：自性用，自性定之境。般若行：自性覺、自性行。所謂「須修般若行」，就證明「般若行」也是一個需要修行、訓練的過程。凡愚者、自迷深者常常錯解「道不用修，但莫污染」，以為無所事事、放任自流便是禪。我們換個角度來理解看看：「道不用修」，一旦起心修道，你便被「心念」佔據，如何還能見道？故而不是「不用修」，而是「不能修」「不能思議」。到了此時，不就見到了自己的「心念」？是誰能見？即不用修、不能修之自性。「但莫污染」也是同理。人心時時刻刻在接受信息、累疊負荷，增重污染，「但莫污染」必須建立在自性照見一切因緣、心動的前提下才行。故而「道不用修，但莫污染」實則是最深密的自性自用工夫，等同於般若行。不正是一種修行的核心技術？這是一種極高明的能力。

〔註55〕《金剛經》講究隨說隨破，句句直指愚迷心。《金剛經》是入道見性的上善要義，惠能就是依此而悟道的。但這並不是說讀經即可見性，而是要真心讀入，

分明讚歎，莫能具說。此法門是最上乘，為大智人說，為上根人說。〔註57〕小根小智人聞，心生不信。〔註58〕何以故？譬如天龍下雨於閻浮提，城邑聚落，悉皆漂流，如漂棗葉。〔註59〕若雨大海，不增不減。〔註60〕若大乘人，若最上乘人，聞說《金剛經》，心開悟解。〔註61〕故知本性自有般若之智，自用智慧常觀照故，不假文字。〔註62〕譬如雨水，不從天有，元是龍能興致，〔註63〕令一切眾生、一切草木、有情無情，悉皆蒙潤。百川眾流，卻入大海，合為一體。〔註64〕眾生本性般若之智，亦復如是。

善知識！小根之人聞此頓教，猶如草木，根性小者，若被大雨，悉皆自倒，不能增長。〔註65〕小根之人，亦復如是。元有般若之智，與大智人更無差別，因何聞法不自開悟？緣邪見障重，煩惱根深。〔註66〕猶

〔註56〕　一心相應，般若誦持才可。

《金剛經》立於自性功德而說，故無量無邊。

〔註57〕最上乘並非獨尊此經優於其他，而是指在自性最究竟處說。自性即是最上乘。大智人、上根人也非聰明善思善辯者，而是能踏實修、精進修者。

〔註58〕小根小智者指以「人我心」學修者，口念心不行者，修行不精進者，對佛性佛法有不信者。

〔註59〕天龍：諸天、神龍，天龍八部眾之二種。閻浮提：世間。「聚落」謂小根小智遇到無上頓法反而不能理解，表現得驚惶失措，七顛八倒。不過，能渡小根小智眾生者，仍須持此大乘法。某種意義上來說，小根小智者的這些反應正好是最上乘法起作用、照見邪迷無可藏匿的體現。

〔註60〕雨：動詞，去聲，下雨。大海比喻性海。如是天雨下入大海，再大再勁對大海而言也是不增不減，無絲毫影響。

〔註61〕心開悟解：自性開，自性悟解。若是大乘人、最上乘人，《金剛經》所指正合受用。聞之猶如醍醐灌頂，瞬間識自性，有眉目，已知如何修行，且精進修行。

〔註62〕這種般若智慧觀照與文字無關，但並不是要你將它和文字對立起來。事實上，自性又與什麼有關呢？善用者，文字可立可不立，一切相可立可不立；不善用者，縱然不假文字，不假物相，也同樣掙扎在分別意識裏。

〔註63〕將自性比喻為龍，龍產生雨，正如自性生一切萬法。因自性龍生智慧雨，萬物都得到了潤養。這是本性般若的運用，以自性來觀照，最終萬物自然如實呈現。觀照雖說本有，但如不依法有心訓練，無心而得，你終究還是會被業力牽拘。

〔註64〕最終，天下萬物之心流都匯歸入自性大海。

〔註65〕惠能禪法大氣、剛猛、無滯。小根之人，最主要是因心不空；若心空無礙，縱是暴雨巨浪，也於心中去來不驚。

〔註66〕小根之人得聞最上乘禪，或不信，或起利欲，又或過度悔過自責。他們心中

如大雲覆蓋於日，不得風吹，日光不現。〔註67〕般若之智亦無大小，為一切眾生自心迷悟不同。迷心外見，修行覓佛，〔註68〕未悟自性，即是小根。若開悟頓教，不能外修，但於自心常起正見，〔註69〕煩惱塵勞常不能染，〔註70〕即是見性。〔註71〕

善知識！內外不住，去來自由，能除執心，通達無礙。〔註72〕能修此行，與般若經本無差別。〔註73〕

善知識！一切修多羅及諸文字，大小二乘，十二部經，皆因人置。〔註74〕因智慧性，方能建立。〔註75〕若無世人，一切萬法本自不有，故知萬法本自人興。〔註76〕一切經書，因人說有。〔註77〕緣其人中有愚有智，愚為小人，智為大人。〔註78〕愚者問於智人，智者與愚人說法，

都有些什麼邪見煩惱？人心問題，古今同，彼此同，你試著從自己內心列舉出來看看便知。這也是一種有效清理自心的方法。

〔註67〕晴空日圓，自在著呢，只是你卻看不見，感覺不到。

〔註68〕這就是以「心識」在修，縱然有所得，總是有形執持，有相反應。正如經中所描述的神秀修行，再修也只會在佛學義理增長和感受層面有所體驗，而終不可突破成佛。

〔註69〕正見，切勿侷限於教派義理，而須是自性顯現，否則即為邪見、小見。

〔註70〕染心，實際上就是諸業諸念，包括所謂邪念、正念分別。自性常現，見一切業、念起滅，不見一切業、念之邪正，如何還能染！

〔註71〕見性，表述為「性見」似乎更符合實際，更形象傳神。

〔註72〕見外境與心之一體，見內心之迎拒，見一切心相物相而自照自見自觀，任其去來，如此方為去除執著心、通達無礙，方為自性動用，能除一切有修無修、有執無執之心，否則皆是「思維修」或「修思維」。

〔註73〕六百卷般若經，二百餘字心經，均是在講般若運用而除一切苦厄。禪的高明之處即在於直用般若，即用即修。

〔註74〕佛法都是為了解決人心的不同問題而建立，故而是具體語境下的產物，如不見性而學經，必然執著於經文，不得自性流動無礙之勝義。

〔註75〕一切從般若智慧中流出，自流，自生。

〔註76〕若無人心百態、種種問題，禪就不會顯之以法，唯自在、自寂、自淨、自流而已。既有世人，禪即顯現，然而也同樣自在、自寂、自淨、自流。只是人心揣度、臆想開了，從而形成了自縛，自己不見、不顯。

〔註77〕禪法的高超之處，就在於以本心直會，心與佛同，一切妙用自然流出。悟道之人，所作所為都具有與終極真理的同一性，故而禪者講出和佛陀一樣透徹的經義也不足為奇。《壇經》中惠能強調：人性中具有一切智慧。佛經，文字語言都是般若智慧造化而出的，一旦把握了此智慧性，不論怎樣講法，其根本都和《涅槃經》相同。但是，未證悟本性者，知識就往往是一種解障了。

〔註78〕惠能反覆說「性見」，若你此時又因萬法本自人興而「認為」人乃天地之主

〔註79〕愚人忽然悟解心開,即與智人無別。〔註80〕

善知識!不悟即佛是眾生,一念悟時眾生是佛,故知萬法盡在自心。〔註81〕何不從自心中,頓見真如本性?〔註82〕《菩薩戒經》云:「我本元自性清淨。」若識自心見性,皆成佛道。〔註83〕《淨名經》云:「即時豁然,還得本心。」〔註84〕

善知識!我於忍和尚處,一聞言下便悟,頓見真如本性。是以將此教法流行,令學道者頓悟菩提。〔註85〕各自觀心,自見本性。〔註86〕若自不悟,須覓大善知識、解最上乘法者,直示正路。〔註87〕是善知識有大因緣,所謂化導令得見性。一切善法,因善知識能發起故。〔註88〕三

宰、核心等,卻正好障道,中了意識的陷阱,不幸成為智者愚者的判別者。切注意:誰見?誰生?一切心如何生?一切心是誰?誰生一切心?誰見一切心?

〔註79〕若不見性而自居智者,必是邪師,你所說者,能稱法乎?

〔註80〕思維心頓息,突然撞著來時空蕩蕩無一心、無一物處。當下明瞭,但一般人的情況是下一刻馬上又迷失了。從次第看,悟有多層多重,但實際上,真正的悟只有一個:悟或不悟,必居其一。在悟的一瞬間,必然是見性的。只是有的人業障重,之後又陷入迷失。故而,證悟是見性開悟的純熟。

〔註81〕拋開宗教的神秘性而從自性角度看,悟就是佛。惠能再一次強了調禪的離宗教性,佛是以心性成就來判別的。

〔註82〕說千說萬,如何頓見?你能否嘗試講解惠能的頓見法?可從惠能度惠明或其餘公案中分析歸納。須知多數人學禪學空了,修禪修滑了,就在於所學所修零散隨意,好像什麼都懂,落到實處卻又講不清楚、用不出來。善習學者,從來是將別人的講授結合自身情況歸納出幾個要點,認真分析,踏實訓練。何不試試?

〔註83〕《菩薩戒經》中說:「自性本來清淨自在,若能識證、顯現此自性,見一切相而不染,就是成佛道。」不過,如果只是認識到有此自性而佛在性中成,顯然只是推斷,不是真成佛。

〔註84〕《淨名經》即《維摩詰經》,維摩詰又名為淨名。即時:當下。還:返還,返歸。當下豁然開朗,本心顯現。猶如參究話頭,瞬間頓斷。

〔註85〕惠能以自己為例,說明此門教法完全可以當下一念便頓見本性。對此切勿誤解,須得用心專純者,才可當下見性。若陷於心思雜慮,以心思雜慮聞言、修道,眼下便又捲入業惑,還如何頓見?

〔註86〕惠能觀心之法,傳承自弘忍,可略如是解:一為觀察心念,二為追究心念起滅之根源,三為靜觀任其變化聚散。如此均為自性之用。

〔註87〕大善知識、解最上乘法者直示正路,絕非給你講解如何如何頓入,而是即刻就引導你進入淨心、息念,再反觀其中有無,在一剎那間,便可見性。可用心參究經中惠能講傳禪法度人的案例。

〔註88〕前提是所遇必須為真大善知識。切記,雖要尊師、信師、奉師,但所有一切

世諸佛、十二部經，在人性中本自具有。〔註89〕不能自悟，須求善知識指示方見；若自悟者，不假外求。〔註90〕若一向執謂須他善知識方得解脫者，無有是處。〔註91〕何以故？自心內有知識自悟。〔註92〕若起邪迷、妄念、顛倒，外善知識雖有教授，救不可得。〔註93〕若起正真般若觀照，一剎那間，妄念俱滅。若識自性，一悟即至佛地。〔註94〕

　　善知識！智慧觀照，內外明徹，識自本心。〔註95〕若識本心，即本解脫。〔註96〕若得解脫，即是般若三昧，〔註97〕即是無念。何名無念？若見一切法，心不染著，是為無念。〔註98〕用即遍一切處，亦不著一切

都基於依法不依人。可結合現代某些法師活佛來分析，雖有其宗教相，但動輒自吹自擂，為名為利為色。更須警惕，不可以相取人。推而廣之，古代許多名僧以及留下不少演說佛理妙論的高僧，都不可隨意「理想化」地認為其已證道成佛。真法師、真活佛、真解脫者，現實社會中當然也不少。不過他們很少招搖，故很難遇到。但我們憑藉一些基本常識也可有所甄別：例如，是否正氣、柔善、光明；是否能將佛理禪理講到細處，針對具體問題而提出具體有效的解決修法，而不是賣弄玄虛，空泛說理；是否疲於應對世俗或能否留出固定時間修行，若固定時間修行都做不到，更別談行住坐臥中修。如此等等。自己踏實修，才能如實見，心不盲從。

〔註89〕即所謂「六經注真我」，經書文字乃為詮說自性而有，故知唯有見自性，才知一切佛、一切經皆不離自性而顯，而說。

〔註90〕不能自悟，須禮求各大善知識教化，若真自悟者，也必清楚所悟是否為真。

〔註91〕善知識的作用是「化導」而非給予什麼秘法。一味依賴善知識而求他力，並不利於證見本性。自力，他力，從來相結合而共進。

〔註92〕自性本自具足，但發顯、化用、覺悟、照見的能力還須得自己承擔、修證，不是外得。

〔註93〕若起邪迷，妄念顛倒，便只會以邪迷、顛倒去揣度善知識的教授，實際上是在拒斥自己與善知識契同。唯有當善知識引導你進入無念狀態，一切才會自知、自顯。這是一個相當高明的教法，真正的大善知識不是引導你去對治心中的邪迷妄念，而是引導你自淨自心，自見自性。

〔註94〕唯有心空無礙，真正的般若觀照才會出現，即此當時，便見一切心、一切念。這就是識自性，一悟即至佛地。頓悟成就，真實不虛。一剎那間，並非念頭俱無，也非妄念無而正念有，而是自行呈現，照見一切有無、心物、真妄而不動本心。一說觀照，切勿又陷入所照能照、真空假有、非此即彼的二元對立，一定要找出個有形的自性去照見虛幻的什麼。

〔註95〕真正的無限天地還在於「智慧觀照」中，有此觀照能力，即是內外明朗、透徹、不被束縛。此即本心之用。

〔註96〕若識本心，還需求何解脫？當下即是。

〔註97〕這種具有流動性、無滯塞的解脫，即是所謂不拘隨於動靜二相的「大禪定」。

〔註98〕無念不是沒有念頭，也不是沒有妄念而有正念。妄念正念都是由你自心鑒

處。〔註99〕但淨本心，使六識出六門，於六塵中無染無雜，來去自由，通用無滯，即是般若三昧，自在解脫，名無念行。〔註100〕若百物不思，當令念絕，即是法縛，即名邊見。〔註101〕

善知識！悟無念法者，萬法盡通；〔註102〕悟無念法者，見諸佛境界；悟無念法者，至佛地位。〔註103〕

善知識！後代得吾法者，〔註104〕將此頓教法門，於同見同行，〔註105〕發願受持。〔註106〕如事佛故，終身而不退者，定入聖位。〔註107〕然須傳授從上以來默傳分付，不得匿其正法。〔註108〕若不同見同行，在別法

定判斷的，故而妄念正念都能夠遮覆自心。惠能清清楚楚地說了，無念是見一切法心不染著，不生執念，乃至見一切念而不動心。但是，空執「無念」一詞，何嘗不是障礙本心。關鍵是，如何做到無念？應牢牢把握住以下幾點：第一，深入體味不思善，不思惡之境界；第二，主動訓練覺念、照念的能力；第三，將身心鬆化到極致，行到水窮處，坐看雲起時，靜觀一切，準確地說是任一切自動呈現、起滅。若能直接通達第三步驟，自然就是直了成佛。但是，初入門者，還是要注意三步驟的綜合運用，有心練，無心成。

〔註99〕隨說隨破，隨用隨歇，即在動用中也能靈明覺知，心不動搖，不迎不拒。
〔註100〕六識：眼、耳、鼻、舌、身、意，即六根。六門：眼門、耳門、鼻門、舌門、身門、意門。六塵：色、聲、香、味、觸、法。三者合稱為十八界。事實上，三者一體，若截斷其一，三即不存，心便不受影響。不過，此處的截斷並不是毀壞十八界或器官，如此是邪見，而是說自性照見之，當下便截斷貫穿十八界的心流。如何截斷？唯有反觀、照見，任其起落，心不追隨。如此使六識、六門、六塵各行其道，各自存在，各自按先天本有的軌道運作，故而本心自在通用無滯，不受影響。這就是大解脫，也是以無念來修的無念行。在此意義上，般若行等同於無念行。
〔註101〕惠能再次強調，勿陷入沒有念頭的死寂，而是流動，無滯，生生不息。
〔註102〕無念法：無念行之法。無念法的要妙在於見一切法、一切心而通用無滯，去來自由。故無念法實為一切修學方法之核心，既悟此法，萬法盡通。
〔註103〕掌握了無念法，本心呈現，自然立於佛境，自然等同於佛。切勿將佛當成了神，按照《壇經》乃至絕大部分佛經的描述，佛就是化盡一切業惑，能隨順調服自心的人。
〔註104〕此處並非具體指向誰得法，不是命數之說，而是說誰能用心專純、禪定精進，誰就能「嗣法」。
〔註105〕同見解，同行持，同道人。
〔註106〕未見自性時之願，為監督，為引導；既見自性，發願即在聖位中發，為隨緣，為渡人。如普賢十大願王、藥師佛十二大願之力。
〔註107〕往古來今，諸多行者不是不悟，而是於修行中退轉了，未到純心自性聖地。
〔註108〕既然「嗣法」，就應荷擔禪門大丈夫責任。

中，不得傳付。〔註109〕損彼前人，究竟無益。〔註110〕恐愚人不解，謗此法門，百劫千生，斷佛種性。

　　善知識！吾有一無相頌，〔註111〕各須誦取，在家出家，但依此修。若不自修，惟記吾言，亦無有益。〔註112〕聽吾頌曰：

　　　　說通及心通，如日處虛空。〔註113〕
　　　　唯傳見性法，出世破邪宗。〔註114〕
　　　　法即無頓漸，迷悟有遲疾。〔註115〕
　　　　只此見性門，愚人不可悉。〔註116〕
　　　　說即雖萬般，合理還歸一。〔註117〕
　　　　煩惱暗宅中，常須生慧日。〔註118〕
　　　　邪來煩惱至，正來煩惱除。〔註119〕
　　　　邪正俱不用，清淨至無餘。〔註120〕

〔註109〕如弘忍傳法於惠能時再三叮囑，佛法難起，當傳則傳，不合傳則隱，否則一貫硬傳，他人不能得，自心也受縛，非佛圓教。

〔註110〕愛惜正法。原因是愚人若不理解則適得其反，反會譭謗禪法。例如文革時的瘋狂，曾導致多少人多少年一聽聞佛禪之語便心生輕厭，如何還能修學正法！

〔註111〕此無相頌，於文字相、一切相而不執著。

〔註112〕在家出家，方式形相不同而已，絕非能不能得法或是否為正統、正法的區別。禪，心上工夫，不以在家出家為界。

〔註113〕說通：相機隨緣的說教。心通：禪宗識心、見心、證心的言說與行持。見性之人，說通心通均是般若行、無念行，一切如虛空界中的太陽，自在，光明，無礙。

〔註114〕此門頓法，非為定論誰為邪人、邪言、邪行、邪宗，而是直指自性，直用自性，自性一現，一切教言不論正邪都如日現雲散，正邪自見、自明。

〔註115〕所謂頓漸之法，因人而有，視人迷悟程度而定。若於迷人，惠能所說也是漸次入手，循循善誘。頓漸只是修法、遲疾不同，不是能否見性之差別。故切勿執著於頓漸之說，否則便已迷入頓漸區分，不復見性。

〔註116〕愚人因其業積，只知自我，只知有法，而不見我、見法、見性，故須頓漸隨緣而說。

〔註117〕一切教法雖然各不相同，但若要通達解脫，終須歸於自性自見一切法，即般若行，無念行。

〔註118〕若無慧日當空，你我心地煩惱越積越厚，終成暗宅陰室。

〔註119〕不覺，邪迷即來，即成煩惱。覺，即正，即自性自現，煩惱或不生，或生而當下即見即散，不礙自心。

〔註120〕無餘：無餘涅槃。最終立於清淨離相之地，不破邪，不立正，一切相不執著。

菩提本自性，起心即是妄。〔註121〕

淨心在妄中，但正無三障。〔註122〕

世人若修道，一切盡不妨。〔註123〕

常自見己過，與道即相當。〔註124〕

色類自有道，各不相妨惱。〔註125〕

離道別覓道，終身不見道。〔註126〕

波波度一生，到頭還自懊。〔註127〕

欲得見真道，行正即是道。〔註128〕

自若無道心，暗行不見道。〔註129〕

若真修道人，不見世間過。〔註130〕

若見他人非，自非卻是左。〔註131〕

〔註121〕如起心動念而遮覆心地，即是妄念；如念起念滅而不跟隨，即是菩提自性自淨、自定。

〔註122〕三障：煩惱障、業障、報障。般若行、無念行之時，此心自淨，於一切妄心不染，均能照見，不隨。

〔註123〕一旦真心修道，所有是非過患均不成為障礙，反而是自性工夫的試金石、磨礪石。

〔註124〕常見自己身心過患，即是修道，道修，見道，道見，故能出離一切相。

〔註125〕一切色類眾生都有自己存在的道，即使是煩惱妄心、是非過患，均可在道中消融，轉妄為真，轉識成智。

〔註126〕離開自身當前的情形去另尋大道，就是外求，反而成為障道因緣。一切道類，無不是見道因緣，於其中反觀、覺照即可。若另求他道，即是避道、背道。此處特別應反思、反照：他求心是什麼？是誰見此他求心？

〔註127〕緣木求魚，徒費心力，但若反觀見己緣木求魚之狀，也即當下在緣木求魚中見道。能否做到一切具不妨礙，關鍵看能否即時反觀照見，能否做到般若行、無念行。

〔註128〕何為行正？即自性行，般若行，無念行。如此即道在一切時、一切用中，處處心正、行正。

〔註129〕如果自己沒有具備道心，行持道心，則一切行為就是無明、妄作，非但不見道，還更造新業。

〔註130〕真修道人，見如不見，心不被攪入。不是不見，也不是不理會，而是平心靜氣地面對它，處理它，自始至終心淨無染。

〔註131〕見他人過患，以為自他同體故也屬自身過患，如此就錯解了禪意。這是強行以他人過錯為由往自心中填充罪責。實際上，一見他人是非即作是非判斷而不自知，就已經陷入了是非之地。

他非我不非，我非自有過。〔註132〕

但自卻非心，打除煩惱破。〔註133〕

憎愛不關心，長伸兩腳臥。〔註134〕

欲擬化他人，自須有方便。〔註135〕

勿令彼有疑，即是自性現。〔註136〕

佛法在世間，不離世間覺。〔註137〕

離世覓菩提，恰如求兔角。〔註138〕

正見名出世，邪見是世間。〔註139〕

邪正盡打卻，菩提性宛然。〔註140〕

此頌是頓教，亦名大法船。〔註141〕

迷聞經累劫，悟則剎那間。〔註142〕

〔註132〕「是他人的錯而非我的」，也是下意識地自他分別，是迷失，「迷失」當然就是自心過錯。

〔註133〕須知，一切是非過患皆因自心迷入、取捨，此即「非心」。只管覺見而化除「非心」，自心煩惱即破。

〔註134〕如此，憎愛之「非心」才不會起來，或者起來而不會去執取，起而即見，即破。於是乎才能放寬心，放寬身，坦然而臥，於心外牧心，用心。

〔註135〕想要度化他人，必須自家有正法方便，否則便是癡想，即使度也是以盲引盲。以何方便？即見自性，用自性。

〔註136〕因自性能因緣創生一切善巧方便。若能令人真實信解般若自性，即是教者、學者的自性呈現、自性動用。

〔註137〕關鍵在於「覺」字：於一切心動處見自心，一切行止處見自行，如此才是自性動用，在世法中修用。否則便會將此語說成空語、妄語，會說不會做。

〔註138〕此偈語常常成為禪修者的口頭語，卻也正好可用以檢驗所學。試問：若佛法在世間，且指出看看？不離世間覺，請說說如何不離世間覺？——且細看你我此時如何動用心思回答、辯解。此即是世間心，當於此心際而佛性自照、自見。否則容易放縱身心，空口談空，更造諸業。再問：「覺」屬於世間還是出世間？又如何答？如何做？

〔註139〕正見：自性見。邪見：迷失，人我見。追問：自性若在世間，何必修？自性若出世間，如何修得到？

〔註140〕道理上，邪正俱破，菩提自顯。故問：如何能做到邪正俱破？思量去。此刻見自心思量否？菩提性在不著一切相處，好好看看自心中的正邪兩頭泥牛在鬥吧！

〔註141〕深會無相頌義：切記須於頓教處而離頓教相，於大法船處離大法船相。

〔註142〕自性若迷，聽百千劫經也依然是「迷修」，而自性見則剎那間立於諸佛聖位。無修，清淨，故一切經義盡從自性出。

師復曰：「今於大梵寺說此頓教，普願法界眾生，言下見性成佛。」
〔註143〕

時韋使君與官僚道俗，聞師所說，無不省悟。〔註144〕一時作禮，皆歎：「善哉！何期嶺南有佛出世！」〔註145〕

〔註143〕若用心專純，只聽而不判斷分別，便是與惠能教言契合，即言下見性成佛。此為相應法之神髓。

〔註144〕雖有所省悟，半刻之後，你的省悟還在不在？這幾乎是所有修行者的問題。因其宿業而做不到般若行。故而，須時時提醒自心精進，且於此精進與否處見自心之動向、起落、判斷，方才是不修，也不執著於修，也才是自性淨寂不動而顯現一切。

〔註145〕反觀自心，你我若真於此見自性，善哉！何期今世此刻有佛出世！

疑問品第三

　　一日，韋刺史為師設大會齋。〔註1〕齋訖〔註2〕，刺史請師升座，同官僚士庶肅容再拜，〔註3〕問曰：「弟子聞和尚說法，實不可思議。今有少疑，願大慈悲，特為解說。」〔註4〕

　　師曰：「有疑即問，吾當為說。」〔註5〕

　　韋公曰：「和尚所說，可不是達磨大師宗旨乎？」〔註6〕

　　師曰：「是。」〔註7〕

　　公曰：「弟子聞達磨初化梁武帝，帝問云：『朕一生造寺度僧、布施設齋，有何功德？』達磨言：『實無功德。』〔註8〕弟子未達此理，願和

〔註1〕惠能禪法的傳播少不了韋刺史等「外護」的支持，同時也可看出，《壇經》是惠能為僧俗講傳禪法的記錄。

〔註2〕齋訖〔qì〕：吃罷齋飯。

〔註3〕肅容：整理顏容，認真莊重。虛其心，才有所得。

〔註4〕特為解說：請特別為我等解說。也如眾多佛經一樣，《壇經》是有人請求然後講傳。這並不是簡單的宗教儀式或程序，而是有人「請講」更有針對性，也更看出講法的必要性。正法向來要別人願意求學、接受才講，否則效果不好，更有甚者反會成為牛不喝水強按頭。

〔註5〕言語之間，呈現出一位樸實的大師。

〔註6〕和尚，在當時是尊稱。可不，即可否。韋刺史問惠能所傳禪法是不是達摩正宗。此一問：問功德。此問的設置，有強調禪法正宗之用意。

〔註7〕心心相傳，毫無乖違。

〔註8〕關於梁武帝功德之說，後人多因達摩語言及《壇經》記錄而形成共識，不加反應地就認為梁武帝迷失於造寺度僧，毫無功德。不如先停下心中的判斷，從禪的角度來加以理解此「毫無功德」：首先，達摩是從具體語境中來度梁武帝的，故直擊要害，說不覺其行其心，實無功德，而非武帝真的毫無功德。實際上，武帝在佛教史上有重要貢獻，如造寺度僧、率先食素、建立梁皇寶懺等。武帝雖未確證自性，但這與你我有什麼關係？其次，最重要的是我們不要

尚為說。」

師曰：「實無功德，勿疑先聖之言。武帝心邪，不知正法。〔註9〕造寺度僧、布施設齋，名為求福，不可將福便為功德。〔註10〕功德在法身中，不在修福。〔註11〕」

師又曰：「見性是功，平等是德。〔註12〕念念無滯，常見本性，真實妙用，名為功德。〔註13〕內心謙下是功，外行於禮是德。〔註14〕自性建立萬法是功，心體離念是德。〔註15〕不離自性是功，應用無染是德。〔註16〕若覓功德法身，但依此作，是真功德。〔註17〕若修功德之人，心即不輕，常行普敬。〔註18〕心常輕人，吾我不斷，即自無功。〔註19〕自性虛妄不實，即自無德。為吾我自大，常輕一切故。〔註20〕善知識！念念無間是功，心行平直是德。〔註21〕自修性是功，自修身是德。〔註22〕

因為達摩、《壇經》所說就心生輕視，認為梁武帝執著於相，於是動輒就以此例說理——此時已陷入了評判，自以為優越。如此便違背了達摩禪旨、惠能苦心。自性若迷，說佛說禪又如何救度？此時，你認為毫無功德的究竟是誰？

〔註 9〕心執於相，不知自性法，故稱為邪。

〔註10〕武帝有福德，但不可等同於自性功德。

〔註11〕就如之前所說，白雲也會遮住晴空太陽，而修福未必能見法身功德。故而放生、供佛等，最易迷執成障，失於「求」中。

〔註12〕從見性的角度來談功德，才是自性功德。

〔註13〕心念不執於相，本性顯現，得真實妙用，才是功德。

〔註14〕是自性才真謙下，真有禮，真功德。

〔註15〕自性妙用於一切法，心不被念染，才是修真功、證真性、見真德。

〔註16〕離開自性來談，一切「功德」言說都只是在表相上評判，口上說說而已。必須在自性發動處修，在自性顯現處行，才是真正功德。

〔註17〕何者是功德？以上所談數種功德，隨見隨說，並不是為功德下一個定義，而是從不同的維度來分別談，相當於是舉各種例子說明。其核心緊扣見性、無念，若不見性、無念，一切均是表面工夫，反障自性真心。禪門認為梁武帝所做全無功德，就是因其未真見性、未真離念。

〔註18〕真見性者，心即不輕，虛心謙下，禮敬萬法萬物。

〔註19〕世間人人相輕，均因未見平等性體，如此自然無功。須知，「相輕」這一行為即是對本性的覆蓋。先不說誰人修行高深與否，若能正視無所不在的輕人、輕己，都已是修行歷程中極為了不起的飛躍。這何嘗不是對正在遷流的業識的截斷！

〔註20〕未見自性即虛妄不實，必然自大。常輕一切的核心是業迷、無知、自輕。

〔註21〕惠能又舉例，強調念念之間真心顯現不斷、不迷，心中平穩、潔淨就是功德。

〔註22〕識自性，修自性，用自性，才是圓滿功德。

善知識！功德須自性內見，不是布施供養之所求也。〔註23〕是以福德與功德別。〔註24〕武帝不識真理，非我祖師有過。〔註25〕」

刺史又問曰：「弟子常見僧俗念阿彌陀佛，願生西方。請和尚說，得生彼否？願為破疑。」〔註26〕

師言：「使君善聽，惠能與說。世尊在舍衛城中，說西方引化，經文〔註27〕分明，去此不遠。〔註28〕若論相說，里數有十萬八千，即身中十惡八邪，便是說遠。〔註29〕說遠為其下根，說近為其上智。〔註30〕人有兩種，法無兩般。迷悟有殊，見有遲疾。迷人念佛求生於彼，悟人自淨其心。〔註31〕所以佛言：『隨其心淨即佛土淨。』〔註32〕使君東方人，但心淨即無罪。雖西方人，心不淨亦有愆〔註33〕。東方人造罪，念佛求生西方。西方人造罪，念佛求生何國？〔註34〕凡愚不了自性，不識身中

〔註23〕此句是之前數句的總含：若不見性，縱然布施、持戒、忍辱、精進，甚至動輒談禪定、智慧，也統統是有相作為，嘴面工夫，談何內見功德！

〔註24〕未見性則福德功德有別，既見性則二者一體同一。

〔註25〕並不是達摩祖師說錯了，而是梁武帝果真沒有見性，只將工夫做在「佛教相」上。雖然對教、僧等有利益，但自己終究未因此而證得自性功德。

〔註26〕第二問：問禪淨。當時信仰淨土宗者也較多。韋刺史問惠能：淨土信仰是否真的能夠往生極樂世界？

〔註27〕惠能先從佛陀造化諸法的大事因緣說起，認為佛陀說西方極樂世界是為引導度化眾生，猶如以手指月。而未像現今某些大師一樣，凡談及他宗他人則先評論一番：「某某宗胡搞，邪迷，不究竟。」似乎只有自己是掌握真理正法者。做「大師」久了，很多人都會貶斥別宗，雖時時修傳佛法，開口便說他人是非長短善惡。這一點上，惠能真是萬世師表，時時一行三昧，時時清醒。

〔註28〕宗教信仰層面的淨土一般被視為實物淨土，信淨土真實義者一般指淨土為常寂光淨土和心淨無染之究竟佛境，真解脫者視實物淨土、常寂光淨土、唯心淨土一體而三。

〔註29〕惠能將「淨土」之義解讀為「唯心淨土」，轉換到「心性工夫」上來。若不度破心中十惡八邪，即使真去到西方實物淨土也不究竟，也還面臨著種種煎熬，須洗煉清澈，具足潔淨，才能進入淨土寶殿進一步修行。

〔註30〕淨土，以遠近說已執著為實物，以心性說則只在迷悟之間。

〔註31〕惠能直指：迷人執著實物，依賴外力。悟人自淨其心，於心空處見。

〔註32〕所謂淨土實則是心淨所化，心淨則自處淨土之中，即使在煉獄種種境地，也依然淨在。

〔註33〕愆〔qiān〕：罪過。

〔註34〕心中作出東西方的分別來，又執著於東西方，自然就失於東西方。

淨土，願東願西；〔註35〕悟人在處一般。所以佛言：『隨所住處恒安樂。』使君心地但無不善，西方去此不遙。〔註36〕若懷不善之心，念佛往生難到。〔註37〕今勸善知識，先除十惡，即行十萬，後除八邪，乃過八千。〔註38〕念念見性，常行平直，〔註39〕到如彈指，便睹彌陀。〔註40〕使君但行十善，何須更願往生？不斷十惡之心，何佛即來迎請？若悟無生頓法，見西方只在剎那。不悟念佛求生，路遙如何得達？〔註41〕惠能與諸人移西方於剎那間，目前便見。各願見否？〔註42〕」

眾皆頂禮云：「若此處見，何須更願往生？願和尚慈悲，便現西方，普令得見。」〔註43〕

師言：「大眾！世人自色身是城，眼耳鼻舌是門，外有五門，內有意門。心是地，性是王。王居心地上，性在王在，性去王無。性在身心存，性去身心壞。〔註44〕佛向性中作，莫向身外求。〔註45〕自性迷即是

〔註35〕真實淨土必須自己來證，自性即淨土世界。不見自性，縱然可帶業往生，於解脫有何益處？

〔註36〕見自性即除善惡、離分別，當下即見自性西方。

〔註37〕若不見、不除善惡心，縱使念佛也無裨益，當然就無法往生真實淨土。

〔註38〕終歸還是要立足於真實做工夫，除盡心中十惡八邪，如此才能當下安居於被視為十萬八千里之遙的淨土世界。

〔註39〕念念自性自見，必然就念念與淨土契合。

〔註40〕當下目見，彌陀即自性化身。

〔註41〕說到底還是自心修行的迷悟、解脫與否，解決了內心的十惡八邪，生命也就清淨無染。這就是自性淨土，也就是安住在自性淨土中，何須另外造出一種淨土相來！諸佛菩薩所造的種種淨土，實則是為了度一切愚迷眾生，或除了度眾生以外，也是一種遊戲神通。如果自性自淨，純熟到一定境地，你也可以造出自心淨土。如果迷失，縱然你天天拜佛、念佛，又憑什麼去淨土？造淨土？故而工夫必須真修在當下，不求殊勝果境，即因即果。

〔註42〕惠能如此說時，大家都還以為是神通搬運，依然不解淨土真實義。

〔註43〕看此眾人言語，還是對往生實物西方引以為稀奇，有所期待，實在是辜負惠能又一番切切之心。

〔註44〕此處略談身心自性關係。人類的生命屬於多維存在體，迷者得其淺，悟者得其深。其內蘊可略歸為三層結構而加以說明：第一層，感官層。即眼耳鼻舌身。在此經文中，惠能將「身」喻為「城」，將「眼耳鼻舌」喻為「門」，總為「外五門」。五種感官直截通接、收攝外境。第二層，心識層。可理解為意識心、思維心、判別心。經文所說的「內意門」以及潛意識、末那識、阿賴耶識等內容均可歸屬於此層類。在佛教語境中，此心識常被稱為「心地」，是對諸感官所觸攝進行揀擇、加工者。其揀擇、加工的原動力和模板是「業根」，此

眾生，自性覺即是佛。慈悲即是觀音，喜捨名為勢至，能淨即釋迦，平直即彌陀。人我是須彌，貪欲是海水，煩惱是波浪，毒害是惡龍，虛妄是鬼神，塵勞是魚鱉。貪瞋是地獄，愚癡是畜生。〔註46〕善知識！常行十善，天堂便至。除人我，須彌倒；去貪欲，海水竭；煩惱無，波浪滅；毒害除，魚龍絕。〔註47〕自心地上，覺性如來放大光明。〔註48〕外照六門清淨，能破六欲諸天；自性內照，三毒即除，〔註49〕地獄等罪一時銷滅。內外明徹，不異西方。〔註50〕不作此修，如何到彼？」〔註51〕

「業根」貫穿於整個心識內。故心識無法做到真正意義上的「自我做主」，而只能是被動、無知地運作和選擇，是以常常「無明」「妄作」，最終造作成龐大的「我執」。第三層，自性層。自性自淨、自在，具有不受限制的絕對開放性和無限性，即如天道般自然自存並因緣化現，常被稱為「性王」。一旦證入此境，感官層、心識層的生命境域便被拓寬到自性層，其主宰感官、心識的「主人」便不再是「業根」而是「自性」，故而一切無明業力、因緣和合盡被激照、解構，生命便不再迷失於累劫累世及此生此刻所累積之「業惑」，從而顯現以健康、潔淨、無惑、從容。在此意義上講，「自性」才是生命生生不息的終極原動力。「自性」充盈於整個生命世界中，不論生命迷失與否，此「性王」都永恆寂在並支持著感官、心識的存在與運作。於人而言，唯一的區別是，迷失者無法感知此性，甚至還會因為自身「染心」「業惑」而將此性導引至產生破壞力；而證悟者則內心調順，自可安居於性王之中，因緣創生、造化出生命之神奇。此處「三層」只是從原理上說明生命的構成與運作，在細節上不一定等同於佛教「八識說」「九識說」的詳盡類分，更多內容，可結合《壇經‧付囑品》中有關「十八界」的論述進行理解。總體而言，「性王」是「體」，而「身心」是「器」，無此「身心」，則「性王」由於無因緣促合，便寂在不動；無此「性王」，則「身心」也因無內在神魂，而不建立。故而，經文才說：「王居心地上，性在王在，性去王無。性在身心存，性去身心懷。」

〔註45〕關鍵是要真行、真修、真見性，否則「佛向性中作」也是妄求。你若善解、善行、善說，可否談談如何「佛向性中作」？

〔註46〕人心時常被人我、貪欲、煩惱、虛妄、塵勞、三毒等重重裹縛，還如何見性！欲除盡上述障礙，須是見自性才行。方法在哪裏？第一，覺見一切障礙。第二，虛化身心，自性自照自見，任一切業障呈現、流淌。第三，深入禪定，化盡藏識中染業。

〔註47〕還是那句話：如何常行十善、除人我、去貪欲、煩惱無、毒害除？此須重點解釋、實踐，否則依然落空。

〔註48〕心淨則覺性呈現，光明無所障礙，照遍大千。

〔註49〕故而，禪修的核心即是內外觀照。照為見性之最尊，出離之神髓。可結合「默照禪」來加以理解。

〔註50〕琉璃世界、西方世界均是內外明澈，無絲毫陰暗，此即是自性呈現時的生命特質。

大眾聞說，了然見性，悉皆禮拜，俱歎善哉。〔註52〕唱言：「普願法界眾生，聞者一時悟解。」〔註53〕

師言：「善知識！若欲修行，在家亦得，不由在寺。在家能行，如東方人心善；在寺不修，如西方人心惡。〔註54〕但心清淨，即是自性西方。〔註55〕」

韋公又問：「在家如何修行？願為教授。」〔註56〕

師言：「吾與大眾說無相頌。〔註57〕但依此修，常與吾同處無別；若不依此修，剃髮出家，於道何益？〔註58〕頌曰：

　　　　心平何勞持戒，行直何用修禪！〔註59〕

　　　　恩則孝養父母，義則上下相憐。〔註60〕

　　　　讓則尊卑和睦，忍則眾惡無喧。〔註61〕

　　　　若能鑽木出火，淤泥定生紅蓮。〔註62〕

　　　　苦口的是良藥，逆耳必是忠言。〔註63〕

〔註51〕若作此修行，當下即心淨，即西方。追問：如何作此修行？自當試歸納、講解、踐行。

〔註52〕大眾的業縛被惠能引導著一層層解去，當然就見性清淨。見此淨性，眾人自然就見淨土，不再執著於東西、遠近、實物、唯心。

〔註53〕不要忽視了發願的力量。關鍵是要根據自己的情況設計出誓願，並如實去做。否則說說也就過了，成為空談罪債——這就是發願不靈的根源。另外，發願真心發、淨心發，實際上就是在「果地」上發，必真，必應。

〔註54〕更不以在家出家判別修行者的優勝與否。在家也有佛菩薩，如維摩詰，在寺也有邪惡人，如提婆達多。

〔註55〕歸根結底，心中清淨，即突破了在家出家、東方西方的分別。

〔註56〕第三問：問在家如何修行？

〔註57〕依然是立足無相，依然是自性觀照，既無相，便無諍，更無別。

〔註58〕修行，君可知最難破的是「佛魔」？

〔註59〕不見自性，即是假心平，假行直。

〔註60〕禪者對待恩義更是純粹，切莫一孔之見，妄下定論佛禪否定人倫。

〔註61〕小讓為禮，大讓無讓不讓之心。小忍傷身，一般涵養；大忍是無生忍，自性之忍無忍無不忍。

〔註62〕意即耐心踏實修行，污濁障礙中也生智慧紅蓮。另，佛道諸家均有「火中金蓮」之秘密法，可用以煉洗、轉化身心，以使法身出入自由，永無生滅。

〔註63〕遇苦口藥時須照見自心苦甜之分別，否則就是強行忍苦，或迷失於甜。逆耳時也須見自己拒斥之心，或自我安慰之心。引申來看：誰分別？誰拒斥？而又誰觀見？

改過必生智慧，護短心內非賢。〔註64〕

日用常行饒益，成道非由施錢。〔註65〕

菩提只向心覓，何勞向外求玄。〔註66〕

聽說依此修行，西方只在目前。〔註67〕」

師復曰：「善知識！總須依偈修行，見取自性，直成佛道。〔註68〕時不相待，〔註69〕眾人且散，吾歸曹溪。眾若有疑，卻來相問。」

時，刺史官僚、在會善男信女，各得開悟，信受奉行。〔註70〕

〔註64〕順則凡，逆則仙，改過即是轉識成智、回頭是岸，也即是自性動用。護短就是增強我執、更添業積，繼續往既有業路上墮落。

〔註65〕真饒益，真布施，前提是見性，否則財布施容易執著，而法布施則無力做到。

〔註66〕「菩提只向心覓，何勞向外求玄」乃為破向外求取而說，切勿又向「心中」找尋，陷入另一邊執。菩提不在內，不在外，不在中間，而只在反觀覺照時。總之，反觀其心，菩提動用，向外執求，再增業種。

〔註67〕見自性，見西方，不要空口說，而須真觀照。

〔註68〕空、有都不見取，才是自性真見取。如何見取？以性觀，以性見，以性用。

〔註69〕大多修行者，恍惚數十年間，身心俱已疲老，難進難退。況且禪不在將來任何一刻，將心待悟，早已形成一股強大的散漫任流積習，凡談及修行，便已自動落入此慣性中。故而，大修行者，見即真見，斷即真斷，不待將來。

〔註70〕若不在生活中貫徹，形成習慣。即使聽懂了，甚至開悟了，都沒有用，轉身半刻、半日就又迷失了。──看看自身的業力倒底有多厲害！其實，在看見這業力的瞬間，你的自性又動用了。

定慧品第四

師示眾云：

善知識！我此法門，以定慧為本。〔註1〕大眾勿迷，言定慧別。定慧一體，不是二。〔註2〕定是慧體，慧是定用。〔註3〕即慧之時定在慧，即定之時慧在定。〔註4〕若識此義，即是定慧等學。〔註5〕諸學道人，莫言先定發慧，先慧發定各別。〔註6〕作此見者，法有二相。〔註7〕口說善語，心中不善。〔註8〕空有定慧，定慧不等。〔註9〕若心口俱善，內外一

〔註1〕第一個問題：講定慧。何為定慧？一般有兩種理解。第一種：定，坐禪入定；慧，修佛打坐而得的智慧。第二種：定，心不動，一切時中不動搖，不被內外干擾；慧，自性動用，心底光明潔淨，真心化用於一切時一切地一切事而無礙，不對立，得圓融。如此來看，定慧根本是一回事，都是見性的自然功能，自然顯用。

〔註2〕惠能從更深層次來看定慧，故而超越概念、判斷，所看到者均為自性之體。

〔註3〕定是自性定，慧是自性慧。

〔註4〕自性能定則必然發生自性慧，自性能慧則必然已自性定。

〔註5〕定慧等同，乃心性工夫，勿糾纏於概念指向。

〔註6〕認為定慧之間有先後、次第，說明只是在概念上辨析，屬於心識、意識之動亂。

〔註7〕「二相」其實不是法的對立，而是心起分別。

〔註8〕這裡的善不善，是從合不合乎自性律來說的，不是簡單的道德判斷。在修習中，不要一概從好壞、善惡的倫理道德層面來理解此處的善不善，而是應該以自性見、自性用為善，以口說心不行為不善。善不善等，悟迷之間，為見性與否之界別。

〔註9〕不見本性，定慧即是兩種。這不是定慧自身有沒有差別的問題，而是若不見性，你我必然只會以意識心來分別、判斷一切。意識心、五蘊見必然是有無

如，定慧即等。〔註10〕自悟修行，不在於諍。〔註11〕若諍先後，即同迷人。〔註12〕不斷勝負，卻增我法，不離四相。〔註13〕

善知識！定慧猶如何等？猶如燈光。有燈即光，無燈即暗。燈是光之體，光是燈之用；名雖有二，體本同一。〔註14〕此定慧法，亦復如是。〔註15〕

師示眾云：

善知識！一行三昧〔註16〕者，於一切處行住坐臥，常行一直心是也。〔註17〕《淨名經》云：「直心是道場，直心是淨土。」莫心行諂曲，口但說直；口說一行三昧，不行直心。但行直心，於一切法勿有執著。〔註18〕迷人著法相、執一行三昧，〔註19〕直言：「常坐不動，妄不起心，即是

對立層的二元運作，故而在你我眼中，即使不承認，定慧也成了兩種，數種。

〔註10〕如果在心口的動不動、用不用之間都見自性，何來散亂？何來纏縛？此時的定慧均會按照自己的規律而自然綻放，你已不會對它們進行強行判斷。如此就是真正與定合為一體，乃至已無定無慧之分別。

〔註11〕自性體上的修行，不在於語言、心識、概念，以及心思動用上的判斷、分別、論諍。

〔註12〕迷人之所以迷，是因不見自身心，不見自性，由此必然只會按照業力慣性來諍論先後。

〔註13〕四相：人相、我相、眾生相、壽者相。一旦有諍，不但不能斷除勝負心，還更增加了我執法執，拘執於四相乃至一切相中。

〔註14〕惠能用燈與光的關係來比喻定慧關係，非常形象傳神。但是，如果不見自心，你我下意識的第一習慣、反應、行動肯定又是去推想燈與光的關係如何如何，然後得出定慧關係就如燈光。事實是，即使你真的懂了燈光關係，你還是不懂定慧為何物。看見了嗎？在這一問題面前你的心是如何動的？如何推想的？如何欺騙自己的？「見」了此時心的運作，便是心定，便是心慧。如果不見，你我就依然只是陷入在定慧一體、體用不二等看似切題但心迷如舊的意識紊亂中。

〔註15〕如不見性，就談不上定慧的發生，更體證不到二者的一體。

〔註16〕解說第二個問題：一行三昧。

〔註17〕一行三昧就是一切時、一切事處心淨無染，直用自性本心。可是，如何才能直用本心？三昧是定，大定，自性定，在一切時一切事中鬆化放下，空空如也，就能心不動搖，直心呈現，直心直用。

〔註18〕這是一切修法、證道的核心，也是最難做到之處，人心不都是第一念即迷失於當下？

〔註19〕迷失、業惑會將一行三昧當作某種固定的、神異的狀態來理解，執著成一個概念，糾纏於其中。

一行三昧。」〔註20〕作此解者，即同無情，卻是障道因緣。〔註21〕

　　善知識！道須通流，何以卻滯？〔註22〕心不住法，道即通流。〔註23〕心若住法，名為自縛。〔註24〕若言常坐不動是，只如舍利弗宴坐林中，卻被維摩詰訶。〔註25〕

　　善知識！又有人教坐，看心觀靜，不動不起，從此置功。〔註26〕迷人不會，便執成顛。如此者眾，如是相教，故知大錯。〔註27〕

　　師示眾云：

　　善知識！本來正教，無有頓漸〔註28〕，人性自有利鈍。〔註29〕迷人漸修，悟人頓契。〔註30〕自識本心，自見本性，即無差別，所以立頓漸之假名。〔註31〕

〔註20〕一行三昧不是枯坐，也不是不起心動念，而是不拘執於坐修臥修相，不被心念所左右。試想，空空放下，凡起心動念即照見，如此安居於一切時、一切事中，不就是一行三昧？這種狀態可以真實貫徹於行住坐臥。比起單純地打坐幾小時、三五天，豈不是來得更徹底，更圓融？

〔註21〕修行將自己修成了枯寂無情，或是慵懶無趣，病態懨懨，弱不禁風，你覺得正常嗎？

〔註22〕修行應該是有生機的，流動的，而非死寂。

〔註23〕一行三昧即是不住，即是流通。既然如此，當下念念間，你早已在出離業心。

〔註24〕「住法」是你我的心糾纏在了某個對象中。不是別人、外境束縛你，而是你自己心有所執，自己造出些觀念來束縛自心。

〔註25〕這是《維摩詰經》中事由。此處說明幾點：首先，能隨處宴坐，深度禪定，那是工夫，值得學習。被惠能一說，你我心裏肯定生出輕視舍利弗及其禪定、靜坐了。惠能是這種意思嗎？他只是讓人不要拘執於坐相。其次，特定的階段，應增加禪定強度，以突破深層業惑。再次，坐禪也能成佛，但不能桎梏於坐禪，或尋求效驗，或以為坐禪就是佛。

〔註26〕如此教人修禪，自己尚且悟不透、修不徹，又如何教人？看心觀淨而心不起反應，這是麻木，而非直心、無念、一行三昧。

〔註27〕直心是流通的，流動的，有生機的，真正體證到這一點才是見性，才有資格教人。不見自性而教人，便是迷失，便是以盲引盲，害自心、他心、世界生起動盪。於此可知大善知識倒底有多難遇！

〔註28〕第三個問題：解說頓漸。

〔註29〕所謂頓漸，是因人性的資質區別、領受程度而演化方法，不要隨意定論佛法有頓漸、有大小，更不能將此執念為能否成佛的界分。

〔註30〕個人情況、進度不一，絕非「漸」就不能成佛。

〔註31〕頓漸都是為了達到見性成佛，開悟即無頓漸分別，不開悟即有迷悟、頓漸，因此而有頓漸之假名。切勿執著，以為頓高漸低。

　　善知識！我此法門，從上以來，先立無念為宗，無相為體，無住為本。〔註32〕無相者，於相而離相。〔註33〕無念者，於念而無念。〔註34〕無住者，人之本性。〔註35〕於世間善惡好醜，乃至冤之與親，言語觸刺欺爭之時，並將為空，不思酬害。念念之中，不思前境。〔註36〕若前念今念後念，念念相續不斷，名為繫縛。〔註37〕於諸法上，念念不住，即無縛也。此是以無住為本。〔註38〕

　　善知識！外離一切相，名為無相。〔註39〕能離於相，即法體清淨。〔註40〕此是以無相為體。

〔註32〕解說第四個問題：無住無相無念。一直以來，豈止禪門，整個佛教都是如此，不論用何種形式，例如念佛、持咒、觀想、跪拜等，都是為了能夠達到無念、無相、無住之本心境界。

〔註33〕眾人都會說「無相是於相而離相」，但是，如何才能做到「於相而離相」？你「於相而離相」了嗎？核心在於兩點：第一，訓練見一切相即見內心起伏，以及心不隨相轉的能力；第二，徹底鬆化身心，任自性自動呈現、映顯一切相。一般而言，這兩個層面都需要訓練才能達到。當然，排除某些先天就心不亂、善見善用自心者。本書已多次提到「鬆化身心」，你我身心其實被自我緊緊包裹著，唯有鬆化，自我才散盡。這與《道德經》同理，致虛極，大道才能不受束縛地呈現。

〔註34〕何為無念？與上文同理，在一切心念動處反觀、反照，或虛化自心，自觀自照，自性清淨不動，不被念轉。

〔註35〕本性最大的本事就是「無住」，見一切相、一切心而「有住」的是五蘊想、意識心。立於本性之巔，自然呈現一切物、一切心，故能不隨不住。本性常現，若欲成就世間功德，隨順世間因緣即可；若不欲，則無心而看萬法起滅，輕盈、靈動、寂滅。

〔註36〕這個角度的「無住」是在「修」的階段，以修而見無住，以修而用無住。

〔註37〕念念相續不斷，是人心思維的特徵，若能「斷」即是頓入自性。但不要依文解意。以下幾方面有助於對照自己所修情況而加深理解：第一，不是截斷念頭或斷滅了念頭。如在這個層面，你我就成了死物。第二，突然念頭斷去，多是因第六意識心頓息，不見得證到了終極本性。第六意識心隨時會起滅，令人心思動盪。第三，住於本性，某一期間，念頭也會不生，而只有自性生機，無限寂滅。這種境況，真住其中者，自會辨識。第四，最終隨緣修用階段，念頭生滅而不隨，見心動而自不動，這才是真性活用，純熟自在。

〔註38〕一行三昧，念念呈現心物，以至於最終不滯於心物。故而也稱無住、無念、無相。

〔註39〕內外一體，乃至無內無外，若單獨從外以求無相，了不可得。離相是自心性離，而非內外上下左右處尋求離相。

〔註40〕惟有法體能離相，離相須是法體自性顯現。否則都只落於心識表層，內外分離。

善知識！於諸境上心不染，曰無念。〔註41〕於自念上，常離諸境，不於境上生心。〔註42〕若只百物不思，念盡除卻，一念絕即死，別處受生，是為大錯。〔註43〕學道者思之。若不識法意，自錯猶可，更誤他人。〔註44〕自迷不見，又謗佛經。所以立無念為宗。〔註45〕

善知識！云何立無念為宗？只緣口說見性，迷人於境上有念，念上便起邪見，一切塵勞妄想從此而生。〔註46〕自性本無一法可得，若有所得，妄說禍福，即是塵勞邪見，故此法門立無念為宗。〔註47〕

善知識！無者無何事？念者念何物？無者無二相，無諸塵勞之心。〔註48〕念者念真如本性。真如即是念之體，念即是真如之用。真如自性起念，非眼耳鼻舌能念。〔註49〕真如有性，所以起念；真如若無，眼耳色聲當時即壞。〔註50〕

〔註41〕是心不染，而非無心思無念頭。

〔註42〕若不見性，必於境上生心，或生心而不知不覺，或知而卻成「知障」，覺而卻成「覺障」。

〔註43〕「百物不思，念盡除卻」有兩種情況：其一是頑空、無記空，其本質是深度昏沉；其二是已經死亡，不再有生命特徵。此處惠能專門強調，單從「死物」上來講解。故而，無念關鍵是於念上無念，而非絕念或不會生念。

〔註44〕當前有教人以強行止住於念頭間隙之法，便是如此。人自身的念頭慣性不可能強行斬斷。所謂參話頭而發生的「斷念」，那都是一念專注後的自然破入，絕非強行截斷。「斷念」只能是自然發生，強行截斷，本身就是念頭，以念止念，如何可行？

〔註45〕立無念以見愚迷者，見錯解佛經者。當今之修行，不論何宗何派，吃透一「無念」即可切中核心。

〔註46〕據此，許多高僧所說的「以幻修幻」你認為可不可行？以幻修幻，只在思維、行相上修，是在修思維，修幻相。

〔註47〕惠能禪直接就在本性層來修、來化、來用。如何直入本性層？《壇經》通篇都在講這個問題。自性境中只見無因緣、有因緣，哪來的法？哪來的念？立無念為宗，不是立起一個「無念」，而恰好是空諸所有，無「念心」，無「無念心」，出乎口說心動等塵勞邪迷。

〔註48〕無念，關鍵是如何「無」？結合《心經》中的「無訣」來解說，可將「無」演釋為一種法門。──無為法。

〔註49〕「外境－器官－意識」都在真如中，關鍵是看你能否「無一切」，如「無一切」，即等同於真如。有外境，即等同外境；有器官，即等同於器官；有意識，即等同於意識。

〔註50〕是真如自性在顯用，而非你用眼耳鼻舌身意去契合自性。如無真如佛性，器官與心就是死的，關鍵是你如何通達、化用真如！

　　善知識！真如自性起念，〔註51〕六根雖有見聞覺知，不染萬境，而真性常自在。〔註52〕故經云：「能善分別諸法相，於第一義而不動。」〔註53〕

〔註51〕真如自性起念，便是妙用，便是般若。然而還是老問題：如何才能真如自性起念？虛化你自己，放出被你壓抑的自性。你只是個靜觀者，見，或不見。

〔註52〕心上之王，善馭六根。

〔註53〕引文出自《維摩詰經‧佛國品》。惠能其實在反覆講同一件事：要立於無念、無相、無住。包括之前的般若行、無念行、一行三昧，所說都是一回事。不識本心，學法無益。問題是人心念念相續，動輒以舊業續出新業，如何還能識得本心、立於本性，且能善分別？故而放空自己吧，空到極致，自然能善分別諸法相，於第一義而不動。

坐禪品〔註1〕第五

師示眾云：

此門坐禪，元不著心，亦不著淨，〔註2〕亦不是不動〔註3〕。若言著心，心元是妄，知心如幻，故無所著也。〔註4〕若言著淨，〔註5〕人性本淨，由妄念故，蓋覆真如。但無妄想，性自清淨。〔註6〕起心著淨，卻生淨妄。〔註7〕妄無處所，著者是妄。〔註8〕淨無形相，卻立淨相，言是工夫。〔註9〕作此見者，障自本性，卻被淨縛。〔註10〕

善知識！若修不動者，但見一切人時，不見人之是非善惡過患，即

〔註1〕可知為何坐不入？坐不深？坐不透？坐不久？坐不斷？坐不見？心理結構不改，如何坐啊！此品教授坐禪究極心法，原來坐禪的真諦不在「坐」，而在「禪」。不拘於行住坐臥的禪，流動不息、生機無限的禪。

〔註2〕當前有坐禪教人守丹田、觀想蓮花等，雖不失為入門過渡之善法，但還只是停留在著心、著淨的層次。著心是捕捉心的動向，著淨是以「淨」為有，或空無所想，自認為已守住真如。

〔註3〕也不是沉空守寂，端坐不動，或心念不動。

〔註4〕跟著心念起伏跑，著心；跟著身體感受跑，著受。

〔註5〕人性本淨，離諸名言相狀，如何去著？著淨只不過是造出了一個「淨」的概念而執著。

〔註6〕修學者都會說：「人性本淨，由妄念故，蓋覆真如。但無妄想，性自清淨。」但是，工夫卻只在「但無妄想」上。如何才能做到無妄想？注意：見本性顯用，見諸念心動，即是出離妄想，即在逐層化盡宿業。

〔註7〕此處的著淨，是「認為」淨，你已停留在了「認為層」，與本心之淨無關。

〔註8〕何處是妄？一旦著於相，不論物相、心相、染相、淨相，都是妄。

〔註9〕著淨相是更深一層的妄，修學者大多以之為工夫，卻不知恰好迷得更隱秘。

〔註10〕所以才說世間最難破除的是佛法相、佛弟子相，最大的魔是佛魔、修行魔。

是自性不動。〔註11〕

　　善知識！迷人身雖不動，開口便說他人是非長短好惡，與道違背。若著心著淨，即障道也。〔註12〕

　　師示眾云：

　　善知識！何名坐禪？此法門中，無障無礙，外於一切善惡境界，心念不起，名為坐；〔註13〕內見自性不動，名為禪。〔註14〕

　　善知識！何名禪定？外離相為禪，內不亂為定。外若著相，內心即亂；外若離相，心即不亂。〔註15〕本性自淨自定，只為見境思境即亂。〔註16〕若見諸境心不亂者，是真定也。〔註17〕善知識！外離相即禪，內不亂即定。外禪內定，是為禪定。〔註18〕《菩薩戒經》云：「我本元自性清淨。」〔註19〕善知識！於念念中，自見本性清淨，〔註20〕自修自行，自成佛道。〔註21〕

〔註11〕真不動在自性，不在「修」。須反思：你所見的是非善惡，到底是別人的還是你的？此處的「不見」，實則是見而清醒，見而不被左右，是離見、無見。

〔註12〕此句振聾發聵，可用來對照修行者自身是否已與道違背：第一，以修行者自居，自認為有修行工夫，是某宗某大師的傳人，其他人都非真工夫。第二，以真理、大師自居，背後議論習禪者，不習禪者均是「病人」，而唯有自己才是真禪、真佛。第三，開口閉口修行名言、修行相，而神情言語卻絲毫藏不住身心搖動，既著心亦著淨，實非真心、真淨，只是迷而不知罷了。

〔註13〕當然，坐中也是禪，實際上，禪的核心在於不被善惡諸境界裏挾、左右，心體乾淨，任一切念流動去來。許多人連「坐」也坐不住就是因為只「相坐」而未「心坐」。

〔註14〕須是自性自證，自性自見，才是禪，才是真不動。

〔註15〕能見相即離相，能見亂即離亂，如此才是大禪定。

〔註16〕內與外是人心界分的結果，若人心不亂，本來就是禪定，何來內外纏繞？不禪、不定的是你我的心念。

〔註17〕以此檢驗，以此修行。

〔註18〕外禪內定，同時也是內禪外定。

〔註19〕本元自性清淨：本自淨，本自定。於此句上好好琢磨。

〔註20〕於念念中自見本性，才是禪定之核要。所謂四禪八定乃至更深的自性定境，目的都是為此自性呈現。

〔註21〕如此才是「自性修」「自性行」「自性成佛道」，而非自以為是的修行成佛。故而，深度的坐禪必須以自性坐為考量。切記，任心念離亂，你只是那靜觀者！如此才是坐禪入門要妙，而非枯坐、硬坐。靜坐久久，靜觀久久，一切自會純熟深入。

懺悔〔註1〕品第六

時，大師見廣韶洎〔註2〕四方士庶，駢集山中聽法，於是升座，告眾曰：「來，諸善知識！此事須從自性中起，〔註3〕於一切時，念念自淨其心。〔註4〕自修自行，見自己法身，見自心佛，自度自戒，始得不假到此。〔註5〕既從遠來，一會於此，皆共有緣。今可各各胡跪，〔註6〕先為傳自性五分法身香〔註7〕，次授無相懺悔。」

眾胡跪。

師曰：

一戒香。即自心中無非無惡、無嫉妒、無貪瞋、無劫害，名戒香。〔註8〕二定香。即睹諸善惡境相，自心不亂，名定香。〔註9〕三慧香。自

〔註1〕懺悔品主要講五個方法：法一，自性五分法身香；法二，無相懺悔；法三，發四弘誓願；法四，無相三歸依戒；法五，一體三身自性佛。

〔註2〕洎〔jì〕：到，及。

〔註3〕修行見性之事，一切皆從自性中起，不是求立意高遠，而是唯此才可以見性。

〔註4〕唯有將修行當作生命中的第一大事，才會念念自淨其心其人。更多的修行者，每天打坐半小時、二小時就想證悟，是什麼心？另外，此事須一行三昧，否則即使你每天打坐十小時、禮拜、讀經十小時，依然有絕大部分時間是迷失的，無著落的，包括打坐、禮拜、讀經在內。並且，必須是每一件事中、有無中，都念念修行不虛才可。

〔註5〕所謂「自」者，一為主動修，自力修，這是初入門或未識本心時的精進；二為自性修、自性度、自性戒。否則都是表層工夫。

〔註6〕胡跪：一膝跪地。胡跪乃為虛其心，放下身份，如此才可能與道相應。

〔註7〕所謂「香」，是功德香，是清淨、智慧、莊嚴、出離的自性功德外化，以香喻之。

〔註8〕開始講授法一：自性五分法身香。戒香：絕非強行不做何事，如此傷人傷己，

心無礙，常以智慧觀照自性，不造諸惡。雖修眾善，心不執著，敬上念下，矜恤孤貧，名慧香。〔註10〕四解脫香。即自心無所攀緣，不思善、不思惡，自在無礙，名解脫香。〔註11〕五解脫知見香。自心既無所攀緣善惡，不可沈空守寂，即須廣學多聞，識自本心，達諸佛理，和光接物，無我無人，直至菩提，真性不易，名解脫知見香。〔註12〕善知識！此香各自內薰，莫向外覓。〔註13〕

今與汝等授無相懺悔，滅三世罪，令得三業清淨。〔註14〕善知識！各隨我語，一時道：「弟子等，從前念今念及後念，念念不被愚迷染。〔註15〕從前所有惡業愚迷等罪，悉皆懺悔，願一時銷滅，永不復起。〔註16〕弟子等，從前念今念及後念，念念不被憍誑染。從前所有惡業憍誑等罪，悉皆懺悔，願一時銷滅，永不復起。〔註17〕弟子等，從前念今

離道更遠，而是自性動用，自動地無非無惡、無忌妒、無嗔恨、無劫害。

〔註 9〕定香：亦非強行「定」，而是見一切善惡不動。見「自心」故能不亂，而非麻木如木石。

〔註10〕慧香：既然已有智慧，便顯現以三方面：首先，要常常檢視自心有無造惡；其次，即使造善，心也不被動搖；再次，要與世俗圓融，敬上念下，矜恤孤貧。

〔註11〕解脫香：並非無心念，而是已經馴取純熟，不追隨，不拒斥一切物相。心中已經不糾纏迷悟，清淨而不生善惡諸念。自在自由，唯自性之香自流。

〔註12〕解脫知見香：在內心不受一切相束縛後，不可止步於空守不思善惡的空寂，而應廣學多聞，習學各種世間智慧善巧，如「五明」等。進一步純熟自心，證取終極佛境，做到和光同塵，無人無我，直至於最終圓滿。可見，惠能雖不識字，但開悟以後肯定於佛理文字等諸善權已有所學。我們切不可硬性「認為」惠能識不識字，以強化「不識字更屬害」或「識字更合理」等觀念。況且，迷惑障礙人心的，真的是識不識字或識字多少嗎？

〔註13〕此五分香在自性中焚薰，是自家功德香。不見自性，功德香無從談起。

〔註14〕法二：無相懺悔。真修行者往往很注重懺悔，無相懺悔則更是個中極致。真無相懺悔者，即是自性懺悔，不在過去現在未來，故可滅三世罪，清淨身口意三業。

〔註15〕如何才能在前、今、後念念中不被愚迷染？不解者，應先於此用功：首先，自性覺知念念愚迷；其次，自性化解愚迷；再次，純熟自性工夫，隨緣隨見隨化。

〔註16〕這種聽學內容之前的調整、發願，乃極其高明的修法。其次第為：第一，見業力，知業根；第二，懺悔，以清理、掃除、化盡；第三，不再起，堵滅，禁絕。——非常實用、高超。修學者切莫好高騖遠，動輒只說自性，而更應落實在這些細節、基礎上。

〔註17〕同樣，如何不被憍誑染？不能只是空口談，說說就過了。練習方法就如同懺

念及後念，念念不被嫉妒染。從前所有惡業嫉妒等罪，悉皆懺悔，願一時銷滅，永不復起。」〔註18〕

善知識！已上是為無相懺悔。〔註19〕云何名懺？云何名悔？懺者，懺其前愆，〔註20〕從前所有惡業，愚迷憍誑嫉妒等罪，悉皆盡懺，永不復起，〔註21〕是名為懺。悔者，悔其後過，〔註22〕從今以後，所有惡業，愚迷憍誑嫉妒等罪，今已覺悟，悉皆永斷，更不復作，是名為悔。故稱懺悔。〔註23〕凡夫愚迷，只知懺其前愆，不知悔其後過。以不悔故，前愆不滅，後過又生。前愆既不滅，後過復又生，何名懺悔！〔註24〕

善知識！既懺悔已，與善知識發四弘誓願，〔註25〕各須用心正聽：「自心眾生無邊誓願度，自心煩惱無邊誓願斷，自性法門無盡誓願學，自性無上佛道誓願成。」〔註26〕善知識！大家豈不道眾生無邊誓願

悔法一樣：第一，自性照見憍誑等業；第二，懺悔，清理；第三，化去，滅盡，不復生起。

〔註18〕再問：口念容易，但問題是如何念念不被惡業嫉妒染？再重複梳理、領會其步驟：第一，照見前業；第二，懺悔清理；第三，斷絕不生。

〔註19〕惠能的懺悔法應注意幾個細節：其一，運用無相懺悔之前，最重要的一環節是胡跪、淨心、空心，如此才不至於口念、落空。故其願必真，通天徹地，神佛相應。其二，嚴格地按照上述三步驟來進行，如實做。其三，這是自性呈現之懺悔，勿著心念相。

〔註20〕強調要見之前過患，且要深究其根，否則懺何對象？

〔註21〕無相三懺。此刻清理掃除，一舉拂拭。

〔註22〕如果不「悔」，按其因果，必然還會發生。惠能以此「次第」來斷絕三種惡業。

〔註23〕此懺悔必須虛心、真心而發，否則易放過細微隱秘之業種、心念，其禍無窮。懺悔只在口上說，或者在心意識層面發，必然會落空。

〔註24〕前愆後過一體，若不同時清理，必定是此起彼伏，共同興風作浪。前愆不懺，留有業種，因緣一到，立刻引動；後過不悔，死灰復燃，更成新的惡因緣。善修學者多善用懺悔之法。

〔註25〕法三：發四弘誓願。

〔註26〕願文容易記，但為何對很多人來說不管用？原因一，大而空，未結合自己的實際情況來設定願的具體內容；原因二，所謂四弘誓願，「弘」雖在立意高遠，但更在於從自性真心處而發，如此才會真心動，真心去「行」；原因三，注意所度眾生是自心眾生，所斷煩惱是自心煩惱，所學法門是自性法門，所成佛道是自性佛道。——惠能所有的法門都不離自心、自性，離自性去修，便著邊見、落空。度了自心，心光便照耀大千，同步度法界眾生。

度。怎麼道？且不是惠能度。〔註27〕善知識！心中眾生，所謂邪迷心、誑妄心、不善心、嫉妬心、惡毒心，如是等心，盡是眾生。〔註28〕各須自性自度，是名真度。何名自性自度？〔註29〕即自心中邪見煩惱愚癡眾生，將正見度。〔註30〕既有正見，〔註31〕使般若智打破愚癡迷妄眾生，各各自度。邪來正度，迷來悟度，愚來智度，惡來善度。如是度者，名為真度。〔註32〕又煩惱無邊誓願斷，將自性般若智，除卻虛妄思想心是也。〔註33〕又法門無盡誓願學，須自見性，〔註34〕常行正法，是名真學。〔註35〕又無上佛道誓願成，既常能下心，〔註36〕行於真正，離迷離覺，常生般若。〔註37〕除真除妄，即見佛性，即言下佛道成。常念修行，是願力法。〔註38〕

　　善知識！今發四弘願了，更與善知識授無相三歸依戒。〔註39〕善知

〔註27〕自度。細思自度之意。

〔註28〕邪迷心、誑妄心、不善心、嫉妬心、惡毒心，如是等心，都是生活、修行中存在的具體問題，便知自心無時無刻不在此類心中，即使無此類心，亦多著佛魔相，動輒說他人是非善惡長短，好為人師，唯我獨尊。

〔註29〕關鍵是要理清如何做，並如實跟隨去做。

〔註30〕關於自心種種眾生，既要見相，更要見背後之業根，從而照破之，清理之，並以弘願引導自心。行正處，行自性處，不再迷入。

〔註31〕正見不是對錯之「對」見，而是自性般若之顯現。

〔註32〕般若智慧一旦出現，一切邪迷，淺者立消立破；深者若反覆出現，也是同理：再照見，再破之。故而要具體落實在邪迷愚惡的覺照中，不厭其煩。許多人聽說自性能照見一切心、破除一切法，便執求見性，企圖一勞永逸，於是便落空，便為妄執。

〔註33〕要義還是般若智慧，如此才見得到虛妄思想心，否則均是以心度心，迷在思想中。見邪，不就是正度？見迷，不就是悟度？此即是自性自度一切萬法。千萬不要放過行持細節，如此久久，自性才會純熟，見一切心一切法而自度自破。

〔註34〕「須見自性」是前提條件，不見自性，學死法，更障礙本來。既見自性，才是一切活法之核心。

〔註35〕常「行」上述正法，才是真學。對照而看，這正是眾多修行者修不破「自我」的核心要門處。

〔註36〕下心：放下姿態。

〔註37〕行於真正，離迷離覺，常生般若。我們可反過來理解：常生般若，便能離迷離覺；行於真正，從而出真出妄。

〔註38〕「常」不是常常，而是真常，自般若行，一行三昧。一切時中以自性真常願力修，以自性真常願力行，才是願力法，才能成就佛道。

〔註39〕講授法四：無相之歸依戒。關鍵點還是在「無相」。請問可還記得何為「無相」？

識！歸依覺，兩足尊。〔註40〕歸依正，離欲尊。〔註41〕歸依淨，眾中尊。〔註42〕從今日去，稱覺為師，更不歸依邪魔外道，〔註43〕以自性三寶常自證明，〔註44〕勸善知識歸依自性三寶。〔註45〕佛者，覺也。法者，正也。僧者，淨也。〔註46〕自心歸依覺，邪迷不生，〔註47〕少欲知足，能離財色，名兩足尊。〔註48〕自心歸依正，念念無邪見，以無邪見故，即無人我貢高，貪愛執著，名離欲尊。〔註49〕自心歸依淨，一切塵勞愛欲境界，自性皆不染著，名眾中尊。〔註50〕若修此行，是自歸依。〔註51〕凡夫不會，從日至夜受三歸戒。〔註52〕若言歸依佛，佛在何處？

〔註40〕兩足尊為佛，諸佛覺行圓滿能覺，汝若能歸依覺，即身在「覺」位，自身等佛。

〔註41〕離欲者為正法，離欲，即歸依正法。

〔註42〕眾中尊也是佛，既然歸依，即是自性佛。故知，有相三寶佛法僧，無相三寶覺正淨。惠能於此反覆說、多維說，目的均在破相。

〔註43〕真修行者從來依法不依人，謹防勸君皈依欲收為弟子者之大師高人。君為自性弟子、覺弟子、正弟子、淨弟子，而非皈依一具現世肉身，或一襲奪目袈裟。

〔註44〕自性三寶覺正淨，常自證明、及時提醒自己是自性三寶弟子，所修所證所明者，唯是自性三寶。

〔註45〕惠能再次提醒習學者勿向外求。但是，「勿向外」並不是說就應該「向內」，而是指要破除對外的執著，「向內」又何嘗不是一種執著！準確地說是心勿被欲望左右。如果能夠脫離此執，則既不向外，也不向內，既可向外，也可向內。

〔註46〕當然，如見自性，自性三寶與有相三寶並不對立。注意自性三寶不能成為空口言說，也需警覺對有相三寶的偏見。只是真正有相三寶極其稀少，應會甄別、珍惜。

〔註47〕「正」就是自性，自性顯現，邪迷自然被照破。

〔註48〕「正」顯現，生命即內聚，自淨、祥和、安然，欲望、名色自然就或不產生，或產生也可不被其左右。

〔註49〕先不要作出一個「正－邪」的對立區分，不見自性，一切見都障礙本心，都是邪見。一見自性，內心所生一切法無不顯示出菩提般若之動用，所謂人我貢高，貪愛執著便隨見隨破，不影響本心。

〔註50〕如何辨別淨法？以佛教義理辨別，多瞭解佛學義理；以佛經辨別，看是否違背佛說；最有效的，可學惠能教惠明的方法：屏息諸緣，一念不生。如此，所遇是不是正法你即清清明明知曉。

〔註51〕始終還是強調「自性歸依」，即使歸依佛法僧、覺正淨，核心都是歸依自性。否則充其量只是對某種對象的盲目崇拜、依賴。並且，如果不時時反思照見，不思善不思惡，便經常陷入「妄想歸依自性」，口上說自性，實際上做不到，只成為增加我執的一種方式。

若不見佛，憑何所歸，言卻成妄。〔註53〕善知識！各自觀察，莫錯用心。〔註54〕經文分明言自歸依佛，不言歸依他佛。自佛不歸，無所依處。〔註55〕今既自悟，各須歸依自心三寶，內調心性，外敬他人，是自歸依也。〔註56〕

善知識！既歸依自三寶竟，各各志心，〔註57〕吾與說一體三身自性佛〔註58〕，令汝等見三身了然，自悟自性。〔註59〕總隨我道：「於自色身，歸依清淨法身佛。於自色身，歸依圓滿報身佛。於自色身，歸依千百億化身佛。」〔註60〕善知識！色身是舍宅，不可言歸。向者三身佛，在自性中，世人總有，〔註61〕為自心迷，不見內性。外覓三身如來，不見自身中有三身佛。汝等聽說，令汝等於自身中，見自性有三身佛。此三身

〔註52〕凡夫只知道成天求神拜高人，歸依多種戒條相。請反思：傳你「法」者見自性了沒？傳你三歸依戒者自身能做到三歸依戒嗎？暫時不會辨別時，切忌盲目，先冷靜下來，理清自己的欲望，以常識反思、反問。

〔註53〕不要將「歸依」執著成一種概念。歸依佛？佛在那裡？沒見過就歸依，是歸依虛無，是盲從、迷失，而非歸依自性真空。若已見佛而歸依一個具體的佛形象，你認為又是不是佛所說的真歸依？或是不是惠能說的自性歸依？如此歸依很容易執著於「有相」。

〔註54〕惠能教人各自反觀、省思，先莫評論對錯，只靜靜地看看自己心意識狀態。

〔註55〕諸佛所教，諸經所記，分明是讓你歸依自性之覺悟，何曾讓你歸依佛形象？不信你試找出任何一句經文來分析看看。若不歸依自性，要麼就歸依「有」而著有相，要麼就皈依「無」而著無相。歸依自性覺照，才可有無俱破，不執著於有無。

〔註56〕理解或真正認識到所謂歸依是歸依自心佛，那就時時自明，歸依於自性覺、正、淨。時時反省反觀，則對待一切萬物自存敬重，對一切法自立於自心覺照、諸行無礙處。

〔註57〕志心，即專心、一心、真心。惠能多次強調要專心，尤其是在聽受禪法之前。專心、虛心，即能清空你的固有觀念，再無評判，而是於無念處與諸法相應，與講授者相應。如此才能聽到、體驗到「真法」，當下頓入。

〔註58〕講說法五：一體之身自性佛。這是在「自性」的層面來講法身、報身、化身三身一體，而非各自獨立、割裂，亦非侷限於色身、意識身。

〔註59〕惠能不厭其煩地強調自性自悟。

〔註60〕善解、善修、善學、善用者，悟知色身與法身、報身、化身無異。

〔註61〕不要將此理解為自性在身中、心中，如此你必然會動用念頭思維去搜尋。看見了嗎？正是這份思維、搜尋變成了自我障，是業力。故而才說要虛其心，放下，專心。那麼，當放下這份「念」，你「認為」你的佛性在哪裏？打住，打住，叫你不要去推想、認為，而是當下反觀照見此念思維，立刻息心。

佛，從自性生，不從外得。〔註62〕

何名清淨法身佛？世人性本清淨，萬法從自性生。思量一切惡事，即生惡行；思量一切善事，即生善行。〔註63〕如是諸法在自性中，如天常清，日月常明，為浮雲蓋覆，上明下暗。忽遇風吹雲散，上下俱明，萬象皆現。〔註64〕世人性常浮遊，如彼天雲。〔註65〕善知識！智如日，慧如月，智慧常明。〔註66〕於外著境，被妄念浮雲蓋覆自性，不得明朗。〔註67〕若遇善知識，聞真正法，〔註68〕自除迷妄，內外明徹，於自性中萬法皆現。見性之人，亦復如是。此名清淨法身佛。〔註69〕

善知識！自心歸依自性，是歸依真佛。〔註70〕自歸依者，除卻自性中不善心、嫉妒心、諂曲心、吾我心、誑妄心、輕人心、慢他心、邪見心、貢高心，及一切時中不善之行，常自見己過，不說他人好惡，〔註71〕是自歸依。〔註72〕常須下心，普行恭敬，即是見性通達，更無滯

〔註62〕人心的屬性就是隨時要執持、依附於某個對象，不迷外就迷內，說「佛在心中」就去心中找，說「佛性遍一切處」就去四處找。就是此「會找」「能找」「正在找」的心侷限了你。汝若反照，當下即見性，即性見。

〔註63〕內心有業種，心念一動即有相應業行、業果，不論善惡，均能覆蓋真如。故而，須是照見業心，才能不被左右，化盡業惑，才是圓滿。所以惠能才說：不思善，不思惡，佛性離善惡。

〔註64〕據此可知，不是性在心中，性在萬法。對你我而言，是心在性中動，萬法在性中起滅。但是，不論心如何動，只要覺照，即如風吹雲散，一切無礙，晴朗清明，從此不被萬相所迷。

〔註65〕此處人性，實際是人心之意，指心的屬性、形態如天上雲一樣變幻無窮。人心只會執著在「雲相」上，豈不料黑雲、白雲、彩雲，均會覆蓋真如！

〔註66〕智慧常明，故而能照遍幻相、幻心。

〔註67〕著境，妄念即起，然而若見妄念，性即作用，內外即不礙。

〔註68〕所謂真正法，不去破，不去除，而是心自脫離，上下分清，各行其道，不相妨礙，一切自動自流。

〔註69〕自性顯現時，一切法相、有無依然在自己的軌道上起滅，只是不障礙自心而已。真正的清淨法身佛也就是這樣無礙自在的。

〔註70〕所謂歸依，核心是對自性的歸依。然而即使惠能說破天理，也依然還有人在執於歸依某某大師。佛教傳統、義理中何時講過修行者能皈依個人？自古以來，只聽說歸依佛法僧三寶，且這都是泛指，並不是具體的某僧某師。

〔註71〕這許多般心，均可用來對照找出自己有哪幾種。如此就是時時勤拂拭，自性自拂拭。

〔註72〕向內，沉斂，哪還會有說他人是非長短好惡之閒心念。

礙，是自歸依。〔註73〕

何名圓滿報身？譬如一燈能除千年暗，一智能滅萬年愚。莫思向前，已過不可得。〔註74〕常思於後，念念圓明，自見本性。〔註75〕善惡雖殊，本性無二，無二之性，名為實性。〔註76〕於實性中，不染善惡，此名圓滿報身佛。〔註77〕自性起一念惡，滅萬劫善因；自性起一念善，得恒沙惡盡。〔註78〕直至無上菩提，念念自見，不失本念，名為報身。

何名千百億化身？若不思萬法，性本如空，〔註79〕一念思量，名為變化。〔註80〕思量惡事，化為地獄；思量善事，化為天堂。〔註81〕毒害化為龍蛇，慈悲化為菩薩，智慧化為上界，愚癡化為下方。自性變化甚多，迷人不能省覺，念念起惡，常行惡道。回一念善，智慧即生，此名自性化身佛。〔註82〕

善知識！法身本具，念念自性自見，即是報身佛。從報身思量，即是化身佛。〔註83〕自悟自修自性功德，是真歸依。皮肉是色身，色身是舍宅，不言歸依也。〔註84〕但悟自性三身，即識自性佛。〔註85〕吾有一

〔註73〕這些修行、歸依，都是落實在日常中的日常事、日常心。

〔註74〕問題是人雖知道此話此理，卻無法不思之前事情。因為，人已經捲入業力慣性，只會跟著業心走。

〔註75〕即提起警覺，念念見自心相，斷了它再次發生、起用的機緣。

〔註76〕善惡都是由一心生起的，那麼，誰知善惡？若無善惡是何狀態？此時，即知惠能所說不思善不思惡原來是直通本心之舉。此處當再回憶理清，惠能是如何教人不思善不思惡的？

〔註77〕圓滿報身，圓滿無染，惠能說於實性中不染善惡即是。然而，又如何能做到不染善惡？你能否結合自己的情況細細將步驟次第歸納出來並逐步落實？

〔註78〕此善念不是好壞評價上的善，而是自性圓滿至善的呈現。

〔註79〕不思萬法，性本空空；若思萬法而自見，性也依然空空。

〔註80〕思量心，由業心內外聚染而起。不悟者，心到哪裏，即迷失到哪裏；覺悟者，心到哪裏，自性就顯現在哪裏。

〔註81〕此即唯心所化義。

〔註82〕回觀照見自心之善惡即「至善」，即智慧，即所謂自性化身佛。

〔註83〕故而，念念自淨，清淨法身佛；念念自見，圓滿報身佛；念念至善，千百億化身佛。

〔註84〕皮肉色身雖說虛幻，卻是心靈的語言，心迷則必然止於皮肉色身且造病惡污濁，心悟則身心一體，顯現莊嚴清淨。

無相頌，若能師持，言下令汝積劫迷罪一時銷滅。〔註86〕頌曰：

> 迷人修福不修道，只言修福便是道。〔註87〕
>
> 布施供養福無邊，心中三惡元來造。〔註88〕
>
> 擬將修福欲滅罪，後世得福罪還在。〔註89〕
>
> 但向心中除罪緣，名自性中真懺悔。〔註90〕
>
> 忽悟大乘真懺悔，除邪行正即無罪。〔註91〕
>
> 學道常於自性觀，即與諸佛同一類。〔註92〕
>
> 吾祖惟傳此頓法，普願見性同一體。〔註93〕
>
> 若欲當來覓法身，離諸法相心中洗。〔註94〕
>
> 努力自見莫悠悠，後念忽絕一世休。〔註95〕
>
> 若悟大乘得見性，虔恭合掌至心求。〔註96〕

〔註85〕說白了，三身是一。不見自心，三身俱失，俱迷；若見本性，三身同具，同顯。

〔註86〕惠能反覆無數次講自性，若能見性、師持，何須這之後許多般語言障道塞心！君自問一句：之前所講，可曾真正去做了隻言片語？若未實踐，此後任讀多少經論，聽多少佛理，也是心念如故，迷失如故。

〔註87〕「福」須以道為基礎，否則福薄，不長久。

〔註88〕自性布施、供養，是有功德之福；貪嗔癡乃由自心一貫的業惑造出。

〔註89〕修福是捨本逐末，雖有小福，但深層業心之罪未清。

〔註90〕看清自心如何與外緣互動、運作，照破之，即心不被物轉；不達自性深層，所有懺悔盡屬於虛妄。

〔註91〕對比自身，即可知為何總不見自性：第一，不懺悔；第二，不在自性層面，是假懺悔。懺悔是除去業障的絕佳方法，但須是自性真懺悔。

〔註92〕自性動用、出現的一刻，即是與佛相等，可惜的是絕大部分人即刻便又迷失，與迷相等。實際上，許多人都出現過自性顯現的一瞬間，只是因短暫或不會識別而不敢確定。今後可留心細辨、體驗，以此為突破口。

〔註93〕頓法頓在何處？自性動用，直接在自性中修用，即之前所說的「忽而一瞬」。真見性者，才無揀擇而為一體。

〔註94〕如何尋覓法身？不見相、不見心，談何離相、洗心？見相、見心，而後念念保任、純化，才可證法身。

〔註95〕浮皮潦草終將落空，成佛油子，故要精進；後念不明不覺間，忽爾已過半世。所談所修都老氣橫秋，動輒說我三十年前、五十年前如何如何。若識此心此念，當下即見自性，三五十年有何不可？若依然不見此言語背後的心意識，則三五十年不但空過，傾刻間，死神來臨，手忙腳亂，驚惶失措，還無法得入善道。

〔註96〕你所取得成就最大的地方，一定是你最認真、花工夫最多的地方。如生意、

　　師言：「善知識！總須誦取，依此修行，言下見性。〔註97〕雖去吾千里，如常在吾邊。於此言下不悟，即對面千里，何勤遠來。〔註98〕珍重！好去！」

　　一眾聞法，靡不開悟，歡喜奉行。〔註99〕

　　　官場、學術、家庭等。你想證見自性，而你虔誠恭敬並落實了嗎？你又花了
　　　多少時間精力在其中？還不是大談一番禪理就敷衍過了。
〔註97〕如何依此修行？第一，依此頓門，直用自性；第二，踏實精進，保任純化。
〔註98〕不依此法修行，即使在佛陀身邊，你也萬劫不悟；依此法修，雖在末法時代，
　　　你也可當下頓入。
〔註99〕真心，虔誠，當下，之後念念見此自性，用此自性。世間多少修行者，不都
　　　是相似悟？悟後迷？只造出一身學佛學法相：大師相、正法相、大師妻子相、
　　　大師弟子相！以此彌補內心的空虛、屏弱。若此時有人直揭你內心：你最得
　　　意的禪修還在門外心識自我中攪弄一堆理論、佛相，你的心理反應是怎樣的？
　　　故而所謂歡喜奉行，要貫徹在念念間，事事處，乃至一絲一毫中。

機緣 [註1] 品第七

　　師自黃梅得法，回至韶州曹侯村 [註2]，人無知者。有儒士劉志略，禮遇甚厚。[註3] 志略有姑為尼，名無盡藏，常誦《大涅槃經》。師暫聽，[註4] 即知妙義，遂為解說。尼乃執卷問字，[註5] 師曰：「字即不識，義即請問。」[註6]

　　尼曰：「字尚不識，焉能會義？」[註7]

　　師曰：「諸佛妙理，非關文字。」[註8]

　　尼驚異之，遍告里中耆德云：「此是有道之士，宜請供養。」[註9]

〔註1〕此品講述諸人如何修學及惠能教授實例。

〔註2〕曹侯村：曹操後人所居村落。

〔註3〕《曹溪大師別傳》《五燈會元》《景德傳燈錄》等文獻中均記錄惠能遇到劉志略是在前往黃梅途中，此事也許有虛構、誤記，但從惠能教授無盡藏的言行來看，當是徹悟自性之後的事情。

〔註4〕暫聽：略聽。

〔註5〕無盡藏誦《涅槃經》，乃是在讀學義理、信仰佛事階段，故侷限於問字義。

〔註6〕又是驚人言論，強調自性之事，確實與識不識字無必然關係。

〔註7〕字尚不識，焉能會義？因為世人已經習慣了，「認為」某種事情就應該是某種樣子。——這就是迷失於業力慣性，迷失於集體意識的下意識觀念。

〔註8〕諸佛妙理，非關文字。但很多人卻又造成另一種偏執，認為不識字更容易見性。更有甚者會說「書讀多了障道」，自己讀書少的優越感溢於言表。切記：迷失的是「思想」「觀念」，而不是識不識字；能解脫的是本心，也不是讀書多少。

〔註9〕無盡藏因此就「判定」惠能是有道之士，君認為這是不是原來認知模式的延續？從障蔽本心的實質來看，這與認定別人為無道之士並無區別。正如我們迫於道德，會有意閉口不評論某人「不好」，但若別人符合自己的個性、價值追求，便會下意識地說「某某是好人」。世人永遠在是與非中來回判斷，難見

有魏〔註10〕武侯玄孫曹叔良及居民，競來瞻禮。〔註11〕時寶林古寺，自隋末兵火已廢，遂於故基重建梵宇，延師居之。〔註12〕俄成寶坊。

師住九月餘日，又為惡黨尋逐，師乃遁於前山。〔註13〕被其縱火焚草木，師隱身挨入石中得免。石今有師趺坐膝痕，及衣布之紋，因名避難石。〔註14〕師憶五祖懷會止藏之囑，遂行隱於二邑焉。〔註15〕

僧法海，韶州曲江人也。初參祖師，問曰：「即心即佛，願垂指諭。」〔註16〕

師曰：「前念不生即心，後念不滅即佛；〔註17〕成一切相即心，離一切相即佛〔註18〕。吾若具說，窮劫不盡。〔註19〕聽吾偈曰：

　　即心名慧，即佛乃定。〔註20〕
　　定慧等持，意中清淨。〔註21〕

　　自性。莫如按照「惠明」的邏輯，既然惠能有非關文字之妙理，便應立刻誠心聽受學習。如此也才可能真心供養，功德供養。
〔註10〕「魏」一作晉。
〔註11〕當時有學禪風氣，但不排除許多人是因聽說惠能「有道」「神異」而來。有人為求道，也有人為求玄。
〔註12〕曹侯村為惠能重建寶林寺。
〔註13〕此當是惠能剛出師黃梅，躲避追逐時的事情。俗世間依然還有人心中惦記著黃梅衣缽，欲強搶而據為己有。
〔註14〕惠能躲避入山中，惡黨不惜縱火燒山。其心之惡，令人心寒。惠能約是坐在石上，大火燒而未及，於是事後便被傳得更加神異，說惠能跏趺坐於石上，神佛之力顯用故加火而不傷。所謂石上之坐印，不排除惠能有神通力而留痕，但作為禪修者，即使真有其事，也要心如明鏡，不外攀援。更何況，此印痕或是後人附會、開鑿。
〔註15〕惠能於是轉換行蹤，前往懷會邊地藏匿。
〔註16〕法海請教「即心即佛」如何理解。
〔註17〕已經過去了的事、相、心等不作追隨攀援，真心即光淨而在，此為真心。後念是自我覺察、警醒、照見之念，若此「能照」之念不滅，即是佛性顯用。
〔註18〕成：建立、造成。心：能覺見、體知一切相唯心造，即是真心。離一切相：能不被一切心相所左右，即是自由、流動、無礙的佛境。
〔註19〕言下之意，即心即佛並不是固定的概念或框架，而是落實在真心顯現、離一切心相基礎上的工夫。按照這種心性顯現的原理、境界來說，可從方方面面隨緣解讀，永遠也說不完。
〔註20〕此處也不是給定慧下一個定義，而是從定慧的角度來說心佛。處在真心本性的層面，就是大智慧；處在佛心境界，就是大定。
〔註21〕等持：定慧同步共進。如此，心「意」即能同步且清淨無染。

悟此法門，由汝習性。〔註22〕

用本無生，雙修是正。〔註23〕」

法海言下大悟，以偈讚曰：

即心元是佛，不悟而自屈。〔註24〕

我知定慧因，雙修離諸物。〔註25〕

僧法達，洪州〔註26〕人，七歲出家，常誦《法華經》。來禮祖師，頭不至地。〔註27〕師訶曰：「禮不投地，何如不禮？汝心中必有一物。蘊習何事耶？」〔註28〕

曰：「念《法華經》已及三千部。」〔註29〕

師曰：「汝若念至萬部，得其經意，不以為勝，則與吾偕行。汝今負此事業，都不知過。〔註30〕聽吾偈曰：

禮本折慢幢，頭奚不至地？〔註31〕

有我罪即生，亡功福無比。〔註32〕」

〔註22〕 證悟、體會到此法門，均始自於見性層面的修習。在見性的層面、高度來修，才可真正契入。

〔註23〕 一切心佛定慧之作用，本就具足，不生不滅，不是因你修行而有，而是定慧工夫到了以後自然顯現。也因此，一切才是即心即佛。

〔註24〕 見自心、用自心原來就已是佛，只是自己未見、未用而使之無法呈現，自性受「委屈」了。這是誇張地表達遺憾，其實是法海受屈，佛性不會。

〔註25〕 如今知曉定慧為因，便專心勤修定慧，既有勤修定慧之因，必有離諸物相之果。但確切地說，定慧也不是修出來的，而是用自性用出來的。所謂的修，不過是在尋找一個突破口，並且在自性呈現的基礎上將之進一步純化。

〔註26〕 洪州：江西南昌舊稱。

〔註27〕 法達心有自我貢高，玩弄禪之行為藝術。

〔註28〕 惠能一眼看穿，知對方必定心中「執著於」某物，所以才不知謙虛溫潤。

〔註29〕 法達心中所執之物原來是念了三千遍《法華經》，自以為有所成就。

〔註30〕 惠能直指法達問題所在，說他即使念到一萬遍並且因此而開悟也沒什麼了不起，也不過是與惠能同屬開悟之列，有何可傲慢的？況且，心生傲慢，必定是念經念入執著，何來開悟見性？故而惠能呵責法達已經辜負了佛禪之心靈大事業，居然還不自知！法達聽了當如驚雷灌頂。而你我呢？一遍《法華》未誦，也未見性悟道，此刻對法達生起輕視沒？記得時刻反思、檢視自心。

〔註31〕 偈語中說：謙虛禮拜不是為了用來崇拜別人，而是用來破斥心中傲慢，既如此，你為何不生禮貌心、禮貌行？──當時，法達的傲慢心正在滋長。

〔註32〕 凡有我之執念，內心即造迷失之罪；如果連「功德」也不計較執著，則心無

師又曰：「汝名什麼？」

曰：「法達。」

師曰：「汝名法達，何曾達法？」〔註33〕

復說偈曰：

> 汝今名法達，勤誦未休歇。〔註34〕
> 空誦但循聲，明心號菩薩。〔註35〕
> 汝今有緣故，吾今為汝說。〔註36〕
> 但信佛無言，蓮華從口發。〔註37〕

達聞偈，悔謝〔註38〕曰：「而今而後，當謙恭一切。〔註39〕弟子誦《法華經》，未解經義，心常有疑。和尚智慧廣大，願略說經中義理。」〔註40〕

師曰：「法達！法即甚達，汝心不達。經本無疑，汝心自疑。汝念此經，以何為宗？」〔註41〕

達曰：「學人根性闇鈍，從來但依文誦念，豈知宗趣？」〔註42〕

滯礙，功德智慧生起，福德也將無際無邊。

〔註33〕惠能以名字為契機，隨緣度人，隨方解縛。名字是自己的心靈對應符號，用得好，用的妙，即是一種隨時提醒自心的修煉妙訣。用不好，用反了，卻會因此而自鳴得意。正如古今歷代大師神人，自稱或被奉承為某某活佛、禪者、菩薩，而實際上，通不通？達不達？知不知？

〔註34〕惠能肯定法達在精進念誦《法華經》。

〔註35〕批評法達只知循聲念誦，是落空之念，而非自性真心在念。同時也說，只有明心見性才是真念誦，真菩薩。

〔註36〕切勿輕視法達「有執之學」，它只不過是在學習過程中出現了慢心而已。正因為有此學習基礎，碰上明師惠能才一語破執。無前期積累，哪來這機緣成熟？

〔註37〕應牢牢記住，真正的佛禪之義不在語言念誦，而在心口相應，無念專純。做得到這一點，所念誦出來的《法華經》才是真正的妙法蓮花，每一句經文念誦出來都是口吐金色蓮光。

〔註38〕法達也如惠明，悔過，謝罪，從而虛心就學。

〔註39〕這是惠能之前講授「懺悔法」的體現、運用。

〔註40〕慢心不破，如何能入《法華經》義？如果你我身邊無明師，可以自我反思有無慢心，有無一切我執心。此舉重點不在解析經義，而在不思善、不思惡，見己心念相續，如此當下即穿透自我，與經義契合。

〔註41〕一切經，一切義，永遠自在自淨，所謂不達不悟，是自身之事。而一切自性之境，無不正在顯現著你我的迷失。見不見？

〔註42〕此時法達早已收起慢心，虛心聽取。若是早先慢心尚存之時，想必衝口而出：

師曰：「吾不識文字，汝試取經誦一遍，吾當為汝解說。」〔註43〕

法達即高聲念經，至《譬喻品》，〔註44〕師曰：「止！此經元來以因緣出世為宗，〔註45〕縱說多種譬喻，亦無越於此。〔註46〕何者因緣？經云：『諸佛世尊，唯以一大事因緣出現於世。』〔註47〕一大事者，佛之知見也。〔註48〕世人外迷著相，內迷著空；〔註49〕若能於相離相，於空離空，即是內外不迷。〔註50〕若悟此法，一念心開，〔註51〕是為開佛知見〔註52〕。佛，猶覺也。〔註53〕分為四門，開覺知見、示覺知見、悟覺知見、入覺知見。〔註54〕若聞開示，便能悟入，即覺知見，本來真性而得出現。汝慎勿錯解經意，見他道：『開示悟入，自是佛之知見。我輩無分。』若作此解，乃是謗經毀佛也。〔註55〕彼既是佛，已具知見，

「以無念為宗，無相為體，無住為本。」你我豈不正是如此？

〔註43〕惠能再次強調自己不識字。君可於此有所領悟？

〔註44〕譬喻乃為增進理解，以手指月。

〔註45〕所謂因緣出世，為度人開解而已。如此說來，諸佛諸經，無一不是為此大事因緣。

〔註46〕正如惠能所說多般品類，最終均是以自性、無念、無相出離煩惱為核心。

〔註47〕《法華經・方便品》云：「舍利弗！諸佛隨宜說法，意趣難解。所以者何？我以無數方便，種種因緣，譬喻言辭，演說諸法。是法非思量分別之所能解，唯有諸佛乃能知之。所以者何？諸佛世尊唯以一大事因緣故出現於世。舍利弗！云何名諸佛世尊唯以一大事因緣故出現於世？諸佛世尊，欲令眾生開佛知見，使得清淨故，出現於世；欲示眾生佛之知見故，出現於世；欲令眾生悟佛知見故，出現於世；欲令眾生入佛知見道故，出現於世。舍利弗！是為諸佛以一大事因緣故出現於世。」

〔註48〕所謂大事，度眾生開佛知見。

〔註49〕由於人心在心意識層面的思維特性，必然只會二元對立。

〔註50〕心無所住，隨見隨離，不執著於一法、二法。

〔註51〕意即常人心塞，心門緊閉。若心門開放，使業積外流，即不復留滯，最終潔淨。若閉塞，只會與邪法相應，更增堆積。

〔註52〕諸佛正見。

〔註53〕將神聖的佛具體化、生活化為一種工夫、境界——覺。然而如何覺？其一主動訓練覺，其二自動顯現覺。核心乃在虛化身心，覺性自現。

〔註54〕此四門，即《法華經》中所說的開佛知見、示佛知、悟佛知見、入佛知見。佛者覺也，故而欲求做佛，須將工夫修在「覺」上。

〔註55〕指出一般人的尋常見解：以為自己頂多算是有所修行，活在修行路上，但最終並不能達到佛的境界。如此就將自己置於下乘，背離了佛經教人成佛解脫的用心。說嚴重一點，就是錯解甚至誹謗佛經。

何用更開？〔註56〕汝今當信，佛知見者，只汝自心，更無別佛。〔註57〕蓋為一切眾生，自蔽光明，貪愛塵境，外緣內擾，甘受驅馳。〔註58〕便勞他世尊，從三昧起，種種苦口，勸令寢息，莫向外求，與佛無二。〔註59〕故云：『開佛知見。』吾亦勸一切人，於自心中，常開佛之知見。〔註60〕世人心邪，愚迷造罪，〔註61〕口善心惡，貪瞋嫉妬，諂佞我慢，侵人害物，自開眾生知見。〔註62〕若能正心，常生智慧，觀照自心，止惡行善，是自開佛之知見。〔註63〕汝須念念開佛知見，勿開眾生知見。開佛知見，即是出世；開眾生知見，即是世間。〔註64〕汝若但勞勞執念，以為功課者，何異犛牛愛尾。」〔註65〕

達曰：「若然者，但得解義，不勞誦經耶？」〔註66〕

師曰：「經有何過，豈障汝念？只為迷悟在人，損益由己。〔註67〕

〔註56〕佛是讓眾生來成的，而不是由佛來成。既已經是佛，何必再成。需要成佛的是眾生。

〔註57〕不論說多少名詞，詮釋多少道理，核心都在自性真如之顯現。此即是成佛。

〔註58〕絕大多數人還未意識到，之所以迷失，是自心下意識業力主動與外界相應，即內外開通了相應的信息頻道，不知不覺間被左右。──若反觀即可發現這一問題。

〔註59〕所以才需要佛陀開示佛知見，開啟眾生見性成佛之正見。若覺悟，眾生即與佛一般無二。

〔註60〕於佛而言為開示，是善知識助力，他力；於眾生而言是開啟，為自力。

〔註61〕此處的心邪、愚迷並非道德判斷和身心攻擊，而是指眾生對自身心言行的不知、不覺，陷入本性迷失。當然，也因此可能會做出邪惡、危害他人及社會的事情來。

〔註62〕迷失即開眾生知見，造種種邪惑。

〔註63〕正心：端正修學態度，立起正知見。自性動用，故常生智慧，如此即能觀照自心，斷絕眾生知見而趨於至善。事實上，若未開佛知見，未見自性，根本不可能止惡行善，而只能隨惡墮落。

〔註64〕如開佛知見，就是即世間而離世間，離一切心，出一切相。

〔註65〕如只是以邪迷眾生知見念誦《法華經》，就陷入了自我執，以為念誦就是佛法之全部，正如犛牛只知道愛惜尾巴一樣，以為尾巴就是自己的全部。

〔註66〕從此看來，法達還是未深悟，依然是非此即彼的眾生知見，以為按照惠能的說法，就不該誦經了。「但得解義」也只是口頭之話，若真正解義，當下即知誦不誦經無礙。

〔註67〕經有何過？多聞有何過？財物聲名有何過？是你的「思想執著」在判斷一切物相的是非利害。破除此判斷心，即可世出世間不執於心、物。

口誦心行，即是轉經；口誦心不行，即是被經轉。〔註68〕聽吾偈曰：

> 心迷法華轉，心悟轉法華。〔註69〕
>
> 誦經久不明，與義作讎家。〔註70〕
>
> 無念念即正，有念念成邪。〔註71〕
>
> 有無俱不計，長御白牛車。〔註72〕」

達聞偈，不覺悲泣，〔註73〕言下大悟，而告師曰：「法達從昔已來，實未曾轉法華，乃被法華轉。」〔註74〕再啟曰：「經云：『諸大聲聞乃至菩薩，皆盡思共度量，不能測佛智。』〔註75〕今令凡夫但悟自心，便名佛之知見。自非上根，未免疑謗。〔註76〕又經說三車，羊鹿牛車與白牛之車，如何區別？願和尚再垂開示。」〔註77〕

師曰：「經意分明，汝自迷背。〔註78〕諸三乘人，不能測佛智者，患在度量也。〔註79〕饒伊盡思共推，轉加懸遠。〔註80〕佛本為凡夫說，

〔註68〕如此方為真誦經，真見性。在任何一個領域都是如此，真心修，真心行，即是一行三昧，心物不執，即開佛知見。

〔註69〕心迷而誦《法華》，往往拘執於《法華》字句諸相，被轉；心開悟解，開佛知見，則誦《法華》即是自性中事，方知《法華》原是自性中流出，為詮釋自性而生。

〔註70〕誦經久久不明徹的原因是開眾生知見，執著於心思，故而與真義形成了「仇家」。

〔註71〕何為正？即於一切念而離念。有念，執著於念，即無論善念惡念都障本性，造邪因緣。

〔註72〕白牛車比喻最上乘。最終，不執著於有念、無念，有相、無相，如此才是自性駕馭白牛寶車，開佛知見，隨意出入有無之間。

〔註73〕數十年來虛耗在自我執著中，突然有所省悟，情難自禁涕泣，亦悲亦喜。

〔註74〕所謂「轉」《法華》，旨在說明能夠駕馭心而已，絕非強行去掌握《法華》，而是隨順自轉。在現今眼前，你我要時時警醒，切勿將「心迷法華轉，心悟轉法華」用來炫耀自己的理解。──如此就真的被《法華》轉了。

〔註75〕此為《法華》經句。大意為：佛之圓滿，非獨覺聲聞菩薩所能思議，正如迷人，連自己尚不能自知，何況知其餘眾生、三乘及佛。

〔註76〕然而，見性即等同於佛，佛便可知、可測。法達所悟未徹，依然只靠思量來推測這種邏輯關係，並自評判為非上根。可見，人心之業力慣性，起心動念之間就陷落其中，縱然開悟，稍不留神，又成悟後迷。故須立於純徹之自性位，才真知四聖諸佛境界。

〔註77〕羊車喻聲聞乘，鹿車喻緣覺乘，牛車喻菩薩乘，白牛車喻佛乘。

〔註78〕《法華經》的妙義從來清清楚楚，只是法達乃至我等自己迷失了，故不解其三乘不測佛智，以及三車比喻。

〔註79〕三乘人不解佛智佛境，根源在「度量」，即揣測。法達所用詞，也是下意識的

不為佛說。此理若不肯信者，從他退席。〔註81〕殊不知，坐卻白牛車，更於門外覓三車。〔註82〕況經文明向汝道：『唯一佛乘，無有餘乘若二若三。』〔註83〕乃至無數方便，種種因緣譬喻言詞，是法皆為一佛乘故。〔註84〕汝何不省？三車是假，為昔時故；一乘是實，為今時故。〔註85〕只教汝去假歸實，歸實之後，實亦無名。〔註86〕應知所有珍財，盡屬於

「測」，凡是推想、推測，都是心意識思議，故而遮覆了本性，當然無法進入最深層佛智。人的基本動向就是這樣，凡有一個對象就要思考揣度一番，實際上是陷入了不知覺的「業力」。故而，只要你試著不思善、不思惡，反觀覺照自心看看，馬上會進入生命的另一深層。但是，你看，你又在推測什麼是不思善、不思惡，以及覺照了。——又陷入自身思維意業！不如放鬆身心，感受自心之空無，任心念起伏來去試試！

〔註80〕饒伊：盡他，任意由他。惠能再次延伸講傳，說你等任意放縱身心推想、思維、度量，離正題更加遠了。

〔註81〕佛的一切經旨教言，都為一大事因緣「度人入佛知見」產生，而不是為了度已經成佛者。如果不相信此理，即一念覺悟則自身等佛的道理，那就從「覺」「佛」的位上退出來了，怎麼還能成佛，成正等正覺？此處再次強調，說「覺照見性即是佛」並不是建立一個虛幻的高度，而是一旦真實覺照，一切心即虛幻散除，你就自在，潔淨，處於佛境。只不過受既往業力未淨的支配，偶而還會被影響或迷失，但是隨著這一層面工夫的純熟，你就趨近圓滿。從此意義上講，佛就是不受諸業影響的心空、性淨、圓滿者。凡所見所感，盡皆覺照，不受干擾，你還不是佛？

〔註82〕還是落在「度量」層，本已經在自心覺悟的立意、見解上，卻還想著自己仍在門外，不可能成佛。這就比如已坐上了最究極的白牛車，卻還要去找羊鹿牛車。

〔註83〕此為《法華經‧方便品》語。原文為：「諸佛如來但教化菩薩，諸有所作，常為一事，唯以佛之知見示悟眾生。舍利弗！如來但以一佛乘故，為眾生說法，無有餘乘，若二、若三。舍利弗！一切十方諸佛，法亦如是。」言下之意，既然見性覺悟，就是唯一佛境界，還去猜度懷疑，是受未淨業心的支配。若堅定此一乘知見，當下又立於佛位。

〔註84〕千言萬語，百種譬喻，都是為了破除思維心而立於不思議處，如果去攪在經文譬喻中，立刻就落在思議層，這才是真正的違背經旨，錯解佛意。

〔註85〕羊鹿牛車是之前惠能為讓人理解道理所做的比喻，以手指月，開權顯實。而一乘白牛車，則是直指自性，頓見本性無二、無三，為當下之本真心，即所謂開實顯權。善反觀者，何來權實之說！僅此當下一念清淨無染，空空自在，能顯現一切心相、物相之「無心」。

〔註86〕一切都是入道方便，一旦理解、體證了道，便不會再執著於權實、名實，而是用即有，不用即歸空。這就是《金剛經》中的「筏喻」：過了河，自動就不用「竹筏」了，是自動放棄，而不是讓自己放棄。解說這個道理的時候，我們經常還是在邏輯上來「試圖講得圓滿」，故絕大多數人都還是依文解義，猜

汝，由汝受用，更不作父想，亦不作子想，亦無用想。〔註87〕是名持《法華經》。從劫至劫，手不釋卷，從晝至夜，無不念時也。〔註88〕」

達蒙啟發，踊躍歡喜，〔註89〕以偈贊曰：

經誦三千部，曹溪一句亡。〔註90〕

未明出世旨，寧歇累生狂。〔註91〕

羊鹿牛權設，初中後善揚。〔註92〕

誰知火宅內，元是法中王。〔註93〕

師曰：「汝今後方可名念經僧也。」〔註94〕

達從此領玄旨，亦不輟誦經。〔註95〕

度、思索著說。那還是當下之一乘佛，開佛知見嗎？其實還在此岸，早該重新上竹筏渡河。

〔註87〕 這是未悟、開眾生知見時的思議狀態，還在懷疑，因為沒實證而不信。「我見」還在，就必然只會推想：這一切我有沒有？是不是我的？我的身份是父是子？如此等等。惠能告誡發達不要「用想」，而是要停下心來。

〔註88〕「無用想」，自然息心。這才手捧《法華》，心誦《法華》，自性顯現《法華》。縱然百千萬劫，都不離此本性佛意。

〔註89〕 到此處，法達「度量」「揣測」之心終於停歇，一剎那間見到本心顯現。故作此偈語。

〔註90〕 不悟自心，每念一遍，就形成一遍「我已念《法華》一部」的執念。所有事都是這樣，及至一千部，誦經者心上已厚厚地堆積了一千遍這種「我」觀念了，形成了之後你言行動向的引導力，動輒是「我」，還如何解脫？故而弘忍說「不識本心，學法無益」。法達幸運，遇上了大善知識惠能，在直指本心的開解以後，「執心」息滅，不復迷失，所以說「曹溪一句無」。

〔註91〕 寧：怎麼能。此句就是弘忍「不識本心，學法無益」之意。大意是：不明白出世修行，直指本心頓悟之旨要，怎麼能停歇、息滅累生累世積累起來的「狂亂心」！這是至理，不明本心，只會跟隨著業力走。即使修行，也不過是以修行的名言、面目來增強另一種形相、我執。故而只會越修離道越遠。

〔註92〕 羊鹿牛三車是譬喻設教，便於理解。《法華經》中所演說的初善、中善、後善也是為了顯現內心淨性而隨緣表達。

〔註93〕《法華經》中將三界比喻為受苦受難之「火宅」，一旦如此，眾人又會將世間和出世間對立起來，「以為」世間苦而出世間淨。事實上，此對立心才是真正的煩惱火宅，世間本自圓滿，無苦無不苦。去除此對立心，即無我執。如是，世間一切無不是與法界之王「佛性」相依相生，見相即見性，是法中王之動用！

〔註94〕 念經原來是自性念，念自性。

〔註95〕 識自本性之後，經、心互證，互通，互詮，不相妨礙。並且在清明之中，法達隨緣增廣見聞，習學自度度他之方便善權。

　　僧智通，壽州〔註96〕安豐人。初看《楞伽經》，約千餘遍，而不會三身四智。〔註97〕禮師求解其義，師曰：「三身者，清淨法身，汝之性也；圓滿報身，汝之智也；千百億化身，汝之行也。〔註98〕若離本性，別說三身，即名有身無智；〔註99〕若悟三身無有自性，即明四智菩提。〔註100〕聽吾偈曰：

　　　　　　自性具三身，發明成四智。〔註101〕

　　　　　　不離見聞緣，超然登佛地。〔註102〕

　　　　　　吾今為汝說，諦信永無迷。〔註103〕

　　　　　　莫學馳求者，終日說菩提。〔註104〕」

　　通再啟曰：「四智之義，可得聞乎？」

　　師曰：「既會三身，便明四智。何更問耶？若離三身，別談四智，此名有智無身。即此有智，還成無智。」〔註105〕復說偈曰：

〔註96〕壽州：今安徽壽縣。

〔註97〕不會：不明白，不理解。看千餘遍而不明三身四智，顯然是未用心。我等讀《心經》《壇經》《金剛經》數百遍而不解「自性三昧」者，也定是未用心讀。

〔註98〕聯繫《壇經・懺悔品》中的一體三身自性佛來理解，不從自性的角度看，所謂三身四智，往往成為概念執著。

〔註99〕智為根本，三身為一體之三用、三屬性。

〔註100〕三身因緣而建立，因需要而建立。若見自性，則自然成就三身，也自然有大圓鏡智、平等性智、妙觀察智、成所作智。

〔註101〕三身是自性之功德，發顯為四種智慧。言下之意，三身四智都是自性的不同功德、顯現。

〔註102〕並不是離開見聞覺知而另有三身四智，所謂見性開悟、超然成佛也只是在一切見聞之中。

〔註103〕也只有明瞭自性，識見自性，才可能諦信無疑，真信無疑，否則信也只是道理上信，而非自性層面的確信。

〔註104〕三身四智是唯識學派所推重的理論模式，也是邏輯上具有極高思辨水平的理論形態，但若不明、不識自性，思辨、詮說也不可能得其要領，反倒會變成終日口說菩提而心中無力做到的「馳求」。

〔註105〕所謂「大圓鏡智」，意謂本身如鏡明淨，不動如藏，能照見一切虛幻識象。第八識阿賴耶所藏甚為隱秘，能造種種假相，唯「大圓鏡智」能照見其虛幻。故轉成大圓鏡智，即成佛果。「平等性智」意謂一切眾生平等之根本，清淨之體性，此智慧的特徵是有大慈大悲之現用。因此，即可化盡末那識揀擇思量之患。「妙觀察智」是一切萬法所由生者，能顯用洞見一切能作所作。因第六意識之功用便是思量推求，即使是「觀照」也是刻意作為，屬於智障，轉成「妙觀察智」，一切「作意」便即時消散。「成所作智」是指在一切現量中也

大圓鏡智性清淨，平等性智心無病，〔註106〕

妙觀察智見非功，成所作智同圓鏡。〔註107〕

五八六七果因轉，但用名言無實性，〔註108〕

若於轉處不留情，繁興永處那伽定。〔註109〕

「如上轉識為智也。教中云：『轉前五識為成所作智，轉第六識為妙觀察智，轉第七識為平等性智，轉第八識為大圓鏡智。雖六七因中轉，五八果上轉，但轉其名而不轉其體也。』」〔註110〕

通頓悟性智，遂呈偈曰：

三身元我體，四智本心明。〔註111〕

呈真實義，種種幻化也演變為真如相。「萬法唯真心而生」故，得此真實智，即生真實相。前五識常常限於表象，不知進退，而「成所作智」則是浸潤萬相萬物，五識之所及，莫非真實。故而可圓融一切所作所取之偏。切勿侷限於三身延伸出四智的推論中。準確地說，三身四智的核心都在自性，如果證得自性，即使你不懂三身四智的概念，也在用著三身四智的功能。

〔註106〕大圓鏡智是自性淨寂之用，能如實照見一切有無。平等性智是於一切物相心相不起分別迷失，均見性體，立於性體，故平等無二，無貪嗔癡諸迷失煩惱病。

〔註107〕因自性清淨不動，此心善觀善察，於自性自動照見一切，並非強行用力去推想分析，故稱無功。至於成所作智，眾生平常正是迷失於所作所成之一切物相中。轉成成所作智後，凡所有物相心相，無不成為真心之妙有。故而，成所作智也是大圓鏡智的呈現、功用。

〔註108〕前五識、第八識所造成的已經是果，故須在果上轉。第六、七識所造作的是因，故在因上轉。具體為：轉「八識」為成所作智、妙觀察智、平等性智、大圓鏡智之「四智」。唯識宗對轉識成智的表述經常套用《大乘莊嚴經論》對「四智鏡不動，三智之所依。八七六五識，次第轉得故」的論釋。言下之意，「四智」是真正的不動智慧。具體而言，是第八識轉成「大圓鏡智」，第七識轉成「平等性智」，第六識轉成「妙觀察智」，前五識轉成「成所作智」。

〔註109〕那伽定，被視為等候彌勒佛出世之長定，也須不動心才可做到。如果在轉八識處不動情，不滯於心，就處在「那伽定」中。

〔註110〕此段文字本為後人說明增補，亦錄。然而，最為關鍵者還是如何「轉」的問題。此處從自性出發，結合唯識學說來展開談：第一，止觀。運用各種止觀禪法，深入練習，轉化身心。第二，薰習。既然「真如」是被種種「攝入」雜纏污染，則如所攝入的是善法、淨法，豈非也可逐步驅除污垢，顯現真實？第三，對破。破者，破邪執，破有漏，諸邊破盡，則唯無邊、無中間、無一切相，卻又融攝於一切的大圓鏡智。第四，自性照見，轉識成智。見一切心相、邪迷，則當下轉為清淨。此俱為自性動用，否則不過是從一邊退向另一邊，從一執轉為另一執。

〔註111〕法身、報身、化身原來就是你我的自性本體所化；而大圓鏡智、平等性智、

身智融無礙，應物任隨形。〔註112〕

起修皆妄動，守住匪真精。〔註113〕

妙旨因師曉，終亡染污名。〔註114〕

僧智常，信州貴溪人，〔註115〕髫年出家，志求見性。一日參禮，師問曰：「汝從何來？欲求何事？」

曰：「學人近往洪州白峰山禮大通和尚，〔註116〕蒙示見性成佛之義。未決狐疑，遠來投禮，伏望和尚慈悲指示。」〔註117〕

師曰：「彼有何言句？汝試舉看。」

曰：「智常到彼，凡經三月，未蒙示誨。為法切故，一夕獨入丈室，〔註118〕請問『如何是某甲本心本性』。〔註119〕大通乃曰：『汝見虛空否？』對曰：『見。』彼曰：『汝見虛空有相貌否？』對曰：『虛空無形，有何相貌？』彼曰：『汝之本性，猶如虛空，了無一物可見，是名正見；〔註120〕無一物可知，是名真知。〔註121〕無有青黃長短，但見本

妙觀察智、成所作智也不過是本心所發顯、延伸出來的四個維度的功能。

〔註112〕有此三身四智，也就是有自性之顯現，如此必然是身心內外圓融無礙，一切應事待物都是隨緣任運，不被人、事、心所轉。

〔註113〕在此三身四智之本性境界中，就是最究竟之佛境，如不自知，還要動心去修行，就反而遮蓋了自性顯現。同樣的，這種境界的自然顯現，如還去試圖守住，就又阻礙了真心自性的流動。這就不是「真精」了。

〔註114〕智通說：「多虧師父講解三身四智妙旨，自己才不至於一直陷入在分別妄識之中。」

〔註115〕信州貴溪：約今江西上饒。

〔註116〕大通，僧名。神秀也號「大通」，但此處應非神秀，神秀未在江西一帶活動過。

〔註117〕智常的表現要虛心得多，虛心者更易點化，因其自我執著及拒斥更弱。

〔註118〕只此急切心，便是障道的最明顯因緣。若自見此急切心且放鬆平伏，不正是自性動用？對於智常，三月便已經難以忍受，比起惠能八月踏碓、十五年山中隱藏又如何？果然真禪法是行人之所不能行，忍人之所不能忍。當然，智常未悟，主要原因在於引導者大通，若是明師，智常境況正是點化反觀自照之良機。

〔註119〕某甲：「我」的自稱。如何是某甲本心本性？這是所有修行人的疑問，人們幾乎都認為此身心之外尚存在另一深層身心。

〔註120〕「本性猶如虛空」並不錯，虛空能顯、能容，但如果本性是虛空了無一物可見，你又如何知道有虛空？將此定為正見，實際上是認為虛空就是「無」，這是執著於「無」的邊見，不是正見。正見不執著於有無。如此教人，豈不是引錯了路！

源清淨，覺體圓明，即名見性成佛，亦名如來知見。」〔註122〕學人雖聞此說，猶未決了，乞和尚開示。」

　　師曰：「彼師所說，猶存見知，故令汝未了。〔註123〕吾今示汝一偈：

　　　　不見一法存無見，大似浮雲遮日面。〔註124〕

　　　　不知一法守空知，還如太虛生閃電。〔註125〕

　　　　此之知見瞥然興，錯認何曾解方便。〔註126〕

　　　　汝當一念自知非，自己靈光常顯現。〔註127〕」

　　常聞偈已，心意豁然。〔註128〕乃述偈曰：

　　　　無端起知見，著相求菩提。〔註129〕

〔註121〕不可知論，這是麻木、混沌。反問：既然無一物可知，又是誰知道你無物可知？此處云云，乃是斷見。

〔註122〕將自性本心形容為虛空不可見、無青黃長短等，又說見本源清淨，覺體圓明，實是將其執為「具體的形相」來描繪。也就是說，大通的表述似是而非，未親證自性本體。故而一旦說空，就認為自性空無；一旦說有，又將自性認為是某種清淨、圓明的「體」，如此即是偏向一邊。即使理性上認為自性既有也無，即相離相，其表述也屬於推理猜測。不離心意識，是眾生知見而非如來知見。

〔註123〕師既不明，如何自度度人？自古至今，如何尋求明師一直是個大問題，但是，也不要就輕易下結論身邊沒有明師作為引導。試問，這是一種什麼心理——我執，還是變換面目顯現自己的獨特、高明。實際上，任何一個時代都有明師，之所以你未遇上，是你所學所修的心及精進程度還未達到與明師相應的頻度。切記，多思精進、虛心、不動搖，在你相應問題上就會遇到相應明師。為何？參。如果你當下無念，那你遇到的豈非就是「無師」？

〔註124〕不見一法，隱藏著另一種語言：執著於「無」，同樣是一種知見執念。這種障礙往往比「有」見更隱秘，危害更大，故應深思。

〔註125〕不知一法，如同木石，沉空守寂，是頑空、無記空，更是法執。「守空知」正如執於天宇之中生出的閃電，本應該於虛空中起滅，卻無知無覺，故是無記空，「看不見」一切有無之相。

〔註126〕此類「相似佛知見」，悟迷之間，毫釐錯失，不易辨分。如此錯認，豈能視為解縛之方便真法！

〔註127〕你我應當於一念之間自察所學之失，意識到這一點，就會體悟：原來這就是自性自知。發現所學之失，乃本心靈性之光已然在顯，在用，在照。

〔註128〕當下悟解心開。因智常一心跟著惠能的講解走，心無「有無」之見，故而適時契入。

〔註129〕智常感歎自己無端端地就陷入了「有無」眾生知見中，但實際上那是有原因的，一為自身業根深植，難解難會；二為師父尚未見性、證性，以盲引盲，故以是非有無之眾生知見去求取菩提，此是著「有無之見」。

情存一念悟，寧越昔時迷。〔註130〕

自性覺源體，隨照枉遷流。〔註131〕

不入祖師室，茫然趣兩頭。〔註132〕

智常一日問師曰：「佛說三乘法，又言最上乘。弟子未解，願為教授。」〔註133〕

師曰：「汝觀自本心，莫著外法相。〔註134〕法無四乘，人心自有等差。〔註135〕見聞轉誦是小乘；悟法解義是中乘；依法修行是大乘；萬法盡通，萬法俱備，一切不染，離諸法相，一無所得，名最上乘。〔註136〕乘是行義，不在口爭。〔註137〕汝須自修，莫問吾也。一切時中，自性自如。」〔註138〕

常禮謝執侍，終師之世。〔註139〕

僧志道，廣州南海人也。請教曰：「學人自出家，覽《涅槃經》十載有餘，未明大意，願和尚垂誨。」〔註140〕

〔註130〕情：心意識、私心。寧：怎可。心底執存著求悟之「知見」，怎能超越一直以來的迷失。

〔註131〕當自性覺見、確證了本源自在之心體，則隨緣照見往昔乃至現今的身心流轉迷失。

〔註132〕如果不入祖師室內請教，依然如之前一樣非此即彼，執於兩頭。

〔註133〕三乘：小乘、中乘、大乘，也可是聲聞、緣覺、菩薩乘。最上乘：出離一切言相、修持之佛乘。這一問題即是前文法達所問羊鹿牛三車與白牛車，但惠能的回答不同。且看惠能如何因人、因時而作不同解答。

〔註134〕惠能說：你只管觀照本心，不要迷於外在法相概念。否則遇到陌生概念、理論便迷失得不會解答了。

〔註135〕法是因人而異而建立的，三乘四乘、有乘無乘只是隨緣演化的概念。

〔註136〕惠能只是列舉小中大最上乘，真悟自性者，四乘為一而無分，可小可中可大可最上，無一不是自性真心。

〔註137〕「乘」是看做到了多少，而非口說「最上乘」就是最上乘。

〔註138〕只管自修，於一切時中見自性、守自性，見分別、善分別。此問題已說到這一步，若還不明白，必是辜負了惠能心血。

〔註139〕智常言下早已明白。師徒授受，慧命相續，真情可見。古往今來，師徒猜疑、疏遠、反目者多矣。君可知為何？師非完人，徒更非完人，其授受有道，當是隨緣。故當依法不依人，隨緣不妄作，傳慧命並非續聲名、擴勢力。

〔註140〕切不要對「十年」之期不悟生起輕視，你之未悟，亦因此輕視類業力。眾人都是一樣的，如神秀、惠明、無盡藏、法達、智常、智通等，都是數十年、數千部佛經。而你我呢？從最初的若有所得，到如今的似是而非，半通半不

師曰：「汝何處未明？」

曰：「諸行無常，是生滅法；生滅滅已，寂滅為樂。於此疑惑。」
〔註141〕

師曰：「汝作麼生疑？」

曰：「一切眾生皆有二身，謂色身、法身也。〔註142〕色身無常，有生有滅；〔註143〕法身有常，無知無覺。〔註144〕經云『生滅滅已，寂滅為樂』者，不審何身寂滅？何身受樂？〔註145〕若色身者，色身滅時，四大分散，全然是苦，苦不可言樂。〔註146〕若法身寂滅，即同草木瓦石，誰當受樂？〔註147〕又法性是生滅之體，五蘊是生滅之用，一體五用，生滅是常。〔註148〕生則從體起用，滅則攝用歸體。〔註149〕若聽更生，即有情之類，不斷不滅；若不聽更生，則永歸寂滅，同於無情之物。〔註150〕如是，則一切諸法被涅槃之所禁伏，尚不得生，何樂之

通，不也是倏爾二十、三十、四十年已過。可知為何依然未悟？

〔註141〕也是必然，若未見性，即使是看似較為淺顯的佛理確實也不可能懂。你會說諸法無我，諸行無常，畢竟寂滅。但真正能體證到無我、無常、寂滅嗎？唯自性清淨，才能見生滅而不隨，真正入寂滅靜定。

〔註142〕志道的出發點就有問題，將一切眾生分割為色法二身，這是典型的思維屬性，在理上解，形成二元對立。許多經典都談到有二身、三身、四身，這是身心的不同功用，但讀者如不見性，就容易將其分裂開來理解。

〔註143〕色身確實無常，有生有滅，但僅僅知道這一點還不夠，更應深觀：能見色身無常且不動者是誰？

〔註144〕隨緣解說，「無知無覺」指不被因緣拘牽，並非麻木無知。反而是有知有覺，清明異常，能見自心對色身、法身之一切分別，能見一切萬相之有常無常。

〔註145〕志道的前提是有問題的，尤其是說寂滅就是無知無覺。由此必然發生對待，有二。──根本原因是在心意識界中作業，陷於心念。

〔註146〕真見性者，色身也可淨若琉璃，自然聚合、分散。

〔註147〕志道一直在用思維心來推解色身、法身，並認為法身寂滅是如同木石。事實上，法身確實清淨寂滅，不生不動，但卻是有生機的，流動的，有知有覺，能顯現一切。

〔註148〕在色聲香味觸五蘊層面，生滅屬於常態。

〔註149〕志道的理解表面上看沒問題，但其實是將「體」執為實有，機械地理解為一物生出一物，滅後又回歸於一物。切記：一切因緣生滅，性體覺知而不動。不是物理性的產生、消失，而是一切有無、聚散都顯現在性體中。

〔註150〕聽：約為聽受，聽任，聽解等意。更生：受生，輪轉。志道的大意是：若理解為五蘊輪轉，即成為有情眾生，永遠流轉輪迴，不斷不滅；若不按之輪迴，則回歸於寂滅，永遠不動，沒有生命生成。

有？」〔註151〕

　　師曰：「汝是釋子，何習外道斷常邪見，而議最上乘法？〔註152〕據汝所說，即色身外別有法身，離生滅求於寂滅。〔註153〕又推涅槃常樂，言有身受用。〔註154〕斯乃執恪生死，耽著世樂。汝今當知，佛為一切迷人認五蘊和合為自體相，分別一切法為外塵相，好生惡死，念念遷流，不知夢幻虛假，枉受輪迴；〔註155〕以常樂涅槃翻為苦相，終日馳求。〔註156〕佛愍此故，乃示涅槃真樂。〔註157〕剎那無有生相，剎那無有滅相，更無生滅可滅，是則寂滅現前。〔註158〕當現前時，亦無現前之量，乃謂常樂。〔註159〕此樂無有受者，亦無不受者，豈有一體五用之名？〔註160〕何況更言涅槃禁伏諸法，令永不生。斯乃謗佛毀法。〔註161〕聽

〔註151〕志道所提問題也是大部分受眾心存疑慮的地方，其內容集中在以下三方面：第一，將色身和法身對立起來，認為當色身死亡時，四大分散，只有痛苦。而法身則像木石一樣，沒有感覺。既如此，到底是「二身」中的哪一身在「寂滅」，在感受得到「苦樂」？第二，依然將生命的結構理解為體用關係，「法性」為體，「五蘊」為用。產生生命，是法性起用，生命死亡，則回歸法性。像這樣的話，生命豈不是在永恆的「生－滅－生」中受輪迴？並且，如果生命已經達到涅槃解脫，豈不是進入了無邊的「寂滅」，那與沒有生命又有何區別？最後他失望地說：世間的一切都被「涅槃」所束縛了，連生機都沒有，哪裏來的「寂滅為樂」？第三，認為一切萬物均被涅槃所控制、規定，連生都不能，怎能有樂。其問題在修學中很有代表性，核心是「理解本身」就是心念在動，所以你無論講得多有條理，也只是浮在心念面上來闡述，而非在實際體證境中隨緣表達。自性的境界，恰好是突破意識界、虛空界之後的無所障礙，非意識界、虛空界所能如實解說。

〔註152〕惠能直接批評志道所理解的修習是斷即常之外道邪見，已曲解最上乘正法。

〔註153〕已落入非此即彼的邊見、對待，以為色身之外另有一種實有體相的法身，在生滅之外追求一種如同木石般的寂滅──無記空，常見。

〔註154〕以身心受用之樂去理解涅槃之樂，還在身心感受層上，如何能體證自性涅槃？

〔註155〕眾生眼界，只會認識到五蘊層、體相層、念頭層。

〔註156〕將常樂涅槃錯解、錯修、錯用，導致最終只能陷於苦相。

〔註157〕即前文所說大事因緣。

〔註158〕這就是在自性體上看一切生滅。如此則生滅不再對立，五蘊諸身與涅槃也不再有二，見一切生滅有無而不拘執，更無生滅可滅。凡欲滅生死，求涅槃，便已經在相上求，相上對立了。如此理會，才是真正的寂滅清淨，而非想像中的寂滅。

〔註159〕寂滅現前時，也不執著於種種寂滅、解脫之現量、指標等，如此才是心空無礙之常樂涅槃。

〔註160〕此常樂涅槃寂淨之自然顯現，切不要規定、判斷、對立出是身來受或心來受，

吾偈曰：

> 無上大涅槃，圓明常寂照。〔註162〕
>
> 凡愚謂之死，外道執為斷。〔註163〕
>
> 諸求二乘人，目以為無作。〔註164〕
>
> 盡屬情所計，六十二見本。〔註165〕
>
> 妄立虛假名，何為真實義。〔註166〕
>
> 惟有過量人，通達無取捨。〔註167〕

　　　五蘊來受，而是無受者，也無不受者，自然呈現而已。

〔註161〕涅槃並不禁伏或推促一切法，而是不隨不拒，心體、萬物均以其本有軌道、規律而良性無礙行走。所謂禁伏令永不生者，是心識錯解、邪想，想當然推斷，惠能直接將其視為謗佛法。整體上看，惠能解答的要點有如下幾方面：第一，批評志道的理解是外道斷滅見，執著於現象上的生滅。色身和法身是不一不異的，「寂滅之樂」並不離開色身存在。第二，解釋佛陀建立一套佛教智慧的原因，乃為讓流於「五蘊」生死者得到解脫。而這種解脫的智慧，是不執著於「生相」，也不執著於「滅相」，甚至根本上說，連生和滅都不存在，又去滅什麼？第三，說明「寂滅」為生命之本源，無相無著，是沒辦法用「體用關係」的受與不受來量化的。惠能的語言下藏著一些弦外之音。結合惠能禪的根本點「自性」來看，要解脫生死，就要確證自性本源。而一旦確證自性，就能夠「離相」，所以生滅也就不會影響到個體生命的「當下寂滅為樂」，如此也就「更無生滅可滅」。說白了，志道和尚的問題在於用「知解」來推究生滅的寂滅境。而這，又何嘗不是你我乃至眾生現在的禪修狀態！

〔註162〕真正的大涅槃，不受外緣內因干擾，永遠圓明自淨，寂照萬法，你我也在其中。故而一切佛法，不是自性在不在、涅槃深不深的問題，而是人能體悟到多少層次的問題。

〔註163〕凡愚認為涅槃就是死亡，外道也認為涅槃、死亡之後便什麼也沒有了，這就是斷滅見。未證自性，故而不知涅槃。

〔註164〕二乘人：聲聞、緣覺。無作：不求、不修功德。無作是一種邊見，是重罪。對於追求聲聞、緣覺的二乘人來說，又將大涅槃視為天生就在就有，故人不應求不應修功德，這是邊執。不修不求，你如何脫離？只會在原來的業力漩渦中陷得更深。又修又求，也是邊執，落入思維意識。故應不執著於修不修諸相，隨令涅槃呈現。

〔註165〕《大般涅槃經‧佛母品》中以譬喻列舉了六十二種見，其總類為生滅斷常邊見，盡屬眾生知見，其根源均是凡情執著。以凡情的思維邏輯去推想涅槃自性諸境，表面上雖完全是佛家義理，但正如志道所解，似是而非，貽害無窮。

〔註166〕六十二見乃至一切見，還不是簡單地以假名稱其義，而是對真實義的曲解，妄立名言，如此當然不可能通達真實涅槃果境。

〔註167〕過量人：非常人。只有超越情執、心識，物相、假名等的非同尋常的修行者，才能如實通達涅槃、體證涅槃、詮說涅槃。這類人於一切物相，包括涅槃都

以知五蘊法，及以蘊中我。〔註 168〕

外現眾色象，一一音聲相。〔註 169〕

平等如夢幻，不起凡聖見。〔註 170〕

不作涅槃解，二邊三際斷。〔註 171〕

常應諸根用，而不起用想。〔註 172〕

分別一切法，不起分別想。〔註 173〕

劫火燒海底，風鼓山相擊。〔註 174〕

真常寂滅樂，涅槃相如是。〔註 175〕

吾今強言說，令汝捨邪見。〔註 176〕

不取不捨。此處再追問一句：能否結合自身情況談談如何不取不捨？

〔註 168〕過量人，無取捨，通達涅槃，才能了知色聲香味觸五蘊法之真實，也才能理解五蘊法中的自我、真我，凡俗眾生都是陷在五蘊法當中的。不出離五蘊，如何見證涅槃！請思考：如何出離？

〔註 169〕了知五蘊及人我諸法不實，對待外顯的色聲香味觸等法便心有主見而不迷失。

〔註 170〕五蘊法、諸外相均是虛幻，因緣而有無。對待這一切應當心中明明朗朗，不起凡聖區別、揀擇，如此才不至於陷入名為凡聖至理，而實為眾生知見的「凡聖見」。也須如此，自性才能寂滅常明。

〔註 171〕這是諸修行人經常陷入的地方，表面上無爭，說離一切相而入涅槃，實際上此時此刻卻業心正盛，試圖以思維心來推解涅槃果境。如此而「有心」，故成二邊二際。若無此心，或有此心而照見，則自性涅槃自淨，所謂斷常二邊，以及過去、現在、將來時空三際的執著就不會生起，或生起也能及時照破，不迷執於其中。

〔註 172〕諸根必然要與諸境發生作用，但關鍵是不能被其中生起的「心」「想」而左右。如此內外即不亂。如何不被左右？照見之，化盡之。

〔註 173〕也同上述，分別一切法，但不起分別心，即使起分別心，也即刻覺照，轉識成智。——如此即是自性本心顯用，不是不分別，而是善分別。

〔註 174〕這是對災劫影響自然界、地水火風終將承受因果而毀壞的描述，對人而言，一切災劫集中體現在業火風鼓對身心的摧殘、灼燒，難明涅槃自性。這些業火風災一者使眾生愚昧無作，二者使眾生造災造病。結合現實中人的種種病痛、抑鬱、自殺自殘、傷害他者等現象來看，無不是諸心業造作。明瞭心性，身心瞬間即可整合平衡，良性運行。一切災劫也終將在根源處化盡！

〔註 175〕任他天搖地動、風火之災，唯有真常涅槃寂滅清淨、不動不搖。你我須見自性且立於此中，才有永恆至樂，遠離災禍病痛、生死愚迷。從而一切聚散有無，均見如不見，恒常不染。

〔註 176〕一切言說均屬強言，但惠能的高明之處是以平等清淨心說此語言，以此語言引導志道與自己處於同一頻度，心安無念。跟隨此心，逐漸專念時，往往會

汝勿隨言解，許汝知少分。〔註177〕」

志道聞偈大悟，踊躍作禮而退。〔註178〕

行思禪師，生吉州〔註179〕安城劉氏。聞曹溪法席盛化，〔註180〕徑來〔註181〕參禮，遂問曰：「當何所務，即不落階級？」〔註182〕

師曰：「汝曾作什麼來？」〔註183〕

曰：「聖諦亦不為。」〔註184〕

師曰：「落何階級？」〔註185〕

曰：「聖諦尚不為，何階級之有？」〔註186〕

師深器之，令思首眾。〔註187〕一日，師謂曰：「汝當分化一方，無令斷絕。」

思既得法，遂回吉州青原山，弘法紹化，諡弘濟禪師。〔註188〕

懷讓禪師，金州〔註189〕杜氏子也。初謁嵩山安國師，安發之曹溪參

突然頓入無念清淨處。故正如惠能所說，常用諸根，也常分別一切法，但不起「心想」，而是善用、善分別。如此即是智慧用，是自性涅槃呈現。

〔註177〕惠能最後還叮囑志道，不要又跟著語言進行邏輯分析了，這樣才可能了知涅槃的少許。事實上，師徒相授受間，最屬害而且有效的是彼此調整到心空無念，無推想、無聽受，只管契入師者之所言。也只有如此，才可能當下頓入，了悟自性。原因是當時的「自我」是消失了的。凡有「想」即自我，自我是拒斥一切佛知見及自心呈現的障礙。以我在聽，必無所得。無我而聽，則當下即是自性。

〔註178〕無此心，故能大悟，而非有所悟。

〔註179〕吉州：今江西吉安。

〔註180〕法席盛化：指法脈興盛，度化徒眾頗廣。

〔註181〕徑來：徑直來，直接來。既不需引薦，也無能不能見到惠能之想心。

〔註182〕請教惠能：應當如何做才不會落在階級等差分別？

〔註183〕惠能不直接答而反問：你以往都在修些什麼？

〔註184〕行思說：連最高妙的聖諦之事也不做。

〔註185〕惠能繼續追問：那麼你的工夫落實在什麼層次？

〔註186〕行思回答：連聖諦之事都不做，哪裏還有什麼層次可落？上述幾問幾答，迷者被牽著走，不知所云，而悟者心明如鏡，對答清醒、圓融。

〔註187〕照此言行，行思早已證悟禪旨，只是尋求印證罷了。於是惠能器重行思，讓他做寺院首座，為徒眾們講授禪法。

〔註188〕機緣成熟，行思領師命分化禪脈，悟道之後更還弘揚禪旨、廣度眾生，荷擔禪門。行思後來回吉安青原山，曾被尊為「七祖」。後來其門下衍出曹洞、雲門、法眼三支。

〔註189〕金州：約今陝西安康市漢陰縣。

叩。〔註190〕讓至禮拜，師曰：「甚處來？」〔註191〕

曰：「嵩山。」〔註192〕

師曰：「什麼物？恁麼來？」〔註193〕

曰：「說似一物即不中。」〔註194〕

師曰：「還可修證否？」〔註195〕

曰：「修證即不無，污染即不得。」〔註196〕

師曰：「只此不污染，諸佛之所護念。汝既如是，吾亦如是。〔註197〕西天〔註198〕般若多羅讖，汝足下出一馬駒，踏殺天下人。〔註199〕應在汝心，不須速說。〔註200〕」

讓豁然契會，遂執侍左右一十五載，日臻玄奧。〔註201〕後往南嶽，大闡禪宗，勅諡大慧禪師。〔註202〕

〔註190〕河南中嶽嵩山慧安，也稱老安，為弘忍弟子，惠能同門，貴為國師。當懷讓找到老安，老安讓他來曹溪找惠能參學。

〔註191〕禪機開始。

〔註192〕懷讓如實答：剛從嵩山來。

〔註193〕惠能所問直指向本心，看試懷讓有沒有被「物相」所障。

〔註194〕懷讓說：把它說成是一物已經心有所執，離題萬里，不見真心。

〔註195〕惠能逼問：你那「說不中」的物事還可以修證而得到嗎？

〔註196〕懷讓不動心而答：修證是有的，但污染就不可得了。大意是說自己不執於修或不修，只是要保任不被污染。從中可見懷讓已悟性體。

〔註197〕惠能認可了懷讓，說所謂但莫污染，乃諸佛祖師所修所傳之精要，修學者初見性體後，更要保任護念。這一點上，惠能至今也在做工夫，而懷讓也不例外。言下之意，見性並非一勞永逸，還得時時守護保任。在此角度看，正合自性層面的時時勤拂拭，言行可見。懷讓屬於紮實用功者，極似當初紮實求道、踏實修行的惠能。

〔註198〕一本無「西天」以下二十七字。

〔註199〕般若多羅：菩提達摩的授業師父。讖〔chèn〕：預言。馬駒：各禪門經典中都解釋為馬祖道一。馬祖道一是懷讓的弟子，此處借讖語提升懷讓的地位以及宣揚馬祖道一的神異命運，天降大任。多種《壇經》原本中均無此讖語，當是契嵩等人增入。按此注，則是西天達摩之師預言，懷讓門下將會出現一位縱橫天下，振興禪門的名字中有「馬」之人。歷史上的馬祖道一是四川人，出蜀入湘學法，後居江右洪州，所傳洪州禪遍及天下。馬祖道一大機大用，禪法凌厲活脫。

〔註200〕惠能叮囑懷讓：此語你牢記在心，不用急於傳法，隨緣即可。

〔註201〕懷讓豁然開朗，默默領會。然後在惠能身邊研習、打磨，服侍回報十五年，然後身心工夫純熟臻於玄奧。

〔註202〕懷讓後在南嶽住持傳法，門下衍生出臨濟、溈仰二支。與青原行思門下三支

永嘉玄覺禪師，溫州戴氏子。少習經論，精天台止觀法門。〔註203〕因看《維摩經》發明心地。〔註204〕偶師弟子玄策相訪，與其劇談，出言暗合諸祖。〔註205〕策云：「仁者得法師誰？」〔註206〕

曰：「我聽方等經論，各有師承。〔註207〕後於《維摩經》悟佛心宗，未有證明者。」〔註208〕

策云：「威音王已前即得，威音王已後，無師自悟，盡是天然外道。」〔註209〕

曰：「願仁者為我證據。」〔註210〕

策云：「我言輕。曹溪有六祖大師，四方雲集，並是受法者。若去，

合稱為禪門分燈五家。

〔註203〕永嘉玄覺屬於天台宗傳人，精研天台法門，有著極高的佛學修證工夫。我們不用強行認為他屬於禪宗或是依靠禪才證悟的。天台、淨土諸宗，照樣深奧透徹。「一宿覺」的例子實際上讓我們更清晰地看見了內心的宗派分別——往往是自我維護，以為唯禪為尊。善修學者，正好於此處見心見性。

〔註204〕《維摩經》是佛門各家推重之經典，維摩詰是在家修行成佛的典範。故可知，真正的證道成佛，不分宗派，不分在家出家。

〔註205〕劇談：暢談。再強調一番，佛教各家乃至世界許多學派、教派均通向覺悟，關鍵是「認可某重身份的你」修學、證取到了多少層次。時時說佛教偉大，說禪宗透徹，你我不照樣沒有證果！宗派見非關宗派，而關你我自心分別。當時各宗派之間弟子相互學習乃是常事，玄覺轉來學禪並不能簡單地判斷為禪宗更高妙透徹，如此即落階級、分別。永嘉玄覺很好地做到了天台禪門的融通：見證本性。修學者可多留意玄策此人，歷史文獻中雖然描述不多，但其與人相談時所用方法，實際上已得惠能禪當下即見、中道徹破的精髓。

〔註206〕玄策知玄覺早已悟得佛心妙義。

〔註207〕原來玄覺曾向多人學習，聽學方等部經典而得道。方等經論：「五時判教」之第三。天台智顗認為，按照佛陀說法順序，諸經藏可判分為華嚴時、阿含時、方等時、般若時、法華時五部。

〔註208〕玄覺後來因《維摩詰經》而悟心，但尚未有明師為其印證。此說乃為突出惠能禪。否則試問，當時天台諸明師何曾式微？

〔註209〕威音王為古佛名，玄策說在此佛之前可以自悟自證，但之後就需要諸佛祖師印證了。玄覺雖悟，但還不透徹圓融，相當於聲聞緣覺的果境。佛門也講正宗，但非執於形式，對玄覺而言，則是需要截斷最後半絲。此處並非說玄覺所習所悟是邪道，而是說不徹底圓滿，故才強調師徒心心相印相傳。

〔註210〕玄策出口不凡，玄覺也虛心請求印證。到得此處，進退一念之間，若自認為已經開悟，拒斥教誡，則倒退千里。若虛心容納，則是已無限趨近透徹，只等一刻因緣罷了。

則與偕行。」〔註211〕

　　覺遂同策來參，繞師三匝，振錫而立。〔註212〕

　　師曰：「夫沙門者，具三千威儀、八萬細行。〔註213〕大德自何方而來，生大我慢？」〔註214〕

　　覺曰：「生死事大，無常迅速。」〔註215〕

　　師曰：「何不體取無生，了無速乎？」〔註216〕

　　曰：「體即無生，了本無速。」〔註217〕

　　師曰：「如是，如是！」〔註218〕

　　玄覺方具威儀禮拜，須臾告辭。〔註219〕

〔註211〕玄策自謙，向玄覺推薦師父惠能。修行有所得者，漸起自許慢心者，多需要去求見明師印證、授記。可知為何？

〔註212〕這是禪門參拜的常有路數，有試探、機鋒之意。玄覺繞師三周，不加禮拜，拄著錫杖便站立不動不言。先不忙著評論玄覺，且看此時你我心中生起何念？見否？破否？

〔註213〕沙門：出家修道者。三千威儀：約數，意為要注重種種行住坐臥之儀表；八萬細行：也即要注重八萬四千種細行，以無漏、無失、無迷。

〔註214〕惠能指出玄覺威儀細行不夠，還表現出極大的我慢心，直言其修行還需進一層。按照上下經意，此處玄覺並非真有大我慢，而是與惠能的一種交流方式，而惠能也只是以「我慢」試探我慢，實是「慢我」。見不見？

〔註215〕玄覺不為「大我慢」辯解，而直接將話題引到了生死事大，無常迅速之上。首先，這是因玄覺心中清明，自有主意，不會隨著惠能所試探的「言行陷阱」而跟隨、散亂。答什麼，如何答，隨心而生。其次，歷經多年修行，漸漸純熟，業種所能起的作用已非常有限，玄覺心中已無我慢我執之心，故而一切內外的肯定、否定都輕飄飄來去，與己本性無關。再次，修行最重要的就是解決生死問題，所有一切心相我慢等，不都是陷於生死無常？故玄覺直擊生命問題之核心。從當前各自身邊的修學者包括你我來看，別人一批評或「冤枉」，第一反應就是立刻辯解、反擊，即使不如此，也是心中覺得委屈，暗自埋怨。你覺得問題根源在哪裏？此「心動」不關事件本身或所謂對錯、正義，而是你的「自我」在運作、拒斥。看見沒？

〔註216〕惠能進一步套問：「既然如此，何不修行、體證無生無滅，以了結此無常迅速之患？」惠能步步緊逼，若是心有疑滯者，必然驚惶失措，現出原形。

〔註217〕玄覺順著惠能的話說：「體」就是無生無滅，「了」就已經沒有疾速之說了。直接立在自性層面，不疾不徐，娓娓道來，所出語言，無不是自性之用。

〔註218〕問答之間，惠能已經印可玄覺。

〔註219〕這時，玄覺才認真表現出沙門的威儀，以弟子禮參拜。原來玄覺自性早已具足三千威儀、八萬細行，此時圓融無礙，得法印可，便誠心禮拜，即欲告辭。

師曰：「返太速乎？」〔註220〕

曰：「本自非動，豈有速耶？」〔註221〕

師曰：「誰知非動？」〔註222〕

曰：「仁者自生分別。」〔註223〕

師曰：「汝甚得無生之意。」〔註224〕

曰：「無生豈有意耶？」〔註225〕

師曰：「無意，誰當分別？」〔註226〕

曰：「分別亦非意。」〔註227〕

師曰：「善哉！少留一宿。」〔註228〕

時謂一宿覺。後著《證道歌》，盛行於世，諡曰無相大師，時稱為真覺焉。〔註229〕

〔註220〕惠能頗有不捨，也有再試探、滌淨玄覺之意。

〔註221〕玄覺依然不離自性，說動不動、速不速不關本心。現實修學中，凡問必答表面上合乎道理，其實卻有一個隱性的事實、慣性：你下意識認為就該這樣，而被對方、外緣牽著走，順著你心意識原來的軌道一直陷落。這不是業力是什麼？玄覺不離自性而答，早已脫離這股業力。本性不動，故無疾速動靜分別。

〔註222〕惠能追問：「誰知道你自性不動？」隱含的意思是：說本心不動也是分別，無形中還有本心、俗心，寂靜、動搖的對立。

〔註223〕玄覺反將一軍：「是和尚您認為它在動。」知道心體不動，卻未作分別，只是自知。早已不被動不動、速不速所牽。

〔註224〕此時惠能也感慨說，玄覺已經證見無生無滅的自性，且心不隨內外因緣牽動了。

〔註225〕這是一顆糖衣炮彈，見性不透徹者，必然又陷入「已經證得無生」的沾沾自喜中。而玄覺卻以內心靈明反問惠能：「難道無生無滅還會有作意分別嗎？」若無生無滅有意，則已經因思議而陷入了有生有滅。

〔註226〕惠能再問：「若無思議、妄想，那是誰在分別動不動、生不生？」

〔註227〕玄覺從容不動心：「縱有分別，也是心中自然顯現，清明洞見，善分別，而無有意無意之盲動。」分別不分別，作意不作意，不是見性與否的標準，見性之人，其分別心乃合理合道之世間顯用，是隨緣而生善分別，雖作一切分別而無分別意，心體依然空寂淨赤。

〔註228〕惠能確實很少遇到如此靈活透徹的弟子，遂留之一宿。師徒之間，長久親情固然重要、親密，但心心相印，才是，才真。

〔註229〕君不見絕學無為閒道人，不除妄想不求真。如此一行三昧，才是真修、正修。《證道歌》句句不離本性，在一行三昧中修、無修，行、無行。如此便此心不失，念念明朗。

　　禪者智隍，初參五祖，自謂已得正受。〔註230〕庵居長坐，積二十年。
〔註231〕師弟子玄策，〔註232〕遊方至河朔，〔註233〕聞隍之名，造庵〔註234〕
問云：「汝在此作什麼？」〔註235〕

　　隍曰：「入定。」〔註236〕

　　策云：「汝云入定，為有心入耶？無心入耶？若無心入者，一切無
情草木瓦石，應合得定；若有心入者，一切有情含識之流，亦應得
定。」〔註237〕

　　隍曰：「我正入定時，不見有有無之心。」〔註238〕

　　策云：「不見有有無之心，即是常定。何有出入？若有出入，即非
大定。」〔註239〕

〔註230〕智隍原來是五祖弘忍的弟子，自認為已經得到了大禪定（正受）。智隍的情況
　　　　很有代表性，絕大多數修行者雖然修行數十年，但依然侷限在五蘊層面做工
　　　　夫，如此修法乃是邪修，永遠只會自以為是，也永遠無法證取本心。故知一
　　　　行三昧原來極其高超，直接在自性顯現處修、用。也必須如此，所修才會穿
　　　　透五蘊侷限，去來透徹。

〔註231〕智隍已有二十年的禪定工夫。先不論其有無正受，所有人都一樣，若不見本
　　　　心，所謂二十年只是「近似坐」，不但坐不久，更還坐不深，即使可稍長時間
　　　　端坐，也多是坐入無記空，蒙昧昏沉；另一方面，一旦起坐，日常中必也是
　　　　心亂如麻，貢高我執隨身。

〔註232〕再次注意此處玄策接引勸人之法，實是深得六祖隨見隨破之中道禪意。

〔註233〕遊方：雲遊。河朔：黃河之北岸。

〔註234〕造庵：造訪其寺庵。

〔註235〕玄策開始試探、考教智隍。若依惠能教法，般若行、一行三昧則無刻不在心
　　　　定之境，如此首先便不拘於坐相；其次即使坐禪，也不會以三年五載，十年
　　　　二十年來炫耀工夫，唯定而已。

〔註236〕二十年禪坐，智隍深以為豪的資本，想必已引起過很多人的讚歎。這些機
　　　　緣，你我應對照自身，並重點關注讀此機緣公案時自心的反應，警惕迷失於
　　　　評判中。

〔註237〕玄策逼問：「你所謂入定，是有心入還是無心入？如果定是無心，那麼一切草
　　　　木瓦石類都在入定。如你的入定還有心念，那麼一切有情眾生也在定中。」
　　　　玄策指出了兩種假定，學禪者常或進入麻木無記空之假定，或心亂如麻之假
　　　　坐，又或起坐之後即刻迷失於既有業力中。

〔註238〕智隍極其聰明，知道以二諦圓融之理來中和對立：「入定之時，不見有、無心
　　　　念之對立。」言語之間，證境難藏，原來智隍所說的入定僅限於「坐」相。
　　　　若只限於坐相，肯定也坐不久，坐不深，坐不淨。

〔註239〕是「見不到有無」，還是「見到有無而不跟隨」，這可是有天壤之別，前者乃
　　　　是尋常「打坐」，或是入了「無記空」，而後者是自性之定，自動顯現一切相。

隍無對。良久，問曰：「師嗣誰耶？」〔註240〕

策云：「我師曹溪六祖。」〔註241〕

隍云：「六祖以何為禪定？」〔註242〕

策云：「我師所說，妙湛圓寂，體用如如。〔註243〕五陰本空，六塵非有，不出不入，不定不亂。〔註244〕禪性無住，離住禪寂；禪性無生，離生禪想。〔註245〕心如虛空，亦無虛空之量。〔註246〕」

隍聞是說，徑來謁師。

師問云：「仁者何來？」〔註247〕

隍具述前緣。〔註248〕

師云：「誠如所言。汝但心如虛空，不著空見，應用無礙，動靜無心，凡聖情忘，能所俱泯，性相如如，無不定時也。」〔註249〕

故而玄策說智隍既然不見有有無之心，必是尋常小定。這種定，連入都未入，又何談出！玄策緊接著又破斥「出入」。如有出入，其定必短、必淺，怎談得上深定、大定！

〔註240〕玄策破得智隍無言以對。這是惠能所倡「三十六對法」之中觀對破精要。句句不離中道自性，句句直追智隍思維之心，躲無可躲，退無可退，才發現無可思維、思議處，深有奧秘。良久之後，智隍才發現真禪利劍斬一切有無出入，乃問玄策跟隨誰人學禪。

〔註241〕玄策如實相告：我跟隨曹溪六祖而學禪。

〔註242〕智隍下意識地問：「六祖以何為禪定？」發現沒？智隍還是以舊有的思維慣性來問，最關心「禪定」。言行舉止間，內心如何藏匿得住！智隍忍不住想瞭解六祖禪法的高明奧藏，但實際上，玄策已經在運用，而智隍也已領教過了。

〔註243〕妙湛圓寂：可理解為對此法門極盡一切可能描述之辭，乃如玄妙、精湛、圓融、寂靜等。如如：大可解為是事物心體的本來樣子，無以言表，故用如如。

〔註244〕此句可倒詞序理解：「本」空五蘊，「非」有六塵。——於其中超越，不即不離。以自性之自淨、自寂、不動、不滅、不生之自在。此自在無時無刻不在，一切出入、定亂均是人身心五蘊之動向，故而一切出入、定亂無礙本心。

〔註245〕禪性不住於任何一種相狀，是流動的，出離住心，故見禪性則一切執著自然消散。

〔註246〕心如虛空，但不要將虛空視為一種定量或無限的空間。如此雖在說虛空，其實已經在執著於「空」之一物。

〔註247〕惠能永遠謙遜，稱對方為仁者。

〔註248〕具述前緣：敘述了與玄策相遇相談的因緣。

〔註249〕惠能說：「確實如玄策所言。你只要做到心如虛空，但不著思空、頑空等『空見』，在應用處不凝滯，在動靜處心不被牽拘，在凡聖之情處不滯澀，對自我與外界之反應都泯滅不動心，對於一切性、相都不動不驚。自然就時時定，

　　隍於是大悟，二十年所得心，都無影響。〔註250〕其夜河北士庶聞空中有聲云：「隍禪師今日得道。」隍後禮辭，復歸河北，開化四眾。〔註251〕

　　一僧問師云：「黃梅意旨，甚麼人得？」〔註252〕

　　師云：「會佛法人得。」〔註253〕

　　僧云：「和尚還得否？」〔註254〕

　　師云：「我不會佛法。」〔註255〕

　　師一日欲濯所授之衣而無美泉，〔註256〕因至寺後五里許，見山林

處處定。」智隍所修的問題是能坐禪，卻執於空，並且因此而產生了輕慢自大心。故而惠能從說空處入手進行教誨。然而，對我們而言，如何做到這些教言才是關鍵，這也是《壇經》反覆說了數十遍且通篇都在不同維度解說的核心技術。其前提是「心中空空無一物」。根據惠能給出的方法：如不思善不思惡、懺悔發願、一行三昧、般若行、無念、無住、無相等來仔細理解，且結合自身具體問題以自己的話語歸納、演說出來，看看是否真懂了。而不是翻來覆去只會說這幾句沒吃透的假禪語，說成了空話。若真能心如虛空，必定不著空見，應用無礙、動靜無心、凡聖忘情、能所俱滅、性相如如。反過來也一樣，若能做到「不著性相如如」，自然就是心等虛空。惠能的話，更點出了禪定要旨：必須是心如虛空，無不定時之定，才是真正的禪定，其餘的都只浮在五蘊面上。那麼，如何做？何不空諸所有，隨時訓練覺知、照化，乃至於自然不執一法！如此也就能深定、圓定。

〔註250〕瞬間，智隍二十年來建立的內心對立當下融解，真正立於不二之境來看禪定，之前所學，傾刻轉為自性妙有之智慧。注意，其中也體現了轉識成智的理路。試看能否找出、理清屬於哪一層面的轉識成智。影響：影子、聲響，意為痕跡。

〔註251〕真成道者，天人感應，又有真禪者出世。智隍後來在河北傳惠能禪，河北向來也是禪家寶地。

〔註252〕有僧人問：「黃梅五祖的禪脈，都有什麼人得到了？」這是泛問，旨在突出惠能得法。

〔註253〕會：領會。惠能巧妙回答：「領會佛法的人得。」惠能所得是黃梅弘忍衣法，表明是傳承人，但真修禪者，理當超出宗派團體、衣缽傳承等來看問題。五祖門下，出神秀、慧安、智詵等。我等去翻閱諸人行跡書著，便可發現諸人均一時俊彥，同樣是「會佛法」者，切不要善意或片面地認為只有惠能得法。經中很多事蹟是南宗後人增錄的，自然會有情感偏重。真修禪者，真會禪者，應保持一分清醒，懂得甄別，善分別。

〔註254〕此問者也在對惠能、對大眾設心靈陷阱。

〔註255〕惠能不執著佛法相。於修佛法者，世間最難破的是佛法相，是佛魔。此執著非徹見性而無法破除。

〔註256〕美泉，喻淨。法衣須是美泉濯。

欝茂，瑞氣盤旋。〔註257〕師振錫卓地，泉應手而出，積以為池，乃跪膝浣衣石上。〔註258〕忽有一僧來禮拜，云：「方辯是西蜀人，昨於南天竺國見達磨大師，囑方辯速往唐土。〔註259〕『吾傳大迦葉正法眼藏及僧伽梨，見傳六代，於韶州曹溪，汝去瞻禮。』方辯遠來，願見我師傳來衣缽。」〔註260〕

師乃出示。〔註261〕次問：「上人攻何事業？」〔註262〕

曰：「善塑。」〔註263〕

師正色曰：「汝試塑看。」〔註264〕

辯罔措。〔註265〕過數日，塑就真相，可高七寸，曲盡其妙。〔註266〕

師笑曰：「汝只解塑性，不解佛性。」〔註267〕師舒手摩方辯頂，

〔註257〕欝〔yù〕：同「鬱」，蔥鬱。心物從來相應一體。

〔註258〕雖神異而不必執著。此情此景，完全可作為一種引人入勝、息欲清心的觀想方法，其中充滿生機、法喜，以及靈性流動。

〔註259〕據禪宗文獻史料記載，達摩死於被人下毒，卻死而重生，宗門內盛傳其只履西歸，頗具神異。

〔註260〕此處說達摩的心印、袈裟來自大迦葉，在中土線索為達摩、慧可、僧璨、道信、弘忍、惠能，記為六代。按照方辯的轉述，是達摩大師讓他來禮拜、瞻仰心印法衣的。其中時空交錯，亦幻亦真，心清淨者，不執有無。

〔註261〕惠能於是捧出袈裟給方辯看。經中屢次強調衣法正統有其獨特背景：當時，惠能六祖正宗之說並未穩固，禪門也有推神秀為六祖者。況且按照當時與政權結合的程度來看，神秀一門人才輩出，頗得其勢。南宗的正統地位是神會在安史之亂後滑臺論辯中所爭取到的。本經及經中觀點，多為南宗後學補闕。經中出現的多次南北宗論或神異，均以南宗為勝，故而讀者心中應有主意，主見，如此才不違背惠能所傳禪心。

〔註262〕惠能並不質疑對方的身份、神異，而直接問對方從事什麼。

〔註263〕方辯說自己擅長塑像。

〔註264〕惠能一語雙關，直心直問：「你試著塑塑看。」都不說塑什麼。但依文解義，必定是說，你既然善於塑像，那麼塑我的自性看看。

〔註265〕方辯不知所措，心中揣度、思維開去，不知從何入手。不是惠能為難方辯，而是方辯這類人（現實中有很多），在聽了對方簡單一句話後，立刻想左想右，擔心對方另有深意。尤其是面對學禪者，平平實實，簡簡單單一句話，聽者便認為是有禪機，所以推測開去。如此便不是直心，而是邪心。

〔註266〕數日之後，方辯塑好惠能像，極其逼真，屬於頂級藝術品。

〔註267〕對方辯的一切下意識反應，惠能了然於心。故說：「你只是在塑像上有成就，卻並未見性。」引申到現實中，其實，若悟自性，一切藝術將會有質的飛躍。

曰：「永為人天福田。」〔註268〕

師仍以衣酬之。辯取衣分為三，一披塑像，一自留，一用椶裹瘞地中。〔註269〕誓曰：「後得此衣，乃吾出世，住持於此，重建殿宇。」〔註270〕宋嘉祐八年，有僧惟先，修殿掘地，得衣如新。像在高泉寺，祈禱輒應。〔註271〕

有僧舉臥輪禪師〔註272〕偈曰：

　　　　臥輪有伎倆，能斷百思想。

　　　　對境心不起，菩提日日長。〔註273〕

師聞之，曰：「此偈未明心地，若依而行之，是加繫縛。」〔註274〕因示一偈曰：

　　　　惠能沒伎倆，不斷百思想。

　　　　對境心數起，菩提作麼長。〔註275〕

〔註268〕為方辯授記：「你會永遠享受人、天的福德。」

〔註269〕椶〔zōng〕：棕。瘞〔yì〕：埋。補充說明禪宗衣法的歸宿。

〔註270〕方辯發大誓願，欲來世轉為高僧，在此主持傳法、重建廟宇。據此誓願可知，方辯確實還未解佛性，只在人天福田中耕作修學。若真見性，當時當下頓見真如，無時不在住持此心性道場，所謂來世，隨緣乘願而已。

〔註271〕此乃後世補錄，意在證明方辯果然乘願再來，化為惟先，重建廟宇，掘出前世所埋法衣。至於惠能塑像，則供奉在高泉寺，凡祈禱即能相應。當今廣州六祖寺所奉六祖真身相，據說即依方辯塑像而造。

〔註272〕臥輪禪師的事蹟後難考證。敦煌文獻中曾發現署名臥輪禪師的著述多種，但未見此偈，是否為此處所說者尚待考實。據傳有道高僧摩訶衍曾向臥輪學習，但尚不知兩位臥輪是否為同一人。此偈極有可能是託名臥輪禪師所作，以示種種禪病。

〔註273〕詩偈大意：「臥輪有本事斷除一切思想念頭，對諸境界不起心念，菩提智慧時時刻刻在增長。」你我作為修學者，不要輕易對經、對人、對偈語作出是非高下判斷。所有言論，都是因時因事而有，你不迷失、不判斷，此偈語便無高下是非之分。不信，你換個角度來看看：假如這首偈語是從惠能口中說出，（惠能又不是沒反語說過法，例如給志道、行昌講《涅槃經》常無常等義時。）你的態度就變了。你從自性的角度去理解，不也通達？不要看文字，而要看自心的變化、反應，以及語境。

〔註274〕惠能說：「此偈語並未發明本心，執著於有，而所謂斷除及心不起也屬於無記空、假空，實則是心頭被物相遮蓋而不知。菩提的增長也只是在表層，不是真不增不減的菩提。如果依此去修，必定陷入執障束縛。」

〔註275〕偈語大意：「惠能沒有斷除一切思想念頭的本領，面對外境我心也會此起彼伏，在這種情況下，菩提怎麼增長？」惠能實際上是任心念起伏而靜觀不動，

這個層面的自性哪會增減！當今修禪者常常疑惑於何為一行三昧、無念行、
楞嚴定。這不就是！其核要在於完全開放自己，讓一切心念不阻不塞，自生
自流。如此便自動呈現一個靜觀覺照者。不是你去建立、創造、發掘出來的，
而是你一旦放鬆、開放，自我就消退，給了自性呈現的空間，如此即對境對
心，必不被染。一刻如此，不就當下見性？時時如此，不就一行三昧？這比
起智隍有出有入的禪定如何？再厲害的坐禪也不過幾小時、幾天，而如此讓
心念思想自行流動，卻是時時刻刻身處自性位的永恆大定。

頓漸品第八

時，祖師居曹溪寶林，神秀大師在荊南〔註1〕玉泉寺。於時兩宗盛化，〔註2〕人皆稱南能北秀，故有南北二宗頓漸之分，而學者莫知宗趣。〔註3〕師謂眾曰：「法本一宗，人有南北。法即一種，見有遲疾。〔註4〕何名頓漸？法無頓漸，人有利鈍，故名頓漸。」〔註5〕

然秀之徒眾，往往譏南宗祖師，不識一字，有何所長。〔註6〕秀曰：「他得無師之智，〔註7〕深悟上乘。〔註8〕吾不如也。〔註9〕且吾師五

〔註1〕荊南：湖北荊州。
〔註2〕當時南宗北宗都有較大聲勢，神秀一系實力更加強勁且傳播更廣，主要在中心城市洛陽、荊州等。而惠能一系則主要在邊地，如當時還較為偏遠的廣州。
〔註3〕一直以來，頓漸二分已成慣性，然而人們是否已真的瞭解二宗。真知宗趣者，頓漸平等無別。
〔註4〕問題就出在南北、遲疾之分。這些區分是社會性的集體意識，大家都已下意識地認可了。人的觀念慣性就是這樣：我是禪者，我是儒釋道者，是禪修二十、三十年者；你是剛入門者，你漸我頓，你小乘我大乘。還有，人心的執著會極其隱秘：極力證明和辯解人雖有南北、遲疾，但法卻一宗，本性無異，故我與你無別。──另一層執著而已。
〔註5〕說到底是人心判斷，你可以嘗試闡說一下：如何是你心中的頓漸？藉此看看你的分別心如何運作。
〔註6〕先勿管神秀徒眾如何譏諷惠能不識字，此時正是反觀你我自心的絕佳時機。你我有無因此而為惠能不平？有無因此評判神秀徒眾不識真禪或下根？這就是你我心識的運作，這就是覆蓋真禪的我執。發現沒？你我的心經常「動盪」得與事實無關。
〔註7〕無師之智，比喻純性。在一定層面上，確實只有自修自悟，唯無師之智才是究竟。當然，初入門處，另當別論。
〔註8〕禪被後世徒眾描繪、演繹得超越一切、靈動萬分，似乎是先天俱來、上根利智之事，可恰好忘了惠能是如何辛苦修行、踏實修行、精進修才得法並圓融的。

祖，親傳衣法。豈徒然哉！〔註10〕吾恨不能遠去親近，虛受國恩。汝等諸人，毋滯於此，可往曹溪參決。〔註11〕」

　　一日，命門人志誠曰：「汝聰明多智，〔註12〕可為吾到曹溪聽法。若有所聞，盡心記取，還為吾說。」〔註13〕

　　志誠稟命至曹溪，隨眾參請，不言來處。〔註14〕時祖師告眾曰：「今有盜法之人，潛在此會。」〔註15〕

　　志誠即出禮拜，具陳其事。〔註16〕

　　師曰：「汝從玉泉來，應是細作。」〔註17〕

　　　　凡貪圖簡捷者，妄想一悟即至佛地，出語玄虛者，均難免陷入半弔子，或乾脆禪外說禪說名相，從未進入證得；或僅得一二分，已經見性，卻失於未紮實修行、涵養純熟。不信？且細看禪宗諸多公案，乃至現在之你我及身邊諸人。

〔註 9〕神秀說自己不如惠能，謙虛之外，相對如實。神秀惠能，並未見諸利害爭鬥，而是徒眾間心多事生。

〔註10〕《壇經》作為南宗經典，觀點自然傾向南宗。在記錄《壇經》的過程中，徒眾借北宗神秀師徒之口道出了惠能得「無師之智」，是超越語言文字相的最上根器。惠能識不識字的問題引起了學界的極大興趣，但諸家對該問題的見解還是猜度的成分大些。這個問題的確也關係到禪宗的旨趣，然而禪宗最大的旨趣是離一切語言文字障的圓融妙用。從禪法自身來說，識不識字並不是惠能悟道、傳法的障礙，卻成為當時乃至後世修行者攪動心海的因緣。另外，衣法有無始終還是切中了人心，人心都只認準看得見的物事。不過，六祖繼承衣法確實有名有實。

〔註11〕神秀也希望能與惠能直接交流，習學最上乘以「報國恩」，甚至勸弟子盡可能去往曹溪學習惠能之法。這一層面的禪就顯得純粹多了。師父是共同的師父，弟子是共同的弟子，禪法是共同的禪法。如果止於團體組織，親疏遠近，而相互攻伐、非難、傷害，實在是違背禪法本意了。

〔註12〕神秀言下還是在「聰明多智」層面說禪。當然，我們也是。

〔註13〕此處依然將神秀描繪為心中有不能見光的陰暗角落，礙於身份等原因，卻讓弟子去學法回來轉教自己。這是實情嗎？先別妄下定論，且用心專純習禪。若真如此，志誠所記住而反饋回來的，也只是名言。至理名言，三藏中還少嗎？只是你我見而不見，修而不得罷了。禪若離此分別聰辨心，當下即是，何必去惠能處偷學。

〔註14〕禪的終極形態坦蕩無邪，光明潔淨。如此心中暗藏利害、邪迷，還如何見性！然而如何見？見此邪迷心，不正是自性化用？

〔註15〕極力突出惠能法眼如炬，心明如鏡。事實上，心中潔淨無染，確實可以自動呈現內外一切細微因緣，諸如見他人心、行之類，更是尋常不過。

〔註16〕志誠如實說出盜法緣由，一是為惠能「神通」折服，二是志誠也非奸惡之徒，無可藏處，自然坦誠。

〔註17〕細作：偷盜之徒。惠能從兩宗的某些對立來說志誠，有試探其所修之意。

對曰：「不是。」〔註18〕

師曰：「何得不是？」

對曰：「未說即是，說了不是。」〔註19〕

師曰：「汝師若為示眾？」〔註20〕

對曰：「常指誨大眾，住心觀靜，長坐不臥。」〔註21〕

師曰：「住心觀靜，是病非禪；〔註22〕長坐拘身，於理何益？〔註23〕

聽吾偈曰：

> 生來坐不臥，死去臥不坐。
>
> 一具臭骨頭，何為立功課？〔註24〕」

志誠再拜曰：「弟子在秀大師處學道九年，不得契悟。今聞和尚一說，便契本心。〔註25〕弟子生死事大，和尚大慈，更為教示。」〔註26〕

〔註18〕志誠心既然坦誠，便不自認為是盜法者。

〔註19〕「世事」就是這樣產生、存在的，與你說不說或認為是不是沒有半分關係。志誠也是一語雙關，一說自己既然已經坦明，即非邪迷盜法之徒；二是說自性：「未說的」才是，「說了的」一旦執著，就已經迷失。可見志誠在神秀處習得不少禪理，動輒脫口而出，這正是一般修行者的式樣。

〔註20〕在探明志誠情況後，惠能將話題轉向神秀如何教禪。這等於是與神秀禪的對話。按經中推考，惠能初見五祖時應見到過神秀，也瞭解神秀的修為，但沒發生過直接對話，也不太瞭解當前神秀如何教人。如此詢問，也是以此作為說法入口，為在座大眾隨機講傳。

〔註21〕神秀有《觀心論》等傳世，此處以志誠口說者，似乎有斷章取義之嫌。我們可試取《觀心論》等對比，再作定論。如果僅依此處句意，當是駁斥神秀所教為用強定心，強觀一切猶如守株待兔，長坐不臥則更是以坐為病。

〔註22〕此處的住心觀靜指一般禪修者的禪病，即刻意去捕捉心的動向、起滅，或於靜中觀察一切物相心相。這是修用工夫，但顯然剛好覆蓋了本心。

〔註23〕長坐拘身，能坐是好事，但只重於坐，就容易執迷其中。一行三昧，在任何時候都是輕鬆的、靈動的、流動的。以此而坐，才是自性活禪。以此而行，也才是無相真禪。要明白，惠能乃至禪宗並不否定坐禪，而是否定只知坐相，卻不解自性坐、自性住、自性觀者。此處可再回想前文所說之自性一行三昧，檢驗自己做到了沒！

〔註24〕請注意，這裡是從神秀或世人將禪理解為住心觀靜、長坐不臥的角度來看的，用意是不要拘執於此，若有拘執即不見性。知否？你說出惠能的這首偈語來便又是一種偏執，非此即彼，不見中道。不信你再按照原偈語念一遍，然後自問：「我真體證到了？」真有這種底氣？你我說出來，常常成為狂妄、虛飄、無根的話語。說了這麼多，可知為什麼依然不見性？

〔註25〕惠能從來是自性講傳。不過，若因此就遣責於以前的老師，不但未悟，更增業罪。首先，老師的見性與否及教化方式關係極大，若你真修實參，即使草

師云：「吾聞汝師教示學人戒定慧法，未審汝師說戒定慧行相如何？與吾說看。」〔註27〕

誠曰：〔註28〕「秀大師說，諸惡莫作名為戒，〔註29〕諸善奉行名為慧，〔註30〕自淨其意名為定。〔註31〕彼說如此，〔註32〕未審和尚以何法誨人？」〔註33〕

師曰：「吾若言有法與人，即為誑汝。〔註34〕但且隨方解縛，假名三昧。〔註35〕如汝師所說戒定慧，實不可思議。吾所見戒定慧又別。」〔註36〕

志誠曰：「戒定慧只合一種，如何更別？」〔註37〕

師曰：「汝師戒定慧接大乘人，吾戒定慧接最上乘人。〔註38〕悟解不同，見有遲疾。〔註39〕汝聽吾說，與彼同否？吾所說法，不離自性。

木山石也可促進你悟道，更何況人師，乃至不論佛魔。當然，不見性而將人引向邪道的邪師還是占絕對多數。其次，名師身邊照樣也有人不悟，如佛陀、五祖、六祖等人的弟子，未悟者照樣居多。然而你果真按照老師的教誨紮實認真修學了嗎？故須從師者身上學真禪法，更須從師者處學反觀自心。

〔註26〕經中數次提及生死事大，連志誠也活得焦灼。其實，從古到今，誰人不是生得焦灼迷失，死得恐懼絕望！

〔註27〕行相：模樣、內容。惠能所言，不是指戒定慧有多種差別，而是看個人的體證、理解多少及因緣運用方式之不同。

〔註28〕此處編錄者顯然設定了凡神秀教言均不透徹。已見經中之人心、判斷。

〔註29〕初入門戒是主動不為，終果境戒是自動不為。

〔註30〕善應該包含兩層：其一，隨順世間的諸善；其二，內心淨定無染的至善。

〔註31〕自淨其意為定，語言上也不錯，能做到自淨心中雜染，當然是定。

〔註32〕諸惡莫作，眾善奉行，自淨其意，是諸佛教。與戒定慧聯繫而講，豈有謬誤之理，不過是講傳者、受學者自身能否理解罷了。

〔註33〕此刻志誠內心也認為神秀所教與惠能所教存在差異——預先設定而已。人心就是這樣運作的。

〔註34〕惠能這樣說是針對志誠心中的分別、期待。實際上，所謂法，只是不同語境下的引導方式。

〔註35〕根據不同的實際而用不同方式解決問題，在名言表達上假稱為三昧。

〔註36〕不是語言有錯，上述語言是從古以來的諸祖言教。而是，說話者言語之間必然顯露其所修所達程度。故而惠能說神秀所教三學難以想像、理解，不合諸祖之意，與自己的戒定慧不同。

〔註37〕戒定慧確實只有一種，但理解的人有百千種。程度如何，得不得法，均是差別。

〔註38〕惠能肯定神秀所傳同樣是大乘教法，而自己的則是超越大小乘。

〔註39〕如此可見，惠能的教法並不是給出一些經文或傳統綱要，而是在自性呈現的角度來根據不同的悟解而見、修、行、靈活教化，故而是流動的、靈活的、

離體說法，名為相說，自性常迷。須知一切萬法，皆從自性起用，是真戒定慧法。聽吾偈曰：

心地無非自性戒，〔註40〕

心地無癡自性慧，〔註41〕

心地無亂自性定，〔註42〕

不增不減自金剛，〔註43〕

身去身來本三昧。〔註44〕」

誠聞偈，悔謝，〔註45〕乃呈一偈曰：

五蘊幻身，幻何究竟？〔註46〕

回趣真如，法還不淨。〔註47〕

師然之〔註48〕，復語誠曰：「汝師戒定慧，勸小根智人；〔註49〕吾戒定慧，勸大根智人。〔註50〕若悟自性，亦不立菩提涅槃，亦不立解脫知見。無一法可得，方能建立萬法。〔註51〕若解此意，亦名佛身，亦名菩

有效的。如此也才可能真正符合戒定慧三學。

〔註40〕無非：沒有不符合真心者。不要簡單地理解為不分是非。心中不判斷，不肯定否定：或有而見之、察之、化之。心不被染，自動遵守，才是自性戒。

〔註41〕無癡：也不能簡單地下定義為「無愚癡」，而應看清愚癡的根源，即是「想當然」「我認為」等業根。一旦看清，自性動用、照見，才能不受這第一慣性掌控，從而因時因地生出如實的方法、對策，故為自性慧。

〔註42〕無亂：不跟隨內外因緣而起伏動盪。心依然明、定、淨，才稱為自性定。

〔註43〕做到無非、無癡、無亂，就不再侷限於勤修戒定慧，而是直截在妙用不增不減的自性金剛。

〔註44〕不論是不是相、身、心，或去來、起滅、聚散，都三昧不動，如實顯現自性之戒定慧。

〔註45〕悔謝：悔罪，拜謝。志誠此前動輒出口「未說即是，說了不是」以及對戒定慧的理解，此時已明白均不過是在愚迷心中造作心障。

〔註46〕在色受想行識五蘊幻相上修，如何能夠究竟？

〔註47〕回趣真如：回溯、反觀、化用，立於真如之境趣。法還不淨：原來心在一切法上，還是有法執。言下之意，執於大乘真如，執於戒定慧，執於祖訓諸說，名為大乘，實為相說，於心不淨。

〔註48〕惠能以為然。

〔註49〕神秀所說只是勸人修，且落在五蘊層上修，故說勸小根小智人。

〔註50〕惠能直接在自性用、修的層次上看待戒定慧，故是大根智慧，超越一切根乘分別。

〔註51〕只有將菩提涅槃、解脫知見、大小乘諸法等見障全部除盡，心才會空，才會淨，才會無，才會自性自顯，顯現、創生一切真法。

提涅槃，亦名解脫知見。〔註52〕見性之人，立亦得，不立亦得，去來自由，無滯無礙，應用隨作，應語隨答，普見化身，不離自性，即得自在神通遊戲三昧，是名見性。〔註53〕」

志誠再啟師曰：「如何是不立義？」〔註54〕

師曰：「自性無非、無癡、無亂，〔註55〕念念般若觀照，〔註56〕常離法相，自由自在，縱橫盡得，有何可立？〔註57〕自性自悟，頓悟頓修，亦無漸次，所以不立一切法。〔註58〕諸法寂滅，有何次第？〔註59〕」

〔註52〕在禪宗，乃至佛教，一切見修行的核心均在於虛化、放鬆身心五蘊，讓一切心念自起自流。正如合理開掘渠道，一切有條不紊，而非去證出一個自性橫在心中，也非進入了某種神異顯現的奇境。一旦心念自起自流，所謂的自性便坦坦蕩蕩，不隨境、心，自然呈現、觀照、映顯一切，見一切心而不動不隨。這就是化佛身、成佛智、證佛果、成佛解脫。不論何種名言，你只需緊扣一個自性，體驗其見一切、融一切、處理一切的感覺。結合此意，再提一下惠能的偈語：「惠能沒伎倆，不斷百思想。對境心數起，菩提作麼長？」此乃禪道修學的超高心法。

〔註53〕見性，證性，用性者，不侷限在身心五蘊層，而恰好是見照五蘊之聚散、運作，故而立不立，去或來，均有其氣定神閒在。見性一般有兩層：初層隨見本心，尚受業力影響，還會波動，心之迎拒會有反覆，處於調整階段。終層已經超離紊亂，進入純熟、合自性、合道的階段。此時自性自動，全然調伏。於此境，惠能稱之為無滯無礙、運用隨作的自在神通遊戲三昧。其核心依然是鬆化盡、致虛極。如此才能給自性以呈現的空間、條件，然後整個生命即自動滌蕩、調整身心程序，直至純熟，隨緣而動，隨緣而作。

〔註54〕所謂立不立，是指自性動不動、起不起判斷。不立，並非不建立一切法，一切名言，而是自性不陷入某種概念或去設定某種框架；不是不見外境、不顧事實地只顧自心——如此其實無法真正顧得上自心，而是出離一切主觀所作、妄作、幻作等的主宰，真正空心、純心地與「事實」交流。

〔註55〕自性的形相、屬性，許多都是人為建立的，包括「清淨」「圓滿」，你我要覺察一切判斷，讓其按本來呈現即是，而非按你想像的樣子去規定、作用。也只有如此，才會從最根本處化盡心中各層業積。

〔註56〕再問：何為念念般若觀照？試結合自身情況詳加解說。

〔註57〕不明、不知而立，反是作繭自縛，淪入小道，「觀照」也常被用成了一種「立」。切須有意用之，無意得之。

〔註58〕不立一切法，實則是不能立一切法，立則只陷落在法的層面。問題是一般人因受業感控制，常態是「不得不立」，人就是以隨時判斷、建立的慣性在「立」的。立事，立人，立法，都只不過是名目呈現不同，其本質與「立相」無異。

〔註59〕直入自性，再無他法，若能做到不立一切法，實則已自性綻放，不受五蘊限制。故說無次第。

志誠禮拜，願為執侍，朝夕不懈。〔註60〕

僧志徹，江西人，本姓張，名行昌，少任俠。〔註61〕自南北分化，二宗主雖亡彼我，而徒侶競起愛憎。〔註62〕時北宗門人，自立秀師為第六祖，而忌祖師傳衣為天下聞，乃囑行昌來刺師。〔註63〕

師心通，〔註64〕預知其事，即置金十兩於座間。〔註65〕時夜暮，行昌入祖室，將欲加害。〔註66〕師舒頸就之，行昌揮刃者三，悉無所損。〔註67〕師曰：「正劍不邪，邪劍不正。只負汝金，不負汝命。」〔註68〕

行昌驚仆，久而方蘇，求哀悔過，即願出家。〔註69〕

師遂與金，言：「汝且去，恐徒眾翻害於汝。汝可他日易形而來，吾當攝受。」〔註70〕

行昌稟旨宵遁。後投僧出家，具戒精進。一日，憶師之言，遠來禮

〔註60〕古今之得法者，大多做過高僧的執侍。不排除因能親近而有提攜，但更主要的是親近大善知識、大善法並純熟自心的機會更多。對於志誠，只此朝夕不懈，便是心行合一。若你對待某事能朝夕不懈，何事不精？何事不成？

〔註61〕任俠：任性，快意，豪放，好鬥勇之意。從後文收錢便可刺殺惠能的事件來看，行昌的任俠更多是個不顧後果、不守道義的殺手類別。

〔註62〕南北宗是自動生成？人為判斷而已。古今中外為什麼會生起這類團體性質的愛憎？可細看細思，從中見心、見利害。

〔註63〕從功利角度來說，是否有「正統」之名涉及巨大的利益爭鬥。北宗徒眾擔心惠能擁有衣法被天下人知道而不利於北宗，故雇傭行昌前去刺殺。不必驚奇，凡涉及利害的團體、個人，古今從來如此，不分紅塵世外，乃至天人。

〔註64〕心通：他心通，能知曉他人內心想法。他心通、神足通、宿命通、天眼通、慧眼通為五通。各種神通，在禪定修習過程中經常出現，但多瞬間即逝，或不究竟徹底，因其心性未透徹。徹證徹悟者，方能駕馭神通，彼時乃自性自然呈現，不關心力。或也可解釋為：神為自性，通為顯用，神通即自性佛性的自然顯用。諸佛菩薩即是以神通形式存在的。

〔註65〕放十兩銀子在座間，也是應對危機、度人高招。

〔註66〕行昌趁夜行兇。

〔註67〕如此看來，惠能豈止心通，更有金剛身心之不壞。

〔註68〕惠能在心氣、道義上鎮住了行昌。行昌為錢行兇，其心愚迷邪惡，如無明師指點度化，還將更造罪邪。

〔註69〕行昌被看穿、化解，心中驚恐，放下屠刀，願出家修行贖罪。

〔註70〕攝受：以大慈悲心度化眾生。惠能看出行昌動了真心，為避免自己徒眾報復他，就讓他先悄聲離開，約定以後改變形象再來修學。可知在其餘僧眾無知無覺中，世間許多因緣早已數度變化。

觀。〔註71〕

師曰：「吾久念汝，汝來何晚？」〔註72〕

曰：「昨蒙和尚捨罪，今雖出家苦行，終難報德，其惟傳法度生乎？〔註73〕弟子常覽《涅槃經》，未曉常無常義。乞和尚慈悲，略為解說。〔註74〕」

師曰：「無常者，即佛性也。有常者，即一切善惡諸法分別心也。」〔註75〕

曰：「和尚所說，大違經文。」〔註76〕

師曰：「吾傳佛心印，安敢違於佛經？」〔註77〕

曰：「經說佛性是常，和尚卻言無常。善惡之法乃至菩提心，皆是無常，和尚卻言是常。此即相違，令學人轉加疑惑。」〔註78〕

師曰：「《涅槃經》，吾昔聽尼無盡藏讀誦一遍，便為講說，無一字

〔註71〕宵遁：趁夜晚消失、隱藏。具戒：受戒，精進修行。殺心重罪，非具戒精進而不能消除。禮覲：禮拜、求見。行昌記起惠能的叮囑，就以僧人形象前來拜見。

〔註72〕惠能一直惦記著行昌，希望他早來參修，盡早化盡兇殺業心。

〔註73〕行昌追溯往昔罪業，自認為想要救贖當初罪惡，必然是要出家修行，自度度人。不過，心業、心惑不除，出家何用？修禪何用？又如何能夠度眾生？一旦證見本性，宿昔業惑，滌蕩除盡，如此才談得上傳法度生。

〔註74〕行昌出家以後，用功於《涅槃經》，但目前還不明了常與無常的含義。《涅槃經》中，常與無常是重要宣說內容。一般而言，迷失者經常執於常與無常的絕對對立，依文解義。聲聞緣覺則又經常執於獨立、虛幻之常樂我淨，不識圓融之真常。

〔註75〕一般觀念是：佛性有常，一切分別心、諸法、諸念無常，而惠能恰好反其言而說。惠能說錯了嗎？注意，行昌已經開動腦筋去思維推理了。而你我此時，也無不在辨析惠能行昌所說到底對錯如何。看見了嗎？我們的心就是這樣動的。誰在動？誰看見？

〔註76〕行昌也發現了惠能所說涅槃與《涅槃經》上的表述不一致，他疑惑說：「和尚所說與經文剛好相反。」

〔註77〕惠能心平氣和、從容任運地說：「自己所傳為佛正宗心印，所說正是本乎佛所教言。」

〔註78〕行昌牢記經文所說「佛性是常，一切善惡諸法乃至菩提心義都是無常」。而今惠能卻反過來說，於是行昌更加糊塗了。行昌未能更進一層理解：惠能乃為打破一切有常無常之判斷心、對立心。執於有常無常，如何能於心中無念？無念才能證本性、見真常、用真常、顯無常、離無常。

一義不合經文。乃至為汝，終無二說。」〔註79〕

曰：「學人識量淺昧，願和尚委曲開示。」

師曰：「汝知否？佛性若常，更說什麼善惡諸法，乃至窮劫無有一人發菩提心者！〔註80〕故吾說無常，正是佛說真常之道也。〔註81〕又，一切諸法若無常者，即物物皆有自性，容受生死，而真常性有不遍之處！故吾說常者，正是佛說真無常義。〔註82〕佛比為凡夫、外道執於邪常，諸二乘人於常計無常，共成八倒，〔註83〕故於《涅槃》了義教〔註84〕中，破彼偏見，而顯說真常、真樂、真我、真淨。〔註85〕汝今依言背義，以斷滅無常及確定死常，而錯解佛之圓妙最後微言。縱覽千遍，有何所益？」〔註86〕

行昌忽然大悟，說偈曰：

因守無常心，佛說有常性。〔註87〕

〔註79〕當初惠能為同奉《涅槃經》的無盡藏講「義」而非講「字」，乃是離文字相之涅槃真義，如今為行昌講授，也是同理同心。

〔註80〕惠能進一步開解：如果佛性常在、常顯，哪還有甚麼善惡諸法，以及末法時代歷盡窮劫無人發真實菩提心！

〔註81〕所以，惠能所講的佛性無常，是以正理來說。世人落入無常，不見真常，這是惠能在以無常而說真常。

〔註82〕另外，若一切善惡諸法無常，那為何時時處處都是蒙受生死之苦？如此可知，自性並不能遍一切處，而更是迷失。所以，惠能所說的常是常態，是體現了真正無常苦。正話反說，乃為破除行昌對經意的淺層理解，出離文字、狂心。

〔註83〕凡夫、外道具有四顛倒：執認無常、無樂、無我、無淨為常、樂、我、淨；聲聞緣覺也有四顛倒：執認常、樂、我、淨為無常、無樂、無我、無淨。總為八顛倒。

〔註84〕一般認為，了義是說清說透佛性之教言，而不了義是指說不透佛性真義者。也有的地方認為，「直說」佛性真義者為了義，而「曲說」者為不了義。

〔註85〕凡夫、二乘剛好各執一邊，行昌兩種都占全了。

〔註86〕惠能直言行昌只從文字本身出發，偏執常無常義，不理解佛所說真常是要見真性。唯見性也才談得上看清世間無常幻相。如不見性，一切善惡諸法對你而言就是實有，而佛性反而是不可見之虛無，還憑何說常無常真假？佛之圓妙義，正說、反說、不說均是了義教言。惠能也說過：說不說、立不立均不離自性。

〔註87〕行昌有所省悟：因為眾生執著於無常，有了拘執無常之心，佛才說「佛性為常」；反過來說，假如眾生執著於佛性「有常心」，佛肯定會說「佛性無常」，以破除一切邊見。

不知方便者，猶春池拾礫。〔註88〕

我今不施功，佛性而現前。〔註89〕

非師相授與，我亦無所得。〔註90〕

師曰：「汝今徹也，宜名志徹。」〔註91〕

徹禮謝而退。

有一童子，名神會，襄陽高氏子。年十三，自玉泉來參禮。〔註92〕

師曰：「知識遠來艱辛，還將得本來否？若有本則合識主。試說看。」〔註93〕

會曰：「以無住為本，見即是主。」〔註94〕

師曰：「這沙彌爭合取次語？」〔註95〕

會乃問曰：「和尚坐禪，還見不見？」〔註96〕

師以拄杖打三下，云：「吾打汝痛不痛？」〔註97〕

〔註88〕真禪者，以無破有，以有破無，以中道破有無，隨見隨破，乃至心中不剩一法一見，只淨灑灑，赤裸裸。不理解這種隨緣所破的了義方便，那麼所修所學就如在春池之中尋寶，卻最終選中了劣質碎石。

〔註89〕突然破除，才明白強用功即我執；以佛方便施用，才發現無功可用，一切清淨現前。

〔註90〕原是本來、自然可見，無所得才能流動無滯。這種淨性不是老師傳授給自己的，也不是心中有了個佛性，而恰好是無一物、無所得之時的自淨自流。

〔註91〕惠能為行昌更名為志徹。善用者，更改名字實際上是很好的修持、見性法門。正如清理發願，隨時按照所賦予名字的信息去改變，精進，乃至最終見性證悟。《壇經》中曾多次提到這一點，例如在為法達、志徹、神會等講解時。

〔註92〕玉泉寺是神秀主化的道場，神會曾參過神秀。

〔註93〕惠能對十三歲的小沙彌也稱知識，不起輕視心。他問神會：「得到本來面目了沒？如果得到就認識本心主人公了。」並讓神會談談對禪的理解。

〔註94〕神會衝口即出：「以無住為本。」惠能禪即是突出無住為本、無相為體、無念為宗。神會也說是以無住為本，認為「看見」「能見」者即是主人公。單憑此語，作為讀者確實不易判斷神會所修。

〔註95〕沙彌，已受十戒。惠能從神會言談舉止中看見、看清了其未得本來面目，直接就批評：「你這小沙彌談禪怎如此草率，落入次流！」

〔註96〕神會還在狡辯，想挽回面子，就問：「和尚您坐禪時處在見還是不見境地？」注意，神會的「見不見」問題是接著前文「見即是主」而問的，此處已經對立見不見。不是見不見有問題，而是修學者神會心中只意識得到非見即不見之兩邊。

〔註97〕為教誡神會，惠能直接以拄杖打神會三下，問痛不痛，而不是去接神會的問題。

對曰：「亦痛亦不痛。」〔註98〕

師曰：「吾亦見亦不見。」〔註99〕

神會問：「如何是亦見亦不見？」〔註100〕

師云：「吾之所見，常見自心過愆，不見他人是非好惡，是以亦見亦不見。〔註101〕汝言『亦痛亦不痛』如何？汝若不痛，同其木石；若痛，則同凡夫，即起恚恨。〔註102〕汝向前見、不見是二邊，痛、不痛是生滅。〔註103〕汝自性且不見，敢爾弄人！〔註104〕」

神會禮拜悔謝。〔註105〕

師又曰：「汝若心迷不見，問善知識覓路。汝若心悟，即自見性依法修行。汝自迷不見自心，卻來問吾見與不見。〔註106〕吾見自知，豈代汝迷？汝若自見，亦不代吾迷。何不自知自見，乃問吾見與不見？〔註107〕」

神會再禮百餘拜，求謝過愆。服勤給侍，不離左右。〔註108〕

〔註98〕神會說：「也痛也不痛。」按照一般學禪者的邏輯，肯定又是自性不痛而身心有痛的套路。正如志徹常與無常的對立。

〔註99〕惠能順著神會的話，說自己「也見也不見」。

〔註100〕如此引起了神會的興趣，以為可趁機以機鋒打敗惠能。

〔註101〕惠能語重心長：「見，落實在實處，實見自心之過錯；不見，不是麻木，也不是漠不關心，而是不陷入動輒評判是非善惡。」

〔註102〕惠能直入破斥神會痛不痛：「若感覺不到痛，就是麻木；若硬說自性不痛，就是身心對立，乃假常樂我淨。如果知痛，陷入痛，即是凡夫，必然生起恚憤。」

〔註103〕此處關鍵還不是神會見不見、痛不痛，而是他只認識得到見不見、痛不痛，因而處於非此即彼的生滅見。

〔註104〕神會仍然只處於思維、五蘊層上應對問題。是生滅，是對立。神會就是以這種小聰明來解禪、修禪。

〔註105〕神會被惠能擊中要害，心悅誠服，誠心悔謝。

〔註106〕惠能為神會延伸講解：「心迷，要趕緊虛心求學；心悟，要趕緊精進，證見自性，心中要有主意。你用錯了方向，向外界判斷分別還不自知，這是深度迷失。」

〔註107〕見不見，自心明白，冷暖自知。若自見，則精進修行，自照自明，這是自己的事。你悟了代替不了別人，別人悟了也無法替代你。神會的問題是不從自心出發，卻只從外執求去檢驗問題、質疑別人，以顯示自己的高妙理解。這幾乎是所有修學者的通病。

〔註108〕神會被惠能折服，看到了自己的問題，便百餘拜請求原諒，自此誠心執侍。不過，正如惠能所說，別人的諒解代替不了自己的諒解，還執求別人諒解，

一日，師告眾曰：「吾有一物，無頭無尾，無名無字，無背無面。諸人還識否？」〔註109〕

神會出曰：「是諸佛之本源，神會之佛性。」〔註110〕

師曰：「向汝道『無名無字』，汝便喚作『本源佛性』。汝向去有把茆蓋頭，也只成個知解宗徒。」〔註111〕

祖師滅後，會入京洛，大弘曹溪頓教，著《顯宗記》，盛行於世，是為菏澤禪師。〔註112〕

師見諸宗難問，咸起噁心，〔註113〕多集座下愍而謂曰：「學道之人，一切善念惡念應當盡除。〔註114〕無名可名，名於自性，無二之性，是名實性。〔註115〕於實性上建立一切教門，言下便須自見。〔註116〕」

終歸還是用錯了方向。

〔註109〕惠能考察徒眾：「吾有一物，無頭無尾，無名無字，無背無面。這是什麼？」我們也可以自問。這是典型的參話頭，但絕大部分人還是將之當成了知識問答，或是去思量：惠能描述的是什麼？會不會是以機鋒在考察我？是不是在描述自性？——見自心落入思維否？

〔註110〕張口即出者，便是業力慣性、下意識、第一念。如何見自心，這不就是？神會依舊在心識業感中，爭相回答是佛性。自性若迷，開口閉口皆錯，皆藏不住。你若真悟自性，出與不出，說與不說，均是從容自然，法性流出。

〔註111〕惠能說「無頭無尾，無名無字，無背無面」，旨在堵住修學者的思維，而神會的，堵不住啊！於是再堵：「告訴你無名字，你就喚作佛性，這是在心識層。長此以往，只在心識中修，無法出離。即使僥倖成為名僧，有大道場，也只是從知識上來解禪。」這種人，古今中外，都是主流。從神會身上，看見自己了沒？自見？誰見？如果按照佛學邏輯來理會，惠能問的就是「佛性」，而神會所答也是標準答案。但是，神會的答案形成了一個「固定結構」，實質上已違反了本源佛性的廣漠生機，他當時體悟到的就不是真正的佛性生命力，故被斥為「知解宗徒」。

〔註112〕菏澤寺在洛陽，後來甚至遷入宮中，所以神會號稱菏澤。實際上，後來，神會的修持轉變過來以後，他這類聰明善巧較為發達者即刻就成為了禪門利器，南宗地位在其身上發生了歷史性轉折：第一，安史之亂中賣度牒、籌軍餉，以此得到官方支持。第二，滑臺論辯，擊敗北宗。第三，被官方賜為「七祖」稱號。第四，著作《顯宗記》，立論南禪。

〔註113〕凡成為團體者，問難、攻伐、傷害在所難免，這一切均是個體迷失的延伸、擴大。

〔註114〕自淨心，自悟道，度盡心中十惡八邪。

〔註115〕關於自性，開悟者名不名，說不說，言談舉止中無處不是；不悟者，強為之名自性，也只似是而非。若於此事見自心分別，又何嘗不是已照見自心業感慣性！

諸人聞說，總皆作禮，請事為師。〔註117〕

〔註116〕自性層面上建立的一切教門，都是見性之外顯。當下見心，見性，動用。

〔註117〕諸人心有所動，請事為師。但切記惠能所教是依法不依人，依了義不依不了義；是自皈依，皈依自性三寶，而非皈依某人，某團體。

宣詔品第九

　　神龍元年上元日，〔註1〕則天、中宗詔云：「朕請安、秀〔註2〕二師宮中供養。萬機之暇，每究一乘。〔註3〕二師推讓云：『南方有能禪師，密授忍大師衣法，傳佛心印，可請彼問。』〔註4〕今遣內侍薛簡，馳詔迎請，願師慈念，速赴上京。〔註5〕」

　　師上表辭疾，願終林麓。〔註6〕

　　薛簡曰：「京城禪德皆云：『欲得會道，必須坐禪習定。若不因禪定而得解脫者，未之有也。』未審師所說法如何？」〔註7〕

〔註1〕神龍：唐中宗年號；上元：正月十五。

〔註2〕慧安、神秀，均是弘忍高足，屬國師級別。

〔註3〕古今帝王權貴習佛教、通佛教者多矣，切不可認為王公貴族（乃至商賈平民）等碌碌無為，不解佛教精義。這也是偏見，而且多是習佛者的仇富貴心，輕視心。事實上，學禪修佛，各領域的成功人士多能有所悟入，原因在於這些人往往用心積極、精進、專純，一旦認準，便勇往直前。

〔註4〕二人終究是大師風範，相互推讓。

〔註5〕當時社會還是普遍尊重知識分子、高僧等，至少是有心懷容納。

〔註6〕各人的生命價值選擇不同，可在廟堂鬧市，亦可在山野鄉村。惠能選擇的是終老林麓。

〔註7〕薛簡問惠能：「滿城的禪僧大德都說，想要證得大道，必須坐禪修定。並且那些大德們還特意強調，如果不修禪定，是不可能得到解脫的。您對此看法如何？」一般的理解包括現在的習慣性判斷都是坐禪不能得解脫。這種慣性恐怕應該改一改，並認真體悟惠能禪旨。首先，坐禪也能解脫，只要不偏執於坐禪。坐禪是絕佳的見性、證道輔助。若能長坐、定坐，離禪不遠。其次，見性開悟與坐禪是辯證共進的，若不開悟，定然無法長坐深坐。若不能深坐長坐，你敢說你見性開悟了？再次，不通過深度禪定，你我的身心深層諸業無法化解、根除。故而，關鍵是應如惠能教志徹「常無常」義一般，不要執

-135-

師曰：「道由心悟，豈在坐也。〔註8〕經云：『若言如來若坐若臥，是行邪道。』〔註9〕何故？無所從來，亦無所去。〔註10〕無生無滅，是如來清淨禪。〔註11〕諸法空寂，是如來清淨坐。〔註12〕究竟無證，豈況坐耶。」〔註13〕

簡曰：「弟子回京，主上必問。願師慈悲，指示心要，傳奏兩宮及京城學道者。〔註14〕譬如一燈，然百千燈，冥者皆明，明明無盡。〔註15〕」

師云：「道無明暗，明暗是代謝之義。〔註16〕明明無盡，亦是有盡，相待立名故。〔註17〕《淨名經》云：『法無有比，無相待故。』〔註18〕」

著於任何一邊。執著於坐禪毫無疑問是邊見，但執著於「見性解脫」同樣也是愚迷。

〔註8〕惠能就很肯定地說：「大道是自心悟得的，並不是坐出來的。」「坐」只是禪修的一小部分，試問你能坐多久，坐多深？古今修行者最容易執著於坐的緣故，一是將坐禪理解為禪，二是坐禪容易出現各種異於平常的覺受，容易追逐。但不要因此一說，你又去執求「道由心悟」的「心」了，這同樣是執求。禪宗所謂的「道」，若要體證、趨同，必須是放鬆、放下身心，任其流動才可見、可證。

〔註9〕語出《金剛經》：「如果說如來智慧在坐在臥，這是邪迷見、邪迷修。」也就是說，雖然如來本性顯化為任何一種相，但一旦執於某種具相，哪怕是佛法，你我就堵死了與如來本真的溝通。故稱為邪道。

〔註10〕真正的如來智慧沒有來去生滅。你心一動，一執，就是有來，就是有去。

〔註11〕如來清淨智慧正在諸法空寂處，並沒有固定的某一方式、常態。越清淨，就越能見愚迷，越能顯萬相，故凡所有執，就只虛浮在生死相上，再不障礙真如。

〔註12〕最高明的坐是鬆化寂靜，任一切去來；最高明的禪也是，絕非執於坐臥，而是鬆化致虛，照見念念無滯。不鬆化，照即是「強用」即為執，唯致虛清淨能真照。

〔註13〕心無所證，無所求，連究竟涅槃也無，更何況是禪坐。不思善惡，放下身心，於此體貼禪髓。見性在《壇經》乃至禪宗的修行體系中占很重要的地位，因為只有見性，才可能徹底開悟成佛。禪門一直在討論坐禪與見性的關係。惠能一再強調，見性不等於坐禪，坐禪也並不意味著可以見性。特定情況下，坐禪可能還會對見性的發生起到反作用，唐代張喬就曾說「若言不得南宗要，常在禪床事更多」。

〔註14〕當時學禪習禪蔚然成風，文人、平民乃至宮廷皆在談禪。

〔註15〕然：燃。期冀以此心要點亮眾生心燈。古今之間，幾乎無人不落於各種俗務瑣事，勞心勞力，其中苦厄均是心造。燃其心燈，明瞭造苦、出離之理，勤修善法，心燈即亮。

〔註16〕真正的禪、道、心沒有明暗之說，說明暗，即已落在果之層、心所造層。離此明暗，豈不正是大道本來！

〔註17〕表面上所說「明明無盡」看似是永恆不滅之意，但實際上並未出離分別心相，

簡曰：「明喻智慧，暗喻煩惱。修道之人，倘不以智慧照破煩惱，無始生死憑何出離？」〔註19〕

師曰：「煩惱即是菩提，無二無別。〔註20〕若以智慧照破煩惱者，此是二乘見解。〔註21〕羊鹿等機，上智大根，悉不如是。〔註22〕」

簡曰：「如何是大乘見解？」〔註23〕

師曰：「明與無明，凡夫見二。智者了達，其性無二。〔註24〕無二之性，即是實性。〔註25〕實性者，處凡愚而不減，在賢聖而不增，住煩惱而不亂，居禪定而不寂。不斷不常，不來不去，不在中間及其內外，不生不滅，性相如如，常住不遷，名之曰道。〔註26〕」

是與暗形成對立之「明」，而非禪心本不生滅、本無明暗之明。

〔註18〕比：比量，推演，描述。《維摩詰經》中說：「真佛法、真法性沒有一種可推論可描述的比量，因為其法無二邊，無意識心界之對立。」落在意識心，即便口說佛法佛經，也是有待、有心。

〔註19〕薛簡的問題也和常人一樣，動輒按常理設置明與暗兩種境界。並非世法沒有明與暗的言說方便，而是薛簡第一念就從思維心的角度去建立、推理出既有暗，必有明之對待。故而以為修道出離生死就是以明破暗，以智慧破煩惱。豈不知，若不是無礙之自明、自淨，是無法覺察、照見一切煩惱暗宅的。

〔註20〕煩惱即菩提不是空話。在意識界，煩惱、菩提分屬兩個概念、兩個層次。但在覺用時，見煩惱是見，見菩提也是見；見而心不作分別，才是自性用。在不二自性界，煩惱菩提自生自滅，根本無此分別想，唯有淨赤寂滅之無量清涼。

〔註21〕這是針對薛簡識心而說的。若以智慧去照破煩惱，就是以明止暗，以此念替代彼念，其實質是心識依然熾盛，我執依然獨立。所以是二邊，是有待對立，是二乘見解。

〔註22〕所謂的羊、鹿、牛車、白牛車等各種根基分別，因需要而說，所有分別都是大眾觀念「認為」而產生的。只此「認為」，即是念，即是遮覆。捨此分別後，即是空，連空也出離，煩惱即菩提之自性境才可呈現。

〔註23〕此問題惠能一直在講說，包括此品中的道由心悟、明暗關係。此處薛簡也如尋常大眾，還在五蘊層中，不見、不覺五蘊，故才會問如何是大乘見解。此問題依然設置了大小乘之對立，對立是五蘊的本質屬性。

〔註24〕若以心念揣度，明與無明必然是兩個層面的東西，此即是凡夫見。實際上這只是推測，並非真懂明與無明。對於開悟見性者，一切去來在覺性中，無所判斷，也無分別。故知一切心中問題都是自我觀念所執持出來的，並非事實如此。

〔註25〕「不二」不是強行不去分別，而是事情之本來。同一事物，對你而言有二，對別人而言無二，這說明什麼？所有的觀念、意義、價值都是自我「認為」執取出來的。若離此「認為」，便是甚麼？且住，又再「認為」了！

〔註26〕實性，如實的本性，凡愚者是「心念」阻礙了其呈現，而非消失、毀壞。只

簡曰：「師說不生不滅，何異外道？」〔註27〕

師曰：「外道〔註28〕所說不生不滅者，將滅止生，以生顯滅，滅猶不滅，生說不生。〔註29〕我說不生不滅者，本自無生，今亦不滅，所以不同外道。〔註30〕汝若欲知心要，但一切善惡都莫思量，自然得入清淨

要你心念一停，腦子一停，空覺就出現了。所謂諸賢聖，也不過是善見心念，善覺空無。並非多了個什麼，而只是不被心思觀念所左右。本性絕非一種具體存在的物相，而剛好是無心、無相、無空、無覺。當你描述出一個某某模樣的實性，並非它真有所增減或形相如何，而是你心已經迷於諸念，試圖去描繪、建構一個什麼實體。若是證實性者，僅僅是自在，不去阻礙什麼，對治什麼，分別什麼，也不去建立什麼意義價值或相狀。其實，也須如此，才可能如實覺照一切生滅去來。切記，事物只是事物本身，所有的價值、意義、是非都是人心觀念的「認為」。

〔註27〕薛簡問惠能：「所說不生不滅與外道所說有何不同？」

〔註28〕外道：又作外教、外法、外學。初指自宗以外的一切教派，己為內，他為外。後漸漸附加異見、邪說、不透徹法之義，成為侮蔑排斥之貶稱。此處惠能等用以特指修行有偏失者或斷常諸見，而非斷言、蔑稱除禪之外都是外道。外道內道之說，最見人心。例如，早期印度瑜伽，屢有判別佛教為「外道」之言，而佛教也不失時機地回敬瑜伽諸師以「外道」稱。孰是孰非？這一現象，古今不絕。在當前各家文化精義逐漸爭鳴綻放的開放背景下，我們對待內道外道之分別，著實更應清醒、省思。依然執持內道外道之見者，原因不外如下：第一，只知其一，一無所知。對某種文化極具感情乃至絕對信仰，且對其餘文化系統瞭解不多，故極力強調自己所修所學是正統、真理，而餘者不得真意，當然是外道。第二，屬於話語權、團體利益的爭鬥。內外正邪之爭，在文化團體尤其是宗教團體之間最為突出，凡涉及話語權、利害關係，則往往產生敵視、蔑稱，甚至打擊，自然言必稱對方為外道。第三，通常是所修陷入偏執者的混沌話。動輒判斷別人別家是外道，殊不知這正是我心我執最為熾盛之時。事實上，善修善用者，此際正是見自本性的絕佳時機。真正尊重、敬畏他者，才是自敬、自重，自發顯本心種智。此刻，自己的生命程序才真正開始整合，你將化身為清淨、從容、豁達。故而，何不轉換心力，平靜下來，放鬆下來，靜觀自己言必稱對方外道、劣於自家的下意識，由此而釋放內心歷久以來的負面堆積、挫傷焦灼、力圖證明什麼等種種，以至心中空空，無限輕盈！這一刻，你出離了內外際分，而安居於最深層內心的真實、正道！

〔註29〕一般而言，凡夫所說無實性之斷見，即死了就是滅盡，不再存活，存活著，就顯出還未死滅。而外道所說不生不滅之常見，其本質是在心意識層面來界定、推測、認識不生不滅。具體而言，就是設定出一個永恆不生不滅的實體、境地，以此來破除生滅、超越生滅、對治生滅。這和當時薛簡所問的以暗破明、以智慧破煩惱是同一道理。

〔註30〕惠能所說不生不滅立於自性，自見一切生滅有無而不判斷，或善分別。自性只是自在、自淨、自見一切生滅，故而不在心意識界、斷常界。

心體，湛然常寂，妙用恒沙。〔註31〕」

簡蒙指教，豁然大悟。禮辭歸闕，表奏師語。〔註32〕

其年九月三日，有詔獎諭師曰：「師辭老疾，為朕修道，國之福田。〔註33〕師若淨名託疾毘耶，闡揚大乘，傳諸佛心，談不二法。〔註34〕薛簡傳師指授如來知見，朕積善餘慶，宿種善根，值師出世，頓悟上乘。感荷師恩，頂戴無已。」並奉磨衲袈裟及水晶缽，勅韶州刺史修飾寺宇，賜師舊居為國恩寺焉。〔註35〕

〔註31〕這是惠能禪乃至一切禪法的核要：「但一切善惡都莫思量。」不迎拒，不住隨，既無此心生，則心體清淨無染，湛然常寂。從而生出一切妙用，在無知、無欲、無心之中自存自顯。故而，修行的工夫應指向如何不思善、不思惡。

〔註32〕薛簡終於豁然開悟，帶著這些「心要」還歸朝闕，向武則天、中宗覆命。

〔註33〕不依國主，法事難立。這歷來是教界委曲無奈之說。但事實上，佛法乃為一切心、一切事而生。不必非要獨立於國事之外或依附於國事。這也是觀念分別心。更有甚者，還要強行說明統治者是文殊轉身，所言是佛經；又或硬要體現自己是法師，法王大於人王，法界大於人界。這不就是凡夫外道斷常之二邊心？真見性者，無此分別比較，而只純粹、淨在，因時因事而動，所修所行，為國，為民，為本心而已。

〔註34〕惠能以「疾病」推辭入宮，詔書上便將其比作維摩詰以病為機緣而解說、弘揚大乘不二之法。追問：如何通達不二？但不思善、不思惡，其心自照、自見、自立、自生，即不二法。

〔註35〕武則天詔書稱自己深植善根，有緣恰逢惠能最上乘禪。故賜磨衲袈裟及水晶缽，修廟宇，賜寺名（所謂舊居是惠能廣州新州的故居）。據此可知，武則天深諳王道人道，亦知上乘禪法乃是國家民族的底蘊及幸事，是以包容、扶助、弘揚。

付囑品第十

　　師一日喚門人法海、志誠、法達、神會、智常、智通、志徹、志道、法珍、法如等，曰：

　　汝等不同餘人，吾滅度後，各為一方師。吾今教汝說法，不失本宗〔註1〕：先須舉三科法門；動用三十六對，出沒即離兩邊；說一切法，莫離自性。〔註2〕忽有人問汝法，出語盡雙，皆取對法，來去相因。究竟二法盡除，更無去處。〔註3〕

　　三科法門者，陰、界、入也。陰是五陰，色、受、想、行、識是

─────────────

〔註1〕雖說禪法隨機應變，因緣而說，但還是有一定的路數和根本要求。並且，講傳是最能檢驗所修所學的有效方式。許多自以為習禪有所得的修行者，一旦講傳起來，才知法未吃透，修未到地。最突出的問題是：很多細節，經不起追問；只在學理層面、意識層面勸誡或試圖壓倒求學者，一旦遭受質疑，立刻憤怒、對抗、攻擊；純信仰式的教學。如此連自己也未弄明白，如何傳法救迷？此處惠能不是教死法，而是教說法中應牢牢把握住的核心、本宗。

〔註2〕惠能教法核要：次第一，從三科入手，解說迷失原理。三科即陰界入。人心的迷失不出三科，惠能先以此入手，講清人心在陰界入中的產生、運作、迷失，令修學者於自心問題一明了了，實是法眼慧炬。次第二，運用三十六對法，辨破中邊。以堵絕偏執，不著一邊、兩邊、乃至多邊相，在自性中游弋講說，收放自如。次第三，以自性為視野融通所講。強調凡三科、三十六對，乃至一切法，須是立於自性，不能做成心識邏輯推演。若離自性，即是凡夫葛藤，饒舌戲論。

〔註3〕言下大意：「假如有人向自己問法，應按照對法的基本理路回答，所說從出離『雙邊』圓融來講，去來相互為入手處，最終『兩邊之執』破除殆盡，便再無什麼執持。」如此說法，目的之一，不會跟著別人的問題跑；目的之二，只有如此才能破除問者對某一邊，或心識層的執著。不過，這只是見性後的一些應用技巧方便，如不見性，也無法活用這些方法，反而會深陷其中。

也。〔註4〕入是十二入，外六塵色、聲、香、味、觸、法，內六門眼、耳、鼻、舌、身、意是也。〔註5〕界是十八界，六塵、六門、六識是也。〔註6〕自性能含萬法，名含藏識。〔註7〕若起思量，即是轉識。生六識，出六門，見六塵。〔註8〕如是一十八界，皆從自性起用。自性若邪，起十八邪；自性若正，起十八正。若惡用即眾生用，善用即佛用。用由何等？由自性有。〔註9〕

〔註4〕「五陰」即「五蘊」（色受想行識），「陰」是覆蓋、聚合等義，指心識的蘊積，形成對本心的遮覆。色有外色內色：外色是物質；內色是內心持為實有者，如眼耳鼻舌身意等識。受是心理感受、領受。想是心理活動、心念。行是心理衝動，業力延續性。識是意識存在，乃為前「四陰」之識根。《壇經》在講說五陰時暗含著一個「自性視角」，由自性視之則即五陰而離五陰，五蘊皆空。若不見自性，生命便被蘊積在此五陰結構中無法超離，所以有五陰熾盛、五陰魔之說。

〔註5〕「十二入」也稱「十二處」，「入」是攝入、進入義，「處」指心發生作用處、所指向處。包括外六塵入（色聲香味觸法）、內六門入（眼耳鼻舌身意）。內外是一體對應關係，凡外六塵有所變化，內六門即獲取信息；凡內六門一念動搖，也必連通、指向外六塵。所以才說內外一體無別。凡夫愚迷者，這一過程的發生難以保證清明，故而生命被裹挾著走偏。善修善用者，則於內外十二入動處見心，自性因緣啟用。

〔註6〕「十八界」本質上是「五蘊」「十二入」的細化，乃是生命的內外一體關係以及內外互通、共振原理。迷者陷圍其中，悟者出入無礙。「六塵」（色聲香味觸法）生處，「六門」（眼耳鼻舌身意）即刻收攝，再經「六識」（眼識耳識鼻識舌識身識意識）分辨加工，通過末那識接通、融入，繼而全息等同含藏。生命含藏乃是收存著整個宇宙、物類、民族、家國、個體等一切經驗信息的虛性庫藏。若未見自性，則整個含藏便成為支撐「業惑」發生作用的力量，源源不斷攪亂心地乾坤。若已見自性，則含藏中起作用的就是淨識自性，它會朗照此十八界出入運作的整個過程，並自動理順、整合，任六塵、六門、六識依其本有軌道聚散變化，一切有條不紊。正所謂內外通達，出入無滯，生命唯寂照靜觀罷了。

〔註7〕「自性」的含義隨語境而變，有時為絕對清淨心，有時為有染有淨的含藏識。此處惠能即將自性定義為能含染淨諸法的含藏識。

〔註8〕講述自性造作的基本原理是：心念一動，含藏裏的相應業種、元素就立刻被啟動，運轉起來。啟用了六識，通過六門，與外界六塵，三者而為一體發生了聯繫，形成了「自我」。嚴格意義上講，「自我」包含著六識、六門、六塵，是十八界全體，一動而十八界俱動。這就可以很好地解釋心物關係了。

〔註9〕也就是說，一念心善，即牽動自性善根，而一念心惡，即溝通自性惡業，人心就是如此顯用在世界當中。不過，如何做到一念心善從而得到善用、佛用？牢牢把握住幾點：其一，於日常中勤修禪道，常反省、覺察內心過患，將工夫做在日常。此是根基，無此日常工夫，一念心惡生起時也無力覺見。其二，

對法：

外境無情五對：天與地對，日與月對，明與暗對，陰與陽對，水與火對。此是五對也。

法相語言十二對：語與法對，有與無對，有色與無色對，有相與無相對，有漏與無漏對，色與空對，動與靜對，清與濁對，凡與聖對，僧與俗對，老與少對，大與小對。此是十二對也。

自性起用十九對：長與短對，邪與正對，癡與慧對，愚與智對，亂與定對，慈與毒對，戒與非對，直與曲對，實與虛對，險與平對，煩惱與菩提對，常與無常對，悲與害對，喜與瞋對，捨與慳對，進與退對，生與滅對，法身與色身對，化身與報身對。此是十九對也。〔註10〕

於內心生起善惡諸念時，或追隨於眼前心、物、事時，照見內心之動向、起伏，從而靜觀、照化之。其三，心中一切念，乃至一切能照、能覺、能觀之有為有相法，盡皆覺察，盡皆任其來去流淌。再往深處追溯、探尋，連覺、空、無都不流連，都要破除，最終唯有清淨自在，見而不見，空空自如。也只有在這種境地，才談得上一行三昧，一切善用，乃至楞嚴大定，無出無入。

〔註10〕 以上三十六對法，大類上分為「外境無情五對」「法相語言十二對」「自性起用十九對」三種。如果說「對法」及其思想的出處，則在佛教早期經典中就論述得較多，但對於「三十六對法」之數、之名，捨此《壇經》，之前它處並不見及。可見其對惠能禪法之重要性，當是禪宗作為佛教中土化而在惠能身上的總結、創造。在惠能眼中，凡夫世法的主要問題在於「對立」，也即各執一邊，陷入對某一事物的執著。例如，甲認為正確，乙以為不正確，而丙以為既正確又不正確等等。姑且不論事實本身正確與否，而是當事人的這種「觀念」束縛了自心，所以其所用心就成為「對立」邊見了。處在此邊見中是無法體受自性的。必須要「解用」，才能夠貫通一切經法，出入而離「兩邊」，不再蒙受邊見的束縛。反過來說，三十六對法，掌握好了，其作用就是直接見性。三十六對法不從問題邏輯本身來解答問題，而是靈活多變，並沒有固定答案，是典型的隨方解縛、中觀對破思維。這一點可作延伸理解：首先，三十六對法的根本依據是「自性」，不離自性，所說諸法才是智慧顯現。惠能說：「吾所說法，不離自性，離體說法，名為相說，自性常迷。須知一切萬法，皆從自性起用。」意即不能形成一種觀念，認為三十六對法是「相」，而自性是「性」，在惠能禪法中，沒有這二元對立，三十六對法的成立所要破除者正是這種會讓人偏執一邊的邊見。其次，是方法上的靈活性。三十六對法，從「外境無情五對」「法相語言十二對」「自性起用十九對」三大類別來說教法的豐富與靈活，但並不是說對法果真只有此三十六種。三十六之數，不過是舉例總括而已。在惠能禪法體系中，此三十六對實可以再變化出無數無邊種具體方法。再次，三十六對法目的不在方法本身，而在其得妙用真義。在禪者看來，這些方法教人的反倒是「無所依」，打破那些固定方法，所以是自性

師言：

此三十六對法，若解用，即通貫一切經法〔註11〕，出入即離兩邊。自性動用，共人言語，外於相離相，內於空離空。若全著相，即長邪見；若全執空，即長無明。〔註12〕執空之人有謗經，直言不用文字。既云不用文字，人亦不合語言。只此語言，便是文字之相。又云：「直道不立文字。」即此「不立」兩字，亦是文字。見人所說，便即謗他言著文字。汝等須知，自迷猶可，又謗佛經。不要謗經，謗即〔註13〕罪障無數。若著相於外，而作法求真，或廣立道場，說有無之過患。如是之人，累劫不得見性。〔註14〕但聽依法修行，又莫百物不思，而於道性窒礙。若聽說不修，令人反生邪念。〔註15〕但依法修行，無住相法施。

汝等若悟，依此說，依此用，依此行，依此作，即不失本宗。若有人問汝義，問有將無對，問無將有對，問凡以聖對，問聖以凡對。二道相因，生中道義。如一問一對，余問一依此作，即不失理也。〔註16〕設

　　妙用於「無」的智慧。實際上，如果心有執著，也不可能妙用此三十六對。總之，三十六對雖說是法，卻正是自性動用而對具體法執的破除，是作為一個禪者、明師所應須具備的境界與能力。

〔註11〕有的版本說是「若解用即道，貫一切經法」。然而「通貫」更見其神韻。

〔註12〕著相與著空，這是很普遍的邊見。一般情況下，修行者經常墮在著相一層，而更為隱秘的，則是著空。二者根本道理都一樣，都是心性未澈的表現。著相之人，不解真空，著空之人，往往輕視「有相」，故而造成色空的對立。

〔註13〕此句原文為「不要謗經，罪障無數」，理解起來語義不通，甚至相反，當是歷來編錄者未細顧及之故。此處筆者結合前後文義，加入「謗即」二字，成為「不要謗經，謗即罪障無數」。

〔註14〕著空者最容易犯「不用文字」之偏失。惠能說著空之人是「謗佛經」，如果不用文字，那麼人連說話都不能說了，因為語言也是一種文字相。

〔註15〕百物不思也是一種障礙，最是空頑。如果以這樣的狀態存活，生命也就不見其價值意義了。故而是「邪念」，不是真修行。

〔註16〕三十六對法是《壇經》禪法教學的綱要，並非等同所有禪法。而是說，惠能禪的修學、講傳應以此綱領為總則，這樣就不至於陷入邊見，自誤誤人。然而，到底應如何具體運用三十六對法？惠能作了具體解釋：「但依法修行，無住相法施。汝等若悟，依此說，依此用，依此行，依此作，即不失本宗。若有人問汝義，問有將無對，問無將有對，問凡以聖對，問聖以凡對。二道相因，生中道義。如一問一對，余問一依此作，即不失理也。」意即指點別人修禪時，若別人從「有」的角度問，就以「無」的角度來回答，以「凡」來問，就從「聖」來回答。所有問題都這樣處理。如此首先可以破除修學

有人問：「何名為暗？」答云：「明是因，暗是緣，明沒即暗。以明顯暗，以暗顯明，來去相因，成中道義。」〔註17〕余問悉皆如此。汝等於後傳法，依此轉相教授，勿失宗旨。

師於太極〔註18〕元年壬子，延和七月，命門人往新州國恩寺建塔，仍令促工，次年夏末落成。七月一日，集徒眾曰：「吾至八月，欲離世間。〔註19〕汝等有疑，早須相問，為汝破疑，令汝迷盡。吾若去後，無人教汝。」〔註20〕

法海等聞，悉皆涕泣。惟有神會，神情不動，亦無涕泣。〔註21〕

師云：「神會小師，卻得善不善等，毀譽不動，哀樂不生。〔註22〕餘者不得。數年山中，竟修何道？〔註23〕汝今悲泣，為憂阿誰？若憂吾不知去處，吾自知去處。〔註24〕吾若不知去處，終不預報於汝。汝等悲泣，蓋為不知吾去處。若知吾去處，即不合悲泣。〔註25〕法性本無生滅

者對「邊見」的執著，使其執著觀念遭到否定，引起思考、出離。其次是「二道相因，生中道義」。在各「邊」中，不執於任何一邊，諸邊破盡，智慧自生。

〔註17〕惠能又舉例說明：假如有人問什麼是「暗」，就不應從「暗」本身來回答，這樣會陷入「暗」本身而無法解脫。而應該從「暗」的「對面」——明，來回答這個問題。明和暗直觀看來是相對的，明是「因緣」，暗也是「因緣」，明和暗都是因緣而生，相對而成，明過了就是暗，暗過了就是明。如果只從明暗本身來探討明暗，顯然就只從現象來看現象。從這些因緣而對破，就可以感受到中道義，即自性智慧。對於所有教法，都應該以同樣的智慧去處理疑問。

〔註18〕太極：唐睿宗年號。

〔註19〕真禪者於生死間明瞭，可預知並妥善處理好死亡後事。佛有一名號善逝，意即能夠很好地處理死亡，超越而涅槃往生。

〔註20〕惠能還是師者心切，希望弟子能夠在自己住世時多問多修乃至最終證取自性，否則自己往生後，諸人更難親近頓門善法。

〔註21〕禪者也是人，情深意篤處，更加純粹。不過真見性者，縱使悲慟也自清醒，甚至知師父最終去處，反而欣慰，不悲不慟。

〔註22〕神會歷經眾緣，儘管年少，但已證得善不善無分別自性境。惠能的涅槃，盡在神會心中聚散如實。此境界毀譽不動，哀樂不生。自性定不就這樣？永恆！寂在！淨定！

〔註23〕惠能批評其餘悲泣者在生死面前即沒了主意，失了清淨，數年山中所修，並不徹底、堅固。

〔註24〕所謂去處，是回歸清淨自性。惠能於生死處解脫，明瞭生死的最終歸趣乃形質易換而已。六祖所修，已能夠選擇、掌握滅度時之去向。

〔註25〕其餘諸人，應當只是從道理上知生知滅，卻未實證。或者是依然心有凡情，

去來，汝等盡坐，吾與汝說一偈，名曰真假動靜偈。〔註26〕汝等誦取此偈，與吾意同，依此修行，不失宗旨。」〔註27〕

眾僧作禮，請師說偈。偈曰：

一切無有真，不以見於真。〔註28〕

若見於真者，是見盡非真。〔註29〕

若能自有真，離假即心真。〔註30〕

自心不離假，無真何處真？〔註31〕

有情即解動，無情即不動。〔註32〕

若修不動行，同無情不動。〔註33〕

若覓真不動，動上有不動。〔註34〕

不動是不動，無情無佛種。〔註35〕

不捨惠能。而今也是，處理死亡後事時，只知道悲慟嚎啕，甚或佯裝痛哭。如此自己迷於其中不說，還攪亂了亡者中陰的明白心。禪者的解脫生滅又稍有不同，是示法、示滅、示寂，弟子若依然不悟，師者豈不痛心遺憾。如洞山良价滅度時，本已離去，見諸弟子愚迷大哭，遂又回神而來大罵一番，又示法七日，辦愚癡齋，方才重新滅去。是知真禪者之生滅，何其灑脫！今世所謂生命關懷、臨終關懷，可不借鑒乎！

〔註26〕根據弟子的情況，惠能再從五蘊、三科層面直入說真假動靜。然而自性本已無生滅去來，更無真假動靜，只照見一切唯心、唯三科五蘊造出。

〔註27〕惠能也只能反反覆覆講，許多弟子聽來聽去是同一種內容，依然不知發生了什麼。不過這就是眾生境況，禪者也只能無休止地講傳，機緣成熟時，總會逐漸有人於無所得處傳來好消息。

〔註28〕一切都是虛幻，不能將所見認為是真。

〔註29〕若將所見執著為真，這種「見解」和所見就已完全落在了真假對立層面、心識層，故而不真。

〔註30〕如能體認自性本真，即能離一切假相、心所造相，如此即是見真心、用真心。

〔註31〕自心若不離假相、心所造相，哪來的本性呈現！哪來的見一切物相而自性依然保持自真性！

〔註32〕有情眾生是以動為特徵的，而無情才不動。

〔註33〕若禪修是修不動之心、之行，那就與無情眾生一樣了。惠能再次強調，修行，乃至自性本心都是流動的，有生機的。

〔註34〕如去尋找、見證真正不動不搖者，將會發現一切動靜之外，自有如如不動之自在境。

〔註35〕如僅僅將「不動」理解為印象、感受、物理上的不動，那就是如同無情，不具、不見此成佛之種子性。

　　　能善分別相，第一義不動。〔註36〕

　　　但作如此見，即是真如用。〔註37〕

　　　報諸學道人，努力須用意。〔註38〕

　　　莫於大乘門，卻執生死智。〔註39〕

　　　若言下相應，即共論佛義。〔註40〕

　　　若實不相應，合掌令歡喜。〔註41〕

　　　此宗本無諍，諍即失道意。〔註42〕

　　　執逆諍法門，自性入生死。〔註43〕

　　時，徒眾聞說偈已，普皆作禮，並體師意，各各攝心，依法修行，〔註44〕更不敢諍。乃知大師不久住世。〔註45〕

　　法海上座，再拜問曰：「和尚入滅之後，衣法當付何人？」〔註46〕

　　師曰：「吾於大梵寺說法，以至於今抄錄流行，目曰《法寶壇經》。〔註47〕汝等守護，遞相傳授。度諸群生，但依此說，是名正法。〔註48〕

〔註36〕 分別心是心意識界的迷失，但善分別一切則是自性之動用。不被境轉，不被相迷，才是第一義不動。

〔註37〕 如真能認識到於一切相、分別中第一義不動，就是自性真如之顯用。

〔註38〕 惠能告誡各學道者，努力修行須用真心，否則永遠只在心識五蘊十八界上修。

〔註39〕 千萬不要已身處大乘佛門，卻還在諸法諸相中執吝生死分別、愚迷心智。

〔註40〕 如能在我所說處有所體悟，有所相應，即是在共同說真佛真自性之勝義。

〔註41〕 如不能相應，也應合掌令大家生起歡喜心，退求其次。實際上，若不見真性真義，其歡喜也只是意識層或感受層的好惡而已。

〔註42〕 此頓門禪本無對立或可諍可疑處，若眾人在其中產生諍論、排斥，那已經不在禪中，不在自性中，而在自我意識中。

〔註43〕 爭鬥、拒斥、對立禪法之優劣是非高下，絕非禪法有問題，而是你一念心惡，已使自性生命墮入了生死分別間。

〔註44〕 經書如此記錄而已，若真能各各攝心，依法修行，便是惠能的心血沒有白費。事實上，如果真能懂惠能偈語意，何必攝心，又何必依法，即刻便能見諸心念之動亂，更無有修無修。這也是弘忍、惠能一直在灌輸的「不識本心學法無益」。實則是「不用本心，修也無益」。

〔註45〕 不久住世：很快就離世。只此「不敢」，便可知徒眾中更多人還是未明自性。真見自性者，見敢不敢、諍不諍，乃至無敢不敢，無諍不諍。

〔註46〕 按照慣例，當要選定一位傳衣缽正法者，法海也是無私心、唯真心者。一般人對此問題避嫌唯恐不及，豈會當眾詢問。當然，此問另有一層深意：為大眾設置此問題，然後引出衣法不再傳後的事實定論。

〔註47〕 《壇經》的出世、形成因緣原來都是在大梵寺講傳。

今為汝等說法，不付其衣。蓋為汝等信根淳熟，決定無疑，堪任大事。然據先祖達磨大師付授偈意，衣不合傳。〔註49〕偈曰：

　　　　吾本來茲土，傳法救迷情。

　　　　一華開五葉，結果自然成。〔註50〕」

師復曰：「諸善知識！汝等各各淨心，聽吾說法。〔註51〕若欲成就種智，須達一相三昧、一行三昧。〔註52〕若於一切處而不住相，於彼相中不生憎愛，亦無取捨，不念利益成壞等事，安閒恬靜，虛融澹泊，此名一相三昧。〔註53〕若於一切處行住坐臥，純一直心，不動道場，真成淨土，此名一行三昧。〔註54〕若人具二三昧，如地有種，含藏長養，成熟其實。〔註55〕一相一行，亦復如是。〔註56〕我今說法，猶如時雨，普

〔註48〕惠能叮囑：「要好好珍惜守護《壇經》，代代流傳。修行度人，要依據此經所演說，如此才是正法。」應善解其意，此中所謂正法，並非《壇經》之名言，也並非唯此為真，而是師師傳付，心心相印，離一切相的自性本心，捨此均非正法。

〔註49〕不傳衣法原因如下：第一，達磨有「一花開五葉，結果自然成」之說，結果已達成，不許再傳法衣。第二，弘忍說過：「衣為爭端，止汝勿傳。」這是較為現實中肯的說法。第三，惠能所傳徒眾已經有眾多開悟者，都有資格傳衣缽，不用再單傳法脈。

〔註50〕此偈語不知是否為託名所作，按照偈義，達摩是說：「我來東土，乃為傳禪法救度愚迷眾生。待到此禪之花開放為五葉，延傳五代，禪法興盛，融入東土眾生血液，我的預期禪果就生根達成了。」

〔註51〕這是惠能引導禪修尤為重視的步驟：第一，先淨心，空心，不思善不思惡；第二，專心，一心聽說法，也不作思量，而直下心心相應。細體會，做到這兩點，哪還用得著另外去修。

〔註52〕一相三昧：三昧心中一切相自生自成，自滅自無，相即是心，無真假性相之分別。此處強調須以一相三昧、一行三昧來修，否則都只是在分別心上作分別修、修分別，在思維心上思維修、修思維，永劫不可見性，不可成一切種智。

〔註53〕一相三昧不是否定相，去對相作出揀擇分別、取捨、利害等執隨之事，而是心無所動，安閒恬靜，虛融淡薄，寂照其成壞聚散。如此，相就是相的本來面目，相就是三昧自身，更無那許多般人為添加的意義價值。

〔註54〕一切行住坐臥，此心虛化，無可執無可礙，純一直心，本心不動、淨在，此之謂一行三昧。

〔註55〕若能具足此二種三昧，就同在心地中種下佛種，耐心澆灌、保任、養護，結果自然成就。這是從修用一體角度來說的。按邏輯推理，一相三昧、一行三昧是自性呈現的結果，是用，非真心顯現而無以成兩種三昧。但是，有修學者的三昧工夫還未純熟，其中難免有因業惑而重新墮入心識者。故要含藏長

潤大地。汝等佛性，譬諸種子，遇茲沾洽，悉得發生。〔註57〕承吾旨者，決獲菩提。依吾行者，證妙果。〔註58〕聽吾偈曰：

心地含諸種，普雨悉皆萌。〔註59〕

頓悟華情已，菩提果自成。」

師說偈已，曰：「其法無二，其心亦然。〔註60〕其道清淨，亦無諸相，汝等慎勿觀靜及空其心。〔註61〕此心本淨，無可取捨。各自努力，隨緣好去。〔註62〕」

養，耐心陪護。

〔註56〕 一相三昧，是從相上、現量上入。即見、即用自性，便無真相假相之說而處處見真心，用真心。一行三昧，則是從一切行住坐臥中入，直心直用，也須是真心顯用。故二者一體無別，凡欲推考異同者，且看看自家當下心念。見三昧否？

〔註57〕 惠能譬喻自所說法為法雨，給眾弟子提供水份生長。確實，師長的教誨雖不可缺，但也只能是引導、助緣。至於證道，還是得親歷、親證，否則你我永遠只會說「我的老師如何高明」「佛經禪法如何透徹」，而自己的本性卻依然迷失在一切教言中。

〔註58〕 能夠傳承惠能禪，依據其教言而踐行，就已經是自性定、自性用、證菩提、得妙果。此刻最應該關注的是，我們能否根據自身情況活用惠能所教，從而理清如何具體去做。人心的基本情況都一樣，說了，做了，但馬上就忘了；聽受了，理解了，卻不會保任、純熟。到頭來一切似是而非，只會在心識、空執中說。若能細行祕行，惠能禪旨，何慮不得！惠能開篇即說：「菩提自性，本自清淨。但用此心，直了成佛。」真能嚴格按照惠能教言來做，又何必在此處反覆折騰、思維。故而，修學，一定要結合自己的情況，吃透教法，然後踏實修行，做實身心工夫。否則再修三十年，也不過是個相似覺、相似悟。

〔註59〕 心為地，內中有魔種、佛種等，若施以法雨，則佛種萌芽。當頓悟之花綻放，菩提之果自然結成。

〔註60〕 法就是法本身，若有二乘，便是你自己分別取捨心，是眾生知見。心也是人執著出來的各種分別、屬性、概念。

〔註61〕 真實清淨道，無一切相狀判斷，一切均是真心定境，如此才是一相三昧。絕大多數情況下，「觀靜」實際上是人心的有意作為，是心識有為法，還執著於心念有無。空其心者也多如是，尋求空其心，難免執著出一個「空」字概念，也是以心法強取空無，是心在動，應當警覺。況且，若只停留於空，雖能覺見眾多心相，但卻常常拘於「空縛」，也屬「我見」。另外，即使是能覺能見之心，也屬本性在特定因緣下的有形有意作用。故於所謂觀、靜、空實應無心體貼，虛心而化，以如實回歸於真空、真淨，顯現一切有法無法、有淨無淨、有空無空。

〔註62〕 真無念、真無為、真性空時，見一切、覺一切，但心中寂靜安定，確無取捨。識心一動，取捨即生。若識心動而不見不覺，則所修所學便是染心。再問：

爾時，徒眾作禮而退。

大師七月八日忽謂門人曰：「吾欲歸新州，汝等速理舟楫。」〔註63〕
大眾哀留甚堅。師曰：「諸佛出現，猶示涅槃。有來必去，理亦常然。
吾此形骸，歸必有所。」〔註64〕

眾曰：「師從此去，早晚可回？」〔註65〕

師曰：「葉落歸根，來時無口。」〔註66〕

又問曰：「正法眼藏，傳付何人？」〔註67〕

師曰：「有道者得，無心者通。」〔註68〕

又問：「後莫有難否？」〔註69〕

師曰：「吾滅後五六年，當有一人來取吾首。聽吾記曰：『頭上養親，
口裏須餐，遇滿之難，楊柳為官。』」〔註70〕

又云：「吾去七十年，有二菩薩從東方來，一出家，一在家。同時
興化，建立吾宗，締緝伽藍，昌隆法嗣。」〔註71〕

　　　　如何才能做到無取捨？

〔註63〕此時惠能在大梵寺，欲葉落歸根，回歸廣東新州。

〔註64〕人體形骸，既生必滅，諸佛菩薩也不例外。這是宇宙至理法則，然而對諸佛
　　　　惠能等，去來無滯，不昧因果。若在形質上尋求不生不滅，即惠能所說的「外
　　　　道以生止滅」。

〔註65〕徒眾不捨，問：「師父這一去，過些時還會不會回來？」

〔註66〕惠能回答：「此刻葉落歸根回歸新州，再回此大梵寺時已經無口。」一說是因
　　　　頭被盜取，回來已無頭在，故無口；另一說是自性最上乘法離相，有口無口
　　　　如何能說？回不回來，自性均不動不搖，不來不去。

〔註67〕如佛陀傳大迦葉一樣，徒眾問惠能正法眼藏傳付誰人。其實這一問題，惠能
　　　　在回答法海衣法之問時已經說清，只是徒眾愚迷，依然掛礙心中。這是線性
　　　　思維，慣性思維，以為一定要有個甚麼傳承者才合道理。

〔註68〕惠能禪不是傳給具體指定的誰，有道者得，無心者通。正如志徹所說：「非師
　　　　相授與，我亦無所得。」有心即失道，無念即通達。故而，有弟子也未必一
　　　　定要傳道；無弟子，天地間道也不少分毫。

〔註69〕弟子們從「來時無口」推問：「您以後莫不是有劫難？」

〔註70〕惠能預言：「自己滅度後五六年，將有一人偷取首級。」據傳，有一高麗和尚
　　　　金大悲，想把六祖首級偷到本國供養。於是在洪州雇了一名叫張淨滿者去偷
　　　　六祖首級。事發當年，當地刺史姓柳名無忝，縣官姓楊名侃，所以是「楊柳
　　　　為官」。《壇經》所記幾則神異事件，此為其一。

〔註71〕另一預言：「七十年後有僧俗二菩薩廣弘頓門。」此二菩薩，一說為馬祖道一、
　　　　龐蘊居士；另一說為黃檗希運、裴休。不過在此看來，其主要信息恐怕還不是

問曰：「未知從上佛祖應現已來，傳授幾代？願垂開示。」〔註72〕

師云：「古佛應世已無數量，不可計也。〔註73〕今以七佛為始，過去莊嚴劫，毘婆尸佛、尸棄佛、毘舍浮佛；〔註74〕今賢劫，拘留孫佛、拘那含牟尼佛、迦葉佛、釋迦文佛。〔註75〕是為七佛。〔註76〕

已上七佛，今以釋迦文佛首傳。〔註77〕

第一摩訶迦葉尊者〔註78〕、第二阿難尊者〔註79〕、第三商那和修尊者〔註80〕、第四優波毱多尊者〔註81〕、第五提多迦尊者〔註82〕、第

指具體的人，而是表達出對於禪門弘盛，僧俗均是主人翁，都是禪門的修習、繼承、弘傳者。當前有佛法在僧、在俗兩種極端，相互輕視，爭奪話語權。實際上，禪之繼承弘傳，可僧可俗，又不限於僧俗，有道者得，無心者通。

〔註72〕這一問題的設置，是為了建立一個清晰有力的佛統、禪統。

〔註73〕佛教自釋迦牟尼佛建立，但這並不是說之外沒有和釋迦牟尼一樣境界的佛。「佛」只是一個表義名相，表述相應的生命解脫境界。其實在釋迦牟尼佛之前、同時、之後、不同時空，都有相應圓滿解脫者。

〔註74〕據《大乘本生心地觀經》《觀藥王藥上二菩薩經》等典籍表述，世間分三劫：過去莊嚴劫、現在賢劫、未來星宿劫。過去莊嚴劫，又稱過去大劫，此大劫中，又細分為成、住、壞、空之八十增減小劫，此劫之中有千佛出世，莊嚴世間，故稱莊嚴劫。毘婆尸佛為千佛之第九百九十八尊、尸棄佛為第九百九十九尊、毘舍浮佛為第一千尊，後世佛教將其列為古七佛之前三。

〔註75〕今賢劫：也稱現在賢劫，因賢者多而稱為賢劫，其間也有千佛出世，顯現世間之賢德。其中，拘留孫佛為千佛之第一尊、拘那含牟尼佛為第二尊、迦葉佛為第三尊、釋迦牟尼佛為第四尊。後被列為古七佛之第四、五、六、七尊。

〔註76〕古七佛實際上是佛門建立的一個「佛統」。這也可看出，證得佛果的「佛」其實還有無量無數。

〔註77〕現在以釋迦牟尼佛為起點而說禪脈後傳。所謂三十三禪祖，事跡多為中土僧俗編撰。尤其是西天二十八祖，除名字外，其行藏言語已完全中土化。筆者在簡介諸禪祖時同步引錄一些公案，以作為研究參考。

〔註78〕第一祖摩訶迦葉。摩竭陀國人，婆羅門。《指月錄》卷一記載：「世尊在靈山會上拈華示眾，是時眾皆默然，唯迦葉尊者破顏微笑。世尊曰：『吾有正法眼藏、涅槃妙心、實相無相、微妙法門、不立文字、教外別傳，付囑摩訶迦葉。』」此事被視為禪宗之肇始。另外，《禪宗正脈》卷一中說：「世尊至多子塔前，命摩訶迦葉，分座令坐，以僧伽黎圍之。遂告曰：『吾以正法眼藏，密付於汝。汝當護持，傳付將來。』」禪門多認為大迦葉領受佛命，攜金縷袈裟，於雞足山華首門入定，等候彌勒出世。

〔註79〕第二祖阿難。釋迦牟尼佛堂弟，據傳如來成道之夜生。佛諸弟子中，多聞第一，侍奉佛陀二十五載。後主述佛之所說，結集為經藏。

〔註80〕第三祖商那和修。商那和修承接阿難，據傳有佛陀授記。《教外別傳》卷二錄：「昔如來行化至摩突羅國，見一青林枝葉茂盛。語阿難曰：『此林地名優

六彌遮迦尊者〔註83〕、第七婆須蜜多尊者〔註84〕、第八佛馱難提尊者〔註85〕、第九伏馱蜜多尊者〔註86〕、第十脅尊者〔註87〕、十一富那夜奢尊者〔註88〕、十二馬鳴大士〔註89〕、十三迦毘摩羅尊者〔註90〕、十四龍樹大士〔註91〕、十五迦那提婆尊者〔註92〕、十六羅睺羅多尊者〔註93〕、十

留茶，吾滅度後一百年，有比丘商那和修於此。』」

〔註81〕 第四祖優波毱〔jū〕多。吒利國人，十七出家，二十證果。據《付法藏傳》說：「優波毱多師商那和修之教，若起惡心下黑石，起善心下白石。初黑多白少，漸漸修習，黑白平等。滿七日後唯見白石。」

〔註82〕 第五祖提多迦。摩伽陀國人，本名香眾，後優波毱多賜現名。《教外別傳》卷二中記錄他找到優波毱多欲隨出家，遂有一番精彩對答：尊者問曰：「汝身出家？心出家？」答曰：「我來出家，非為身心。」尊者曰：「不為身心，復誰出家？」答曰：「夫出家者，無我我故。無我我故，即心不生滅，心不生滅即是常道，諸佛亦常。心無形相，其體亦然。」尊者曰：「汝當大悟心自通達，宜依佛法僧，紹隆聖種。」即為之剃度。《佛祖歷代通載》卷三描述：提多迦滅度前付衣法給彌遮迦，並說：「通達本無心，無法無非法。悟了同未悟，無心亦無法。」然後升騰虛空，作十八變火光三昧，自焚其軀。

〔註83〕 第六祖彌遮迦。中印度人，有大辯才。

〔註84〕 第七祖婆須蜜多。《教外別傳》卷二載，婆須蜜多常服淨衣，執酒器，遊行里閈，或吟或嘯，十足一狂者。後來遇到彌遮迦尊者，才反省前緣，出家受法。

〔註85〕 第八祖佛馱難提。佛馱難提曾與婆須蜜多論義，因婆須蜜多「仁者論即不義，義即不論。若擬論義，終非義論」之言而服輸，拜在門下。

〔註86〕 第九祖伏馱蜜多。提迦國人，據傳其人示不言不語行相五十年，遇第八祖乃言。

〔註87〕 第十祖脅尊者。《教外別傳》卷二記載，脅尊者是中印度人，因在母胎內六十年而未產，故名難生。後遇九祖，執侍左右。精進不眠，脅不沾席，遂號脅尊者。

〔註88〕 第十一祖富那夜奢。《教外別傳》卷二載：「脅尊者初至華氏國，憩一樹下，右手指地而告眾曰：『此地變金色，當有聖人入會，言訖即變金色。』時有長者富那夜奢，合掌前立。祖問曰：『汝從何來？』夜奢曰：『我心非往。』祖曰：『汝何處住？』夜奢曰：『我心非止。』祖曰：『汝不定耶？』夜奢曰：『諸佛亦然。』祖曰：『汝非諸佛。』夜奢曰：『諸佛亦非。』」

〔註89〕 第十二祖馬鳴。據傳其說法能使諸餓馬悲鳴，故名馬鳴大士。《大乘起信論》即託其名所作。

〔註90〕 第十三祖迦毘摩羅。《佛祖統記》記載他為摩揭陀國人，初為外道，有三千弟子。與馬鳴談論，為所屈伏，遂為弟子。

〔註91〕 第十四祖龍樹。西天竺國人，亦名龍勝、龍猛，因龍成道，故以龍配字。造《大智度論》《中論》《十二門論》等。顯密各宗幾乎都以龍樹為祖師。

〔註92〕 第十五祖迦那提婆。南天竺人，龍樹收他為弟子較為藝術化：龍樹讓人以缽盛滿水置於座前，提婆看到後一言不發便以針投。於是龍樹當即收為法嗣。

〔註93〕 第十六祖羅侯羅多。迦毘羅國人。同樣是佛陀授記佛種，《教外別傳》卷二中

七僧伽難提尊者〔註94〕、**十八伽耶舍多尊者**〔註95〕、**十九鳩摩羅多尊者**〔註96〕、**二十闍耶多尊者**〔註97〕、**二十一婆修盤頭尊者**〔註98〕、**二十二摩**

說：「昔如來記此子，當第二五百年，為大教主。」提婆得法後，往迦毗羅國遇到了羅侯羅多。當時，剛好園中之樹長出了菌類，羅侯羅多摘取而食，卻隨摘隨長。提婆知道此子有宿緣，便收為弟子。

〔註94〕第十七祖僧伽難提。《佛祖正宗道影》卷一載：「尊者，室羅筏城寶莊王子也。七歲即厭世樂，願請出家。一夕，至大岩石窟，晏寂其中。十六祖至彼，見安坐入定，祖俟之。三七日，方從定起。祖問：『汝身定耶？心定耶？』曰：『身心俱定。』祖曰：『身心俱定，何有出入？』曰：『雖有出入，不失定相。』祖詰之。尊者豁然，即求度脫。祖以右手擎缽，至梵宮取香飯，與尊者同食；尊者以右手，入金剛輪際，取甘露水，以琉璃器持至。祖付以大法。後至摩提國，得伽耶舍多，即右手攀樹而化。」

〔註95〕第十八祖伽耶舍多。《佛祖正宗道影》卷一載：「尊者，摩提國人。十七祖至其國，見一童子持鑒造祖前，祖問：『汝幾歲耶？』曰：『百歲。』祖曰：『汝年尚幼，何言百歲？』童曰：『我不會理，正百歲耳。』祖曰：『汝善機耶？』童曰：『佛言若人生百歲，不會諸佛機；未若生一日，而得決了之。』時聞風吹殿鈴聲，祖問曰：『鈴鳴耶？風鳴耶？』尊者曰：『非風鈴鳴，我心鳴耳。』祖曰：『心復誰乎？』答曰：『俱寂靜故。』祖曰：『善哉！善哉！』付以大法。尊者後得鳩摩羅多，即踴身虛空，現十八變，火光三昧，自焚其身。」

〔註96〕第十九祖鳩摩羅多。大月氏國婆羅門之子。《佛祖歷代通載》卷四云：「十八祖至月氏國，見一婆羅門舍有異氣。祖將入彼舍。尊者問曰：『是何徒眾？』曰：『是佛弟子。』尊者聞佛號，心神悚然，實時閉戶。祖良久叩其門。尊者曰：『此舍無人。』祖曰：『答無者誰？』尊者知祖異人，開關延接。祖曰：『昔世尊記曰：吾滅後一千年，有大士出現於月氏國。今汝值吾，應斯嘉運。』於是尊者發宿命智，投祖出家。」

〔註97〕第二十祖闍耶多。北天竺國人。《大藏一覽》卷十云：「二十祖闍耶多尊者遇鳩摩入國，問曰：『我家父母，素信三寶，而常縈疾療。凡所營作，皆不如意。而我鄰家，久為旃陀羅行，而身常勇健，所作和合。彼何幸而我何辜？』鳩摩曰：『善惡之報，有三時焉。凡人但見仁夭暴壽，逆吉義凶，便謂亡因果、虛罪福。殊不知影響相隨，縱經萬劫，亦不磨滅。』時闍耶多頓釋所疑。鳩摩曰：『汝雖已信三業，而未明業從惑生，惑因識有，識依不覺，不覺依心。心本清淨，無生滅、無造作、無報應、無勝負，寂寂然、靈靈然。汝若入此門，可與諸佛同矣。一切善惡，有為無為皆夢幻。』闍耶多鳳慧頓發。」

〔註98〕第二十一祖婆修盤頭。《佛祖正宗道影》卷一載：「尊者，羅閱城人。一食不臥，六時禮佛，為眾所歸。二十祖至彼，問其眾曰：『此頭陀能修梵行，可得佛道乎？』眾曰：『我師精進，何故不可？』祖曰：『汝師與道遠矣！』眾曰：『尊者蘊何德行，而譏我師？』祖曰：『我不求道，亦不顛倒。我不禮佛，亦不輕慢。我不長坐，亦不懈怠。我不一食，亦不雜食。心無所希，名之曰道。』尊者聞已，發無漏智，祖乃付法。後至那提國，得摩拏羅，即踴身高半由旬，屹然而住。四眾仰瞻虔請，複坐，跏趺而逝。」

挲羅尊者〔註99〕、二十三鶴勒那尊者〔註100〕、二十四師子尊者〔註101〕、二十五婆舍斯多尊者〔註102〕、二十六不如蜜多尊者〔註103〕、二十七般若多羅尊者〔註104〕、二十八菩提達磨尊者〔註105〕、二十九慧可大師〔註106〕、三十僧璨大師〔註107〕、三十一道信大師〔註108〕、三十二弘忍

〔註99〕 第二十二祖摩挲羅。《佛祖正宗道影》卷一載：「尊者，那提國常自在王之子也。年三十，會婆修祖至彼國。王問祖曰：『羅閱城土與此何異？』祖曰：『彼土曾有三佛出世，今王國有二師化導。』王曰：『二師者誰？』祖曰：『佛記第二五百年，有二神力大士，出家繼聖。即王之次子摩挲羅，是其一也；吾雖德薄，敢當其一。』王曰：『誠如尊者所言，當捨此子作沙門。』祖曰：『善哉大王，能遵佛旨。』即與薙落授具，付以大法。尊者得法後，付鶴勒那，即跏趺奄化。」

〔註100〕 第二十三祖鶴勒那。《佛祖正宗道影》卷一載：「尊者，月氏國人。年二十二出家，常有鶴眾相隨。尊者問二十二祖曰：『以何方便，令彼解脫？』祖曰：『我有無上法寶，汝當聽受，化未來際。』而說偈曰：『心隨萬境轉，轉處實能幽；隨流認得性，無喜亦無憂。』時鶴眾聞偈，飛鳴而去。尊者既得法，行化至中印土，轉付師子，即現十八變而歸寂。」

〔註101〕 第二十四祖師子。《佛祖正宗道影》卷一載：「師子遊化至罽賓國，轉付法與婆舍斯多。後王秉劍至尊者所，問曰：『師得蘊空否？』曰：『已得蘊空。』王曰：『離生死否？』曰：『已離生死。』王曰：『既離生死，可施我頭。』曰：『我身非有，何吝於頭！』王即揮刃，斷尊者首，白乳湧高數尺，王之右臂旋亦墮地。」

〔註102〕 第二十五祖婆舍斯多。罽賓國人，婆羅門。《佛祖歷代通載》卷六錄：「父寂行，母常安樂。既誕，拳左手。遇師子尊者顯發宿因，密受心印。」

〔註103〕 第二十六祖不如蜜多。南印度得勝王之太子。《佛祖歷代通載》錄：「尊者既得法於二十五祖，至東印度。彼外道師長爪梵志恐王遷善，尊者至，以為魔。王問尊者：『師來何為？』尊者曰：『將度眾生。』梵志不勝其怒，即以幻法化大山於尊者頂上。尊者指之，忽在彼眾頭上。梵志等怖懼投尊者。尊者愍其愚惑，再指之，化山隨滅。乃為王演說法要，俾趣真乘。」

〔註104〕 第二十七祖般若多羅。《佛祖歷代通載》記：「二十六祖至東印度，與王同車而出，見丐者纓絡童子稽首於前。謂王曰：『此童非他，即大勢至菩薩是也。此聖之後，復出二人，一人化南印度，一人緣在震旦。』為宿因與祖同居，祖轉甚深修多羅，尊者演摩訶般若故，即名之曰般若多羅，而付以法。後尊者往南天竺香至國度王之第三子菩提多羅。」

〔註105〕 第二十八祖菩提達摩，中土禪宗初祖。南天竺國香至王第三子，本名菩提多羅，遇般若多羅付法後，改名菩提達磨。達摩奉守般若多羅心願，於梁武帝年間前來中土。因與武帝話不投機，遂一葦渡江，於嵩山少林寺面壁九年。達摩奠定了中土禪法的框架，強調「二入四行」：理、行不可偏廢，最忌邊執。

〔註106〕 第二十九祖慧可，中土禪宗二祖。姓姬名光，也名神光，得法後改名慧可。他向達摩「求安心」的公案是禪門教法之精粹。突出事蹟還有斷臂立雪、出入勾欄酒肆以純熟工夫等。據傳活了107歲，後被邪師毀害，斬首時脖頸噴

大師〔註109〕。惠能是為三十三祖。〔註110〕

從上諸祖，各有稟承。汝等向後，遞代流傳毋令乖誤。〔註111〕」

大師先天二年癸丑歲八月初三日，於國恩寺齋罷，謂諸徒眾曰：「汝等各依位坐，吾與汝別。」

法海白言：「和尚！留何教法，令後代迷人得見佛性？」

師言：「汝等諦聽！〔註112〕後代迷人，若識眾生，即是佛性；若不識眾生，萬劫覓佛難逢。〔註113〕吾今教汝識自心眾生，見自心佛性。欲

流乳白血液。

〔註107〕第三十祖僧璨，中土禪宗三祖。在家姓氏無考，遇慧可時的授受也值得推敲。《佛祖正宗道影》錄：「謁可祖，曰：『弟子身纏風恙，請師懺罪。』曰：『將罪來與汝懺。』祖良久，曰：『覓罪了不可得。』曰：『與汝懺罪竟。』」這是典型的參究反觀，當下頓入空境。與達摩傳法慧可時的「覓心了不可得」同理同趣。據說後來入羅浮為大眾講禪，講完後手撫樹枝，站立而化。

〔註108〕第三十一祖道信，中土禪宗四祖。《佛祖正宗道影》卷一說他：「年十四，禮璨祖曰：『乞和尚解脫法門。』曰：『誰縛汝？』祖曰：『無人縛。』曰：『何更求解脫乎？』祖於言下大悟。」後住法黃梅西山。

〔註109〕第三十二祖弘忍，中土禪宗五祖。蘄州黃梅人，姓周。傳說先為山中栽松道人，為向道信學法而重新投胎。因母親未婚而孕，遂被趕出家門，母子靠乞討度日。被稱為「無姓兒」。一天，道信遇到「無姓兒」，很是驚訝：佛所具三十二相，這「無姓兒」竟然只缺七種。於是問他姓什麼。無姓兒答：「姓佛。」道信驚異了：「姓佛？」無姓兒又說：「無姓故空，所以是佛性。」於是道信化他出家，承接法脈。

〔註110〕第三十三祖惠能，中土禪宗六祖。事蹟詳前。自六祖後，禪門得法者多，諸祖之說，止於惠能。

〔註111〕毋：勿，禁止。乖：背離。誤：錯誤。這一「祖統」的建立為禪宗的延傳提供了正宗依據，是一種深諳世道人心的做法。詳細來看，西天以「七佛」為「佛統」。之後，禪「教外別傳」，當別具特色，故從迦葉開始就不稱「佛」而稱為禪宗第一祖。在歷經西天二十八祖傳承後，第二十八祖達摩到中土傳禪，成為東土第一祖。此後經慧可、僧璨、道信、弘忍、惠能，形成了一個清晰而有說服力的中土禪宗六代祖統。據考，「三十三祖」定論是在宋代名僧契嵩手中完成的。在惠能時代，雖有衣法傳承的宗門傳說，但恐怕還未形成如此清晰、詳細的禪統內容。對於諸禪祖，我們心中充滿敬仰，但同時也要清醒，其形象、內容同樣是人心因緣因需造作出來的。凡所有相，皆是虛妄。如果執迷於其正宗與否，那麼你我禪心早已迷失於自性祖統之外。

〔註112〕諦聽，這一環節極為重要。聽學、修學之前，惠能多次強調要虛其心、專一心聽，才能消解自我。——是聽空聽化而非聽聲。

〔註113〕此處從能識能見眾生心的角度來談佛性。然而是誰能見？實際上，能識自心和能見眾生心是一致的。往深處說，所謂識眾生其實是識自心眾生。並且，

求見佛，但識眾生。〔註114〕只為眾生迷佛，非是佛迷眾生。〔註115〕自性若悟，眾生是佛；自性若迷，佛是眾生。〔註116〕自性平等，眾生是佛；自性邪險，佛是眾生。〔註117〕汝等心若險曲，即佛在眾生中；一念平直，即是眾生成佛。〔註118〕我心自有佛，自佛是真佛。自若無佛心，何處求真佛？〔註119〕汝等自心是佛，更莫狐疑。〔註120〕外無一物而能建立，皆是本心生萬種法。〔註121〕故經云：『心生種種法生，心滅種種法滅。』〔註122〕吾今留一偈與汝等別，名自性真佛偈。後代之人，識此偈意，自見本心，自成佛道。〔註123〕偈曰：

是自心佛性才能見能識。

〔註114〕一般所說的「覺者佛也」就是此意，能覺能見眾生心，即是自性起用。但我們必須清醒：很多人都明白「覺」「見」就是自性起用，但往往又形成一個「能覺心」「能見心」之障礙。應最終連覺、連空都無凝滯，才是自性流動之「自覺」「自見」。

〔註115〕其道理是：眾生知見、眾生心的運作壓覆了佛性，而不是佛將眾生迷卻。

〔註116〕自性若呈現，眾生的迷障即消除，就等同於佛。自性若迷失，即使曾經是佛、曾經開悟者也墮落成了眾生。對於證禪、成佛來說，是就是，不是就不是，沒有半佛半迷、半禪半悟之說。修雖有漸次，禪佛中無那麼多次第、層級。

〔註117〕所謂平等，還不在於眾生本具有佛性，而在於見證自性平等，通達無分別心識之層境。若不達到此境，縱然本具佛性、眾生平等。於我何干？自性若不見，若被迷，若分別，則一切盡是眾生，你我依然不可能真正平等地對待一切。

〔註118〕自性若陷入人心思維、分別，則縱然有佛種、在佛門，也只是愚迷眾生。若一念無分別，見分別而不動，則眾生就在佛境地。當然，同時也須在此基礎上精修禪定三昧，否則不圓融，下一念又會陷入眾生心。

〔註119〕請勿簡單地理解為佛在心中。其實，一切均以「念」為界，不見心念，不見眾生心，即使有佛種也無用；若見，即是佛心呈現，所謂真佛，也就在此顯用中。

〔註120〕話雖如此，你我若仍在心意識五蘊層，則必然不識自心，必然會狐疑。

〔註121〕有物無物，建立與否，均是自心的「認為」。所謂的建立，乃是身心的「認為判斷」。故而內心的判斷、自心的認為，其實與外物的真實有無、本來屬性無關。故所謂眾生萬法，乃心動而有。

〔註122〕原句在《大乘起信論》中，至於同類表述，《首楞嚴經》《楞伽經》《華嚴經》等均有，是佛家唯識之基本觀點。從此處來看，一念心生，三科五蘊即被引動，故成觀念、眼界中的種種法。然而若不起心念，其法還有嗎？另外，若心念生起但見之覺之，最終不隨不住，那麼種種法也就平伏不見。

〔註123〕可仔細推究這些偈語，其中盡見禪法精要。此自性真佛偈直指自性本心，直見自性本心。誦讀的同時要深學惠能教法：先淨心，靜心，然後見自性之動。

真如自性是真佛，邪見三毒是魔王。〔註124〕

邪迷之時魔在舍，正見之時佛在堂。〔註125〕

性中邪見三毒生，即是魔王來住舍。〔註126〕

正見自除三毒心，魔變成佛真無假。〔註127〕

法身報身及化身，三身本來是一身。〔註128〕

若向性中能自見，即是成佛菩提因。〔註129〕

本從化身生淨性，淨性常在化身中。〔註130〕

性使化身行正道，當來圓滿真無窮。〔註131〕

淫性本是淨性因，除淫即是淨性身。〔註132〕

性中各自離五欲，見性剎那即是真。〔註133〕

〔註124〕真如自性才是真正的佛，一切邪見貪嗔癡就是魔王。不過，不要又習慣性地將真如、邪見執著成實有，也不要必然對立二者。如此都是在心念中來解讀禪法。

〔註125〕所謂邪迷，是在心念層、五蘊層來判斷，只要落在心識中，都成了障道之邪迷。輕者，自性即刻成為眾生；重者，即刻成為邪魔。若是自能見這一切邪迷、對立、正見等心動分別，則是真佛知見，此時就是自性在你心堂。

〔註126〕若自性中有邪見、生三毒，則是心中成魔。根要在哪裏？已陷入心意識、五蘊等業惑。必須見之，覺之，化之。

〔註127〕正見不是指正確的見解，而是自性呈現。在此時，人心不作、不隨任何判別。若有判別也及時覺見，故能除三毒心。在這種情況下，魔心就變成了佛心，不再分別一切真假而自處真性境。

〔註128〕法身、報身、化身三個概念，實際是自性的三種屬性或說三個維度，不存在有其中一個而無另外一、二的情況，有其一必有其三。若證悟自性，必然自動顯化三身。

〔註129〕若能呈現自性所生一切心，如三毒、三身、佛魔等分別，則名自見，也即是成佛之因菩提心種已經顯現。

〔註130〕化身本就是圓滿之身，故而見化身自然見淨性。有人也將化身理解為身色，如此也有道理，能照見此身色，自然就是自性呈現、啟用。故說，淨性常在化身中。立於自性之巔，淨性、化身自然一體不二。

〔註131〕性使化身行正道：有自性之主，化身才不至於離開本有軌道。當來圓滿真無窮：修正道、行正道，功到自然成，自然圓滿，其中奧妙不可以語言描繪窮盡。

〔註132〕淫性本是淨性因：須知淫慾也是由自性中因緣生出，只是生出即障礙本性。除此、化此淫慾染污之性，自性自然呈現。故此處視淫性為清淨法身之因地。

〔註133〕五欲：色聲香味觸。若不從自性層面來審視五欲，必然深陷五欲中。故才說在性中離欲，剎那見性入真。

今生若遇頓教門，忽悟自性見世尊。〔註134〕

若欲修行覓作佛，不知何處擬求真？〔註135〕

若能心中自見真，有真即是成佛因。〔註136〕

不見自性外覓佛，起心總是大癡人。〔註137〕

頓教法門今已留，救度世人須自修。〔註138〕

報汝當來學道者，不作此見大悠悠。〔註139〕」

師說偈已，告曰：「汝等好住。吾滅度後，莫作世情。悲泣雨淚，受人弔問，身著孝服，非吾弟子，亦非正法。〔註140〕但識自本心，見自本性，無動無靜，無生無滅，無去無來，無是無非，無住無往。〔註141〕恐汝等心迷，不會吾意，今再囑汝，令汝見性。〔註142〕吾滅度後，依此修行，如吾在日。若違吾教，縱吾在世，亦無有益。」〔註143〕復說偈曰：

〔註134〕能遇頓教是宿緣，能修頓門則是大功德。真修正行者，必有見性成佛的一刻。

〔註135〕若欲修行覓作佛：若向外馳求成佛。不知何處擬求真：各自本具心佛，欲通過有形之修而證得，終將不可實現。

〔註136〕若能心中自見真，有真即是成佛因：如果能自覺見自心中真性，便了知此為成佛之因種。

〔註137〕不見自性外覓佛，起心總是大癡人：不見自性，必然只會向外求取，準確地說是向有形有相處求取。然而此舉便是起心動念，失於所求，故而是大愚癡人。

〔註138〕頓教法門已今留，救度世人須自修：頓教法門，惠能已經講清，講透，一部《壇經》即是，但如要救度世人，還需自家真實見性，修圓修滿。

〔註139〕報汝當來學道者：殷切地向當前此後修學者說。不作此見大悠悠：如不依此頓門法要修行，便是虛度時光，見性遙不可得。

〔註140〕惠能對滅度後事做了交代，最重要的是莫作世情凡俗之態。執於表相，就不是禪門正法。事實上，除了少量緬懷，絕大多數身後之事是做給活人看的。豈不知在擾亂亡者的同時，更迷惑了自心。作為禪者，於此當是淨心祈願、助念等，學會佛教善逝或處理死亡的技術。

〔註141〕再次強調禪修的關鍵是識自本心，見自本性。如此，關於生命，就無動靜、無生滅、無去來、無是非、無住往。確實，有關生命，雖形質易變，但自性清明不滅。不過，這須建立在徹證自性的基礎上才可做到。否則帶有阿賴耶識中的染心，即使理性中知曉本性不滅，因未親證，也是心有恐懼疑惑，最終於渾噩昏泯中無力抉擇去處。

〔註142〕惠能反覆說禪法核心在證自性，證自性才不會心迷，要不然就只會在生滅現象上動心、傷痛。依據惠能所說，你我此刻可見自心眾生無？

〔註143〕千古一同。正如佛陀在世時，若遵循佛陀教導，悟道者也多也透。未領會佛

兀兀不修善，騰騰不造惡。〔註144〕

寂寂斷見聞，蕩蕩心無著。〔註145〕

師說偈已，端坐〔註146〕至三更，忽謂門人曰：「吾行矣！」奄然遷化。〔註147〕於時異香滿室，白虹屬地，林木變白，禽獸哀鳴。〔註148〕

十一月，廣韶新三郡官僚，泊門人僧俗，爭迎真身，莫決所之。乃焚香禱曰：「香煙指處，師所歸焉。」〔註149〕

時，香煙直貫曹溪。十一月十三日，遷神龕並所傳衣缽而回。〔註150〕次年七月出龕，弟子方辯以香泥上之。〔註151〕門人憶念取首之記，仍以鐵葉漆布固護師頸入塔。〔註152〕忽於塔內白光出現，直上衝天，三日始散。〔註153〕韶州奏聞，奉勅立碑，紀師道行。〔註154〕

之教言，縱然隨侍佛陀身邊，也是執迷。對惠能禪也是，若領悟此意，即使是千數年後的今天，你我也可依據此《壇經》而得解脫。若依然故我，不識自性，縱然惠能再世，你我也仍然出口落入習慣，以滿滿心思在揣度，永隔真心。

〔註144〕兀兀：端正不動。騰騰：自在無所為。總義是：自心兀兀不動，不起修善之念；自在無為，不起造惡之心。善念尚不生，更況惡心！本心離一切善惡分別！

〔註145〕寂寂：寂靜、寂滅。蕩蕩：坦蕩純直。總義：內心寂滅，不被內外五蘊聲色等擾亂；心中坦蕩純直，任一切心相心念遷流而不執持。

〔註146〕禪者滅度有立化、臥化、坐化、光化等各種方式。此乃功到自然成，均需三昧禪定，才可轉化色身。

〔註147〕惠能奄然遷化，一生圓滿完成。

〔註148〕天地瑞象，六種震動，萬類感通，從此世間，大善知識又遠矣！

〔註149〕僧俗爭相迎真身供奉，為表景仰。只是此「爭」不要違背了惠能禪意，變成了「爭禪相」。不過，僧俗最終都較為理性，用焚香擇其歸所，有由師自選之意。

〔註150〕惠能真身由家鄉國恩寺回歸曹溪，以應「來時無口」之預言。

〔註151〕禪門自有一些煉化肉身住世的方法，也有為求肉身存留瞻仰而刻意為之的封棺脫水等等，不過這些多是徒眾為求景仰而做。作為禪者自身，往往在臨終一刻早已不迷於肉身，轉而透徹簡捷地離開。

〔註152〕惠能曾預言會有人來偷盜首級，弟子們當然要做好相應的防護措施。故知所謂道義對錯，不過是從自身的立場、觀念出發罷了。認為而已，判斷而已。人心就是這樣運作的，自性也是這樣被遮覆的。

〔註153〕殊勝？只不過是凡俗眾生心念障重，對此不瞭解罷了。實際上，你本身就是光，心越淨，光越純、越遠、越久。所以只管放空身心，虛化自流、自在、自綻放。

〔註154〕世間將惠能立為得道榜樣，同時也起到推廣禪法的作用。

　　師春秋七十有六，年二十四傳衣，三十九祝髮，說法利生三十七載，嗣法四十三人〔註155〕，悟道超凡者莫知其數。〔註156〕達磨所傳信衣，中宗賜磨衲寶缽，及方辯塑師真相，並道具，永鎮寶林道場。〔註157〕留傳《壇經》，以顯宗旨，興隆三寶，普利群生者。〔註158〕

〔註155〕據《曹溪通志》載，所謂嗣法四十三人為：青原行思、南嶽懷讓、崛多三藏、曇璀禪師、南陽慧忠、韶州法海、吉州志誠、匾擔曉了、河北智隍、司空山本淨、菏澤神會、洪州法達、壽州智通、江西志徹、信州智常、廣州志道、法性印宗、永嘉玄覺、婺州玄策、曹溪令韜、撫州淨安、嵩山尋、南嶽堅固、宗一禪師、秦望善現、南嶽梵行、并州自在、西京咸空、韶州祇陀、羅浮定真、峽山泰祥、制空道進、光州法淨、清涼辯才、下回善快、廣州吳頭陀、道英禪師、智本禪師、清苑法真、玄楷禪師、義興孫菩薩、韶山緣素、刺史韋璩。

〔註156〕補充惠能俗世功德。惠能說法利生三十七載，嗣法四十三人，悟道超凡者莫知其數。事實上，真能徹證超脫者，能有十人便已難以思議，登峰造極，更況莫知其數。此語當是指學有所成、受益匪淺者，應當善分別。對待佛經中此類彰顯功德的話語，須知自我檢視。真修實證圓滿者，在任何一個時代都極其稀少，尤其像現今社會，不能一概將有所研究、有所體悟、有所修行就當作開悟、得道、徹證，否則只會掩蓋自心問題，增強我執，不利於自性三昧解脫。

〔註157〕徒眾對禪門袈裟、御賜衣缽、真身相乃至所有用物，均視為鎮寺法寶。

〔註158〕意為留傳《壇經》作為禪門修行之寶典，以正禪法，普利眾生。在此經末，曾有人增入以下內容，云為令韜所錄：「師入塔後，至開元十年壬戌八月三日，夜半忽聞塔中如拽鐵索聲。眾僧驚起，見一孝子從塔中走出，尋見師頸有傷，具以賊事聞於州縣。縣令楊侃、刺史柳無忝，得牒切加擒捉。五日於石角村捕得賊人，送韶州鞫問。云：『姓張名淨滿，汝州梁縣人。於洪州開元寺，受新羅僧金大悲錢二十千，令取六祖大師首，歸海東供養。』柳守聞狀，未即加刑，乃躬至曹溪，問師上足令韜曰：『如何處斷？』韜曰：『若以國法論，理須誅夷。但以佛教慈悲冤親平等，況彼求欲供養，罪可恕矣。』柳守加歎曰：『始知佛門廣大。』遂赦之。上元元年，肅宗遣使，就請師衣缽歸內供養。至永泰元年五月五日，代宗夢六祖大師請衣缽，七日勅刺史楊緘云：『朕夢感能禪師請傳衣袈裟卻歸曹溪，今遣鎮國大將軍劉崇景，頂戴而送。朕謂之國寶，卿可於本寺如法安置，專令僧眾親承宗旨者嚴加守護，勿令遺墜。』後或為人偷竊，皆不遠而獲。如是者數四。憲宗諡大鑒禪師，塔曰元和靈照。其餘事蹟，係載唐尚書王維、刺史柳宗元、刺史劉禹錫等碑。守塔沙門令韜錄。」此處加以引錄，略作延伸參考。

附　錄

敦煌本壇經 [註1]

南宗頓教最上大乘摩訶般若波羅蜜經六祖惠能大師於韶州大梵寺施法壇經一卷

兼授 [註2] 無相戒弘法弟子法海集記

第一折

惠能大師於大梵寺講堂中，升高座，說摩訶般若波羅蜜法，授無相戒。其時座下僧尼、道俗一萬餘人，韶州刺史韋據及諸官僚三十餘人，儒士三十餘人，同請大師說摩訶般若波羅蜜法。刺史遂令門人僧法海集記，流行後代，與學道者承此宗旨，遞相傳授，有所依約，以為稟承，說此《壇經》。

第二折

能大師言：「善知識！淨心念摩訶般若波羅蜜法。」大師不語，自淨心神。良久乃言：「善知識靜聽：惠能慈父，本官范陽，左降遷流嶺南，作新州百姓。惠能幼小，父亦早亡。老母孤遺，移來南海。艱辛貧乏，於市賣柴。忽有一客買柴，遂領惠能至於官店，客將柴去。惠能得錢，卻向門前，忽見一客讀《金剛經》。惠能一聞，心明便悟。乃問客曰：『從何處來，持此經典？』客答曰：『我於蘄州黃梅縣東馮茂山，禮拜五祖弘忍和尚，現今在彼，

〔註1〕 此本錄於《大正藏》第48冊，乃經諸家多方校勘後再收入《大正藏》者。此處按學界普遍認可的五十七折分錄，以便查閱。敦煌本壇經被視為現存版本中的最早者，學界對此版本的關注也多於其餘版本。但實際上，「最早」並不絕對意味著最接近《壇經》原本，況且從其抄錄情況來看，該版本舛錯較多，想必也非專業人士所為。

〔註2〕 今本多將「授」字校勘為「受」，當存疑。此處似在突出「法海傳授無相戒」的身份，而非「接受無相戒」。

門人有千餘眾。我於彼聽見大師勸道俗，但持《金剛經》一卷，即得見性，直了成佛。』惠能聞說，宿業有緣，便即辭親，往黃梅馮茂山禮拜五祖弘忍和尚。」

第三折

弘忍和尚問惠能曰：「汝何方人，來此山禮拜吾？汝今向吾邊，復求何物？」惠能答曰：「弟子是嶺南人，新州百姓，今故遠來禮拜和尚，不求餘物，唯求作佛。」大師遂責惠能曰：「汝是嶺南人，又是獦獠，若為堪作佛！」惠能答曰：「人即有南北，佛性即無南北；獦獠身與和尚不同，佛性有何差別？」大師欲更共語，見左右在旁邊，大師便不言，遂發遣惠能令隨眾作務。時有一行者，遂差惠能於碓坊踏碓八個餘月。

第四折

五祖忽於一日喚門人盡來，門人集訖。五祖曰：「吾向汝說，世人生死事大。汝等門人，終日供養，只求福田，不求出離生死苦海。汝等自性迷，福門何可救汝？汝等且歸房自看，有知惠者，自取本性般若知之，各作一偈呈吾。吾看汝偈，若悟大意者，付汝衣法，稟為六代。火急作！」

第五折

門人得處分，卻來各至自房，遞相謂言：「我等不須澄心用意作偈，將呈和尚。神秀上座是教授師，秀上座得法後，自可依止，偈不用作！」諸人息心，盡不敢呈偈。時大師堂前有三間房廊，於此廊下供養，欲畫楞伽變，並畫五祖大師傳授衣法，流行後代為記。畫人盧珍看壁了，明日下手。

第六折

上座神秀思惟：「諸人不呈心偈，緣我為教授師。我若不呈心偈，五祖如何得見我心中見解深淺？我將心偈上五祖呈意，求法即善，覓祖不善，卻同凡心奪其聖位。若不呈心偈，終不得法。」良久思惟，甚難甚難！夜至三更，不令人見，遂向南廊下中間壁上題作呈心偈，欲求衣法。「若五祖見偈，言此偈語，若訪覓我，我見和尚，即云是秀作。五祖見偈言不堪，自是我迷，宿業障重，不合得法，聖意難測，我心自息。」秀上座三更於南廊下中間壁上，秉燭題作偈，人盡不知。偈曰：

> 身是菩提樹，心如明鏡臺。
> 時時勤拂拭，莫使有塵埃。

第七折

神秀上座題此偈畢，卻歸房臥，並無人見。五祖平旦，遂喚盧供奉來南廊下，畫楞伽變。五祖忽見此偈，讀訖，乃謂供奉曰：「弘忍與供奉錢三十千，深勞遠來，不畫變相也。《金剛經》云：『凡所有相，皆是虛妄。』不如留此偈，令迷人誦。依此修行，不墮三惡；依法修行，人有大利益。」大師遂喚門人盡來，焚香偈前，眾人入見已，皆生敬心。弘忍曰：「汝等盡誦此偈者，方得見性，依此修行，即不墮落。」門人盡誦，皆生敬心，喚言善哉！五祖遂喚秀上座於堂內，問：「是汝作偈否？若是汝作，應得我法。」秀上座言：「罪過！實是神秀作。不敢求祖，願和尚慈悲，看弟子有小智惠識大意否？」五祖曰：「汝作此偈，見解只到門前，尚未得入。凡夫依此偈修行，即不墮落；作此見解，若覓無上菩提，即不可得。要入得門，見自本性。汝且去，一兩日思惟，更作一偈來呈吾，若入得門，見自本性，當付汝衣法。」秀上座去數日，作不得。

第八折

有一童子，於碓坊邊過，唱誦此偈。惠能一聞，知未見性，即識大意。能問童子：「適來誦者，是何言偈？」童子答能曰：「你不知大師言生死事大，欲傳衣法，令門人等各作一偈來呈看，悟大意，即付衣法，稟為六代祖。有一上座名神秀，忽於南廊下書無相偈一首，五祖令諸門人盡誦，悟此偈者，即見自性；依此修行，即得出離。」惠能答曰：「我此踏碓八個餘月，未至堂前，望上人引惠能至南廊下，見此偈禮拜，亦願誦取，結來生緣，願生佛地。」童子引能至南廊下，能即禮拜此偈。為不識字，請一人讀。惠能聞已，即識大意。惠能亦作一偈，又請得一解書人，於西間壁上提著，呈自本心。不識本心，學法無益，識心見性，即悟大意。惠能偈曰：

> 菩提本無樹，明鏡亦無臺。
> 佛性常清淨，何處有塵埃？

又偈曰：

> 心是菩提樹，身為明鏡臺。
> 明鏡本清淨，何處染塵埃？

院內徒眾，見能作此偈，盡怪。惠能卻入碓坊。五祖忽來廊下，見惠能偈，即知識大意。恐眾人知，五祖乃謂眾人曰：「此亦未得了。」

第九折

五祖夜至三更，喚惠能堂內，說《金剛經》。惠能一聞，言下便悟。其夜受法，人盡不知，便傳頓教法及衣，以為六代祖。衣將為信稟，代代相傳；法以心傳心，當令自悟。五祖言：「惠能！自古傳法，氣如懸絲！若住此間，有人害汝，汝即須速去。」

第十折

能得衣法，三更發去。五祖自送能至九江驛，登時便別，五祖處分：「汝去，努力將法向南，三年勿弘此法，難去在後弘化。善誘迷人，若得心開，與吾悟無別。」辭違已了，便發向南。

第十一折

兩月中間，至大庾嶺。不知向後有數百人來，欲擬捉惠能，奪衣法，來至半路，盡總卻回。唯有一僧，姓陳名惠順，先是三品將軍，性行麁惡，直至嶺上，來趁把著。惠能即還法衣，又不肯取。惠順曰：「我故遠來求法，不要其衣。」能於嶺上，便傳法惠順。惠順得聞，言下心開，能使惠順即卻向北化人。

第十二折

惠能來於此地，與諸官僚道俗，亦有累劫之因。教是先聖所傳，不是惠能自知。願聞先聖教者，各須淨心，聞了願自除迷，如先代悟（下是法）。惠能大師喚言：「善知識！菩提般若之智，世人本自有之，即緣心迷，不能自悟，須求大善知識示道見性。善知識！愚人智人，佛性本亦無差別，只緣迷悟，迷即為愚，悟即成智。」

第十三折

善知識！我此法門，以定惠為本。第一勿迷，言惠定別，定惠體一不二。即定是惠體，即惠是定用。即惠之時定在惠，即定之時惠在定。善知識！此義即是定惠等。學道之人作意，莫言先定發惠，先惠發定，定惠各別。作此見者，法有二相，口說善，心不善，惠定不等；心口俱善，內外一種，定惠即等。自悟修行，不在口諍。若諍先後，即是迷人。不斷勝負，卻生法我，不離四相。

第十四折

一行三昧者，於一切時中，行住坐臥，常行直心是。《淨名經》云：「直

心是道場，直心是淨土。」莫心行諂曲，口說法直，口說一行三昧，不行直心，非佛弟子。但行直心，於一切法上，無有執著，名一行三昧。迷人著法相，執一行三昧，直言坐不動，除妄不起心，即是一行三昧。若如是，此法同無情，卻是障道因緣。道須通流，何以卻滯？心不住法，道即通流，住即被縛。若坐不動是，維摩詰不合呵舍利弗宴坐林中。善知識！又見有人教人坐，看心看淨，不動不起，從此置功。迷人不悟，便執成顛，即有數百般如此教道者，故知大錯。

第十五折

善知識！定惠猶如何等？如燈光，有燈即有光，無燈即無光。燈是光之體，光是燈之用。名即有二，體無兩般。此定惠法，亦復如是。

第十六折

善知識！法無頓漸，人有利鈍。迷即漸勸，悟人頓修。識自本心，是見本性，悟即原無差別，不悟即長劫輪迴。

第十七折

善知識！我此法門，從上以來，頓漸皆立無念為宗，無相為體，無住為本。何名無相？無相者，於相而離相。無念者，於念而不念。無住者，為人本性，念念不住。前念、今念、後念，念念相續，無有斷絕。若一念斷絕，法身即離色身。念念時中，於一切法上無住。一念若住，念念即住，名繫縛。於一切法上，念念不住，即無縛也。是以無住為本。善知識！外離一切相，是無相。但能離相，性體清淨。是以無相為體。於一切境上不染，名為無念。於自念上離境，不於法上生念。莫百物不思，念盡除卻，一念斷即無，別處受生。學道者用心，莫不識法意。自錯尚可，更勸他人迷，不自見迷，又謗經法。是以立無念為宗。即緣迷人於境上有念，念上便起邪見，一切塵勞妄念從此而生。然此教門立無念為宗，世人離見，不起於念，若無有念，無念亦不立。無者無何事？念者念何物？無者，離二相諸塵勞；念者，念真如本性。真如是念之體，念是真如之用。自性起念，雖即見聞覺知，不染萬境，而常自在。《維摩經》云：「外能善分別諸法相，內於第一義而不動。」

第十八折

善知識！此法門中，坐禪原不著〔註3〕心，亦不著淨，亦不言不動。若言看心，心原是妄，妄如幻故，無所看也。若言看淨，人性本淨，為妄念故，蓋覆真如。離妄念，本性淨。不見自性本淨，起心看淨，卻生淨妄。妄無處所，故知看者，看卻是妄也。淨無形相，卻立淨相，言是工夫，作此見者，障自本性，卻被淨縛。若修不動者，不見一切人過患，即是自性不動。迷人自身不動，開口即說人是非，與道違背。看心看淨，卻是障道因緣。

第十九折

今既如是，此法門中，何名坐禪？此法門中，一切無礙，外於一切境界上念不起為坐，見本性不亂為禪。何名為禪定？外離相曰禪，內不亂曰定。外若離相，內性不亂。本性自淨曰定，只緣境觸，觸即亂，離相不亂即定。外離相即禪，內不亂即定，外禪內定，故名禪定。《維摩經》云：「即時豁然，還得本心。」《梵網菩薩戒經》云：「本源自性清淨。」善知識！見自性自淨，自修自作自性法身，自行佛行，自作自成佛道。

第二十折

善知識！總須自體，與受無相戒。一時逐惠能口道，令善知識見自三身佛：「於自色身，歸依清淨法身佛；於自色身，歸依千百億化身佛；於自色身，歸依當來圓滿報身佛。」（已上三唱）色身是舍宅，不可言歸。向者三身在自法性，世人盡有，為迷不見，外覓三身如來，不見自色身中三身佛。善知識！聽與善知識說，令善知識於自色身，見自法性有三身佛。此三身佛，從自性上生。何名清淨法身佛？善知識！世人性本自淨，萬法在自性。思量一切惡事，即行於惡行；思量一切善事，便修於善行。知如是一切法盡在自性，自性常清淨。日月常明，只為雲覆蓋，上明下暗，不能了見日月星辰。忽遇惠風吹散，卷盡雲霧，萬象森羅，一時皆現。世人性淨，猶如清天。惠如日，智如月，智惠常明。於外著境，妄念浮雲蓋覆，自性不能明。故遇善知識，開真正法，吹卻迷妄，內外明徹，於自性中，萬法皆現。一切法在自性，名為清淨法身。自歸依者，除不善心與不善行，是名歸依。何名為千百億化身佛？不思量，性即空寂；思量，即是自化。思量惡法，化為地獄；思量善法，

〔註3〕此處「著」與後文「看」似應統一。當前有校勘本為「看」，但結合《壇經》禪法及諸本原文，當應為「著」。此對原文不作改動，僅略加說明。

化為天堂；思量毒害，化為畜生；思量慈悲，化為菩薩；思量智惠，化為上界；思量愚癡，化為下方。自性變化甚多，迷人自不知見。一念善，知惠即生，此名自性化身佛。何名為圓滿報身佛？一燈能除千年闇，一智慧滅萬年愚。莫思向前，常思於後，常後念善，名為報身。一念惡，報卻千年善心；一念善，報卻千年惡滅。無常以來，後念善，名為報身。從法身思量，即是化身；念念善，即是報身。自悟自修，即名歸依也。皮肉是色身，色身是舍宅，不在歸依也。但悟三身，即識大意。

第二十一折

今既自歸依三身佛已，與善知識發四弘大願。善知識！一時逐惠能道：「眾生無邊誓願度，煩惱無邊誓願斷，法門無邊誓願學，無上佛道誓願成。」（三唱）善知識！眾生無邊誓願度，不是惠能度，善知識心中眾生，各於自身自性自度。何名自性自度？自色身中，邪見煩惱，愚癡迷妄，自有本覺性，將正見度。既悟正見般若之智，除卻愚癡迷妄。眾生各各自度，邪來正度，迷來悟度，愚來智度，惡來善度，煩惱來菩提度。如是度者，是名真度。煩惱無邊誓願斷，自心除虛妄。法門無邊誓願學，學無上正法。無上佛道誓願成，常下心行，恭敬一切，遠離迷執，覺智生般若，除卻迷妄，即自悟佛道成，行誓願力。

第二十二折

今既發四弘誓願訖，與善知識授無相懺悔，滅三世罪障。大師言：「善知識！前念、後念及今念，念念不被愚迷染。從前惡行一時除，自性若除即是懺；前念後念及今念，念念不被愚癡染，除卻從前矯誑心，永斷名為自性懺。前念、後念及今念，念念不被疽疾染，除卻從前嫉妒心，自性若除即是懺。」（已上三唱）善知識！何名懺悔？懺者終身不作，悔者知於前非。惡業恒不離心，諸佛前口說無益，我此法門中，永斷不作，名為懺悔。

第二十三折

今既懺悔已，與善知識授無相三歸依戒。大師言：「善知識！歸依覺，兩足尊；歸依正，離欲尊；歸依淨，眾中尊。從今以後，稱佛為師，更不歸依餘邪迷外道，願自三寶慈悲證明。」善知識！惠能勸善知識歸依三寶。佛者，覺也；法者，正也；僧者，淨也。自心歸依覺，邪迷不生，少欲知足，離財離色，名兩足尊。自心歸依正，念念無邪故，即無愛著，以無愛著，名離欲

尊。自心歸依淨，一切塵勞妄念，雖在自性，自性不染著，名眾中尊。凡夫不解，從日至日，受三歸依戒。若言歸佛，佛在何處？若不見佛，即無所歸；既無所歸，言卻是妄。善知識！各自觀察，莫錯用意，經中只言自歸依佛，不言歸依他佛。自性不歸，無所依處。

第二十四折

今既自歸依三寶，總各各至心，與善知識說摩訶般若波羅蜜法。善知識雖念不解，惠能與說，各各聽。摩訶般若波羅蜜者，西國梵語，唐言大智惠到彼岸。此法須行，不在口念。口念不行，如幻如化。修行者，法身與佛等也。何名摩訶？摩訶者是大。心量廣大，猶如虛空。若空心坐禪，即落無記空。虛空能含，日月星辰、大地山河、一切草木、惡人善人、惡法善法、天堂地獄、盡在空中。世人性空，亦復如是。

第二十五折

性含萬法是大，萬法盡是自性。見一切人及非人，惡之與善，惡法善法，盡皆不捨，不可染著，猶如虛空，名之為大，此是摩訶行。迷人口念，智者心行。又有迷人，空心不思，名之為大，此亦不是。心量廣大，不行是小。莫口空說，不修此行，非我弟子。

第二十六折

何名般若？般若是智惠。一切時中，念念不愚，常行智惠，即名般若行。一念愚即般若絕，一念智即般若生。世人心中常愚，自言我修般若。般若無形相，智惠性即是。何名波羅蜜？此是西國梵音，唐言到彼岸。解義離生滅，著境生滅起。如水有波浪，即是於此岸；離境無生滅，如水永長流，故即名到彼岸，故名波羅蜜。迷人口念，智者心行。當念時有妄，有妄即非真有；念念若行，是名真有。悟此法者，悟般若法，修般若行。不修即凡，一念修行，法身等佛。善知識！即煩惱是菩提。前念迷即凡，後念悟即佛。善知識！摩訶般若波羅蜜，最尊最上第一，無住無去無來。三世諸佛從中出，將大智惠到彼岸，打破五陰煩惱塵勞，最尊最上第一。贊最上乘法，修行定成佛。無去無住無來往，是定惠等，不染一切法，三世諸佛從中變三毒為戒定惠。

第二十七折

善知識！我此法門，從一般若生八萬四千智惠。何以故？為世人有八萬

四千塵勞，若無塵勞，般若常在，不離自性。悟此法者，即是無念、無憶、無著。莫起誑妄，即自是真如性。用智惠觀照，於一切法不取不捨，即見性成佛道。

第二十八折

善知識！若欲入甚深法界，入般若三昧者，直須修般若波羅蜜行，但持《金剛般若波羅蜜經》一卷，即得見性，入般若三昧。當知此人功德無量，經中分明讚歎，不能具說。此是最上乘法，為大智上根人說。小根之人若聞法，心不生信。何以故？譬如大龍，若下大雨，雨於閻浮提，城邑聚落，悉皆漂流，如漂草葉；若下大雨，雨於大海，不增不減。若大乘者，聞說《金剛經》，心開悟解。故知本性自有般若之智，自用智惠觀照，不假文字。譬如其雨水，不從天有，原是龍王於江海中，將身引此水，令一切眾生，一切草木，一切有情無情，悉皆蒙潤。諸水眾流，卻入大海，海納眾水，合為一體。眾生本性般若之智，亦復如是。

第二十九折

小根之人，聞說此頓教，猶如大地草木根性自小者，若被大雨一沃，悉皆自倒，不能增長。小根之人，亦復如是。有般若之智，與大智之人亦無差別。因何聞法即不悟？緣邪見障重，煩惱根深，猶如大雲，蓋覆於日，不得風吹，日無能現。般若之智，亦無大小，為一切眾生，自有迷心，外修覓佛，未悟自性，即是小根人。聞其頓教，不信外修，但於自心，令自本性常起正見，一切邪見煩惱，塵勞眾生，當時盡悟，猶如大海，納於眾流，小水大水，合為一體，即是見性。內外不住，來去自由，能除執心，通達無礙。心修此行，即與《般若波羅蜜經》本無差別。

第三十折

一切經書及文字，小大二乘，十二部經，皆因人置，因智惠性故，故然能建立。若無世人，一切萬法本亦不有。故知萬法本從人興，一切經書因人說有。緣在人中有愚有智，愚為小人，智為大人。迷人問於智者，智人與愚人說法，令使愚者悟解心開。迷人若悟解心開，與大智人無別。故知不悟即佛是眾生；一念若悟，即眾生是佛。故知一切萬法，盡在自身心中，何不從於自心頓見真如本性。《梵網菩薩戒經》云：「本源自性清淨。」識心見性，自成佛道。《維摩經》云：「即時豁然，還得本心。」

第三十一折

善知識！我於忍和尚處，一聞言下大悟，頓見真如本性。是故以頓悟教法流行後代，令學道者頓悟菩提，各自觀心，令自本性頓悟。若不能自悟者，須覓大善知識示道見性。何名大善知識？解最上乘法，直示正路，是大善知識，是大因緣。所為示道，令得見性。一切善法，皆因大善知識能發起故。三世諸佛，十二部經，在人性中本自具有。不能自性悟，須得善知識示道見性。若自悟者，不假外求善知識。若取外求善知識望得解脫，無有是處。識自心內善知識，即得解脫。若自心邪迷，妄念顛倒，外善知識即有教授，救不可得。汝若不得自悟，當起般若觀照，剎那間妄念俱滅，即是自真正善知識，一悟即至佛地。自性心地，以智惠觀照，內外明徹，識自本心。若識本心，即是解脫。既得解脫，即是般若三昧。悟般若三昧，即是無念。何名無念？無念法者，見一切法，不著一切法；遍一切處，不著一切處。常淨自性，使六賊從六門走出，於六塵中不離不染，來去自由，即是般若三昧，自在解脫，名無念行。莫百物不思，當令念絕，即是法縛，即名邊見。悟無念法者，萬法盡通；悟無念法者，見諸佛境界；悟無念頓法者，至佛位地。

第三十二折

善知識！後代得吾法者，常見吾法身不離汝左右。善知識！將此頓教法門，同見同行，發願受持。如是佛教，終身受持而不退者，欲入聖位。然須傳授，從上以來，默然而付衣法，發大誓願，不退菩提，即須分付。若不同見解，無有志願，在在處處，勿妄宣傳，損彼前人，究竟無益。若愚人不解，謗此法門，百劫千生，斷佛種性。

第三十三折

大師言：「善知識！聽吾說《無相頌》，令汝迷者罪滅，亦名《滅罪頌》。
頌曰：

愚人修福不修道，謂言修福而是道。
布施供養福無邊，心中三業原來在。
若將修福欲滅罪，後世得福罪原在。
若解向心除罪緣，各自性中真懺悔。
若悟大乘真懺悔，除邪行正即無罪。
學道之人能自觀，即與悟人同一例。

惠能今傳此頓教，願學之人同一體。

若欲當來覓法身，三毒惡緣心裏洗。

努力修道莫悠悠，忽然虛度一世休。

若遇大乘頓教法，虔誠合掌至心求。」

大師說法了，韋使君、官僚、僧眾、道俗，贊言無盡，昔所未聞。

第三十四折

使君禮拜，白言：「和尚說法，實不思議。弟子尚有少疑，欲問和尚。望意和尚大慈大悲，為弟子說。」大師言：「有疑即問，何須再三？」使君問：「法可不是西國第一師達摩祖師宗旨？」大師言：「是！」使君問：「弟子見說達摩大師化梁武帝。帝問達摩：『朕一生以來，造寺、布施、供養有功德否？』達摩答言：『並無功德。』武帝惆悵，遂遣達摩出境。未審此言，請和尚說。」六祖言：「實無功德，使君勿疑達摩大師言。武帝著邪道，不識正法。」使君問：「何以無功德？」和尚言：「造寺、布施、供養，只是修福。不可將福以為功德，功德在法身，非在於福田。自法性有功德，平直是佛性，外行恭敬。若輕一切人，吾我不斷，即自無功德。自性無功德，法身無功德。念念行平等直心，德即不輕。常行於敬，自修身即功，自修心即德。功德自心作，福與功德別。武帝不識正理，非祖大師有過。」

第三十五折

使君禮拜，又問：「弟子見僧俗常念阿彌陀佛，願往生西方。請和尚說，得生彼否？望為破疑。」大師言：「使君聽，惠能與說。世尊在舍衛城，說西方引化，經文分明，去此不遠，只為下根。說近說遠，只緣上智。〔註4〕人

〔註4〕此前數句，文法、語義極為混亂，當前諸家有點校為「世尊在舍衛城，說西方引化經文，分明去此不遠，只為下根；說近說遠，只緣上智」者，也有「世尊在舍衛城，說西方引化，經文分明，去此不遠，只為下根說近，說遠只緣上智」者。凡此種種，莫衷一是，且均似不合禪家句義！考其源流，極有可能是彼時抄錄者未錄全、誤錄乃至發生語序混亂、顛倒等事況。如按《壇經》大意，約應該如下思路進行表述：或是：「世尊在舍衛城，說西方引化，經文分明，去此不遠。只為下根，說近說遠。只緣上智，自淨其心。」補入「自淨其心」之類的語句。因為「說遠說近」可表達下根有相，而「自淨其心」可稱為上智離相。又或是：「世尊在舍衛城，說西方引化，經文分明，去此不遠。只為下根，而說其遠；只緣上智，而說其近。說近說遠，只為迷悟有殊，見有遲疾。」將遠和近的對應內容補充完整。如此，「遠」可指下根者執著實物淨土，又以為西方淨土遙遠；「近」可指上根者知曉西方淨土乃自心淨界，近

自兩種,法無兩般。迷悟有殊,見有遲疾。迷人念佛生彼,悟者自淨其心。所以佛言:『隨其心淨,則佛土淨。』使君!東方但淨心無罪,西方心不淨有愆。迷人願生東方、西方,悟者所在處並皆一種。心地但無不淨,西方去此不遠;心起不淨之心,念佛往生難到。除十惡即行十萬;無八邪即過八千。但行直心,到如彈指。使君!但行十善,何須更願往生?不斷十惡之心,何佛即來迎請?若悟無生頓法,見西方只在剎那;不悟頓教大乘,念佛往生路遠,如何得達?」六祖言:「惠能與使君移西方剎那間,目前便見,使君願見否?」使君禮拜:「若此得見,何須往生?願和尚慈悲,為現西方,大善!」大師言:「一時見西方!無疑即散!」大眾愕然,莫知何事。大師曰:「大眾!大眾!作意聽!世人自色身是城,眼、耳、鼻、舌、身即是城門。外有五門,內有意門。心即是地,性即是王。性在王在,性去王無。性在身心存,性去身心壞。佛是自性作,莫向身外求。自性迷,佛即是眾生;自性悟,眾生即是佛。慈悲即是觀音,喜捨名為勢至,能淨是釋迦,平直即是彌勒,人我即是須彌,邪心即是海水,煩惱即是波浪,毒心即是惡龍,塵勞即是魚鱉,虛妄即是鬼神,三毒即是地獄,愚癡即是畜生,十善即是天堂。無人我,須彌自倒;除邪心,海水竭;煩惱無,波浪滅;毒害除,魚龍絕。自心地上覺性如來,放大智惠光明,照曜六門清淨,照破六欲諸天,下照三毒若除,地獄一時消滅,內外明徹,不異西方。不作此修,如何到彼?」座下聞說,贊聲徹天,應是迷人,了然便見。使君禮拜,贊言:「善哉!善哉!普願法界眾生,聞者一時悟解。」

第三十六折

大師言:「善知識!若欲修行,在家亦得,不由在寺。在寺不修,如西方心惡之人;在家若修行,如東方人修善。但願自家修清淨,即是西方。」使

在開悟見性之當下一刻間。這是針對《壇經》語境而展開的兩種補全思路,不是絕對定論。相比較而言,宗寶本《壇經》便將其補充處理得非常理想:「世尊在舍衛城中,說西方引化,經文分明,去此不遠。若論相說,裡數有十萬八千,即身中十惡八邪,便是說遠。說遠為其下根,說近為其上智。」其中,「說遠為其下根」語義已明,而「說近為其上智」再結合後文「人有兩種,法無兩般。迷悟有殊,見有遲疾。迷人念佛求生於彼,悟人自淨其心」數句,也已能很清晰地傳達近遠、迷悟、下根上智、實物淨土唯心淨土等義。基於上述,筆者對原文不作改動,僅只是將「只緣上智」點校為獨立句,以說明前後經文有缺。此處所指出的問題,其實際情況未必果真如筆者所想。讀者可多加關注,結合整體的《壇經》思想及表意習慣而加以推敲取捨、慎重處理。

君問：「和尚！在家如何修？願為指授。」大師言：「善知識！惠能與道俗作
《無相頌》，汝等盡誦取，依此修行頓教法，常與惠能說一處無別。

　　頌曰：

　　　　　　　　　說通及心通，如日處虛空。
　　　　　　　　　惟傳頓教法，出世破邪宗。
　　　　　　　　　教即無頓漸，迷悟有遲疾。
　　　　　　　　　若學頓教法，愚人不可悉。
　　　　　　　　　說即雖萬般，合理還歸一。
　　　　　　　　　煩惱暗宅中，常須生惠日。
　　　　　　　　　邪來因煩惱，正來煩惱除。
　　　　　　　　　邪正悉不用，清淨至無餘。
　　　　　　　　　菩提本清淨，起心即是妄。
　　　　　　　　　淨性於妄中，但正除三障。
　　　　　　　　　世間若修道，一切盡不妨。
　　　　　　　　　常見在己過，與道即相當。
　　　　　　　　　色類自有道，離道別覓道。
　　　　　　　　　覓道不見道，到頭還自懊。
　　　　　　　　　若欲覓真道，行正即是道。
　　　　　　　　　自若無正心，暗行不見道。
　　　　　　　　　若真修道人，不見世間過。
　　　　　　　　　若見世間非，自非卻是左。
　　　　　　　　　他非我不罪，我非自有罪。
　　　　　　　　　但自去非心，打破煩惱碎。
　　　　　　　　　若欲化愚人，事須有方便。
　　　　　　　　　勿令彼有疑，即是菩提現。
　　　　　　　　　法原在世間，於世出世間。
　　　　　　　　　勿離世間上，外求出世間。
　　　　　　　　　邪見在世間，正見出世間。
　　　　　　　　　邪正悉打卻，菩提性宛然。
　　　　　　　　　此但是頓教，亦名為大乘。
　　　　　　　　　迷來經累劫，悟即剎那間。」

第三十七折

大師言：「善知識！汝等盡誦取此偈，依偈修行，去惠能千里，常在能邊；依此不修，對面千里。各各自修，法不相待。眾人且散，惠能歸漕溪山。眾生若有大疑，來彼山間，為汝破疑，同見佛性。」合座官僚道俗，禮拜和尚，無不嗟歎：「善哉大悟！昔所未聞。嶺南有福，生佛在此，誰能得知！」一時盡散。

第三十八折

大師往漕溪山，韶、廣二州行化四十餘年。若論門人，僧之與俗，約有三五千人，說不可盡。若論宗旨，傳授《壇經》，以此為依約。若不得《壇經》，即無稟受。須知法處、年月日、姓名，遞相付囑。無《壇經》稟承，非南宗弟子也。未得稟承者，雖說頓教法，未知根本，終不免諍。但得法者，只勸修行。諍是勝負之心，與佛道違背。

第三十九折

世人盡傳南宗能、北宗秀，未知根本事由。且秀禪師於南都荊州江陵府當陽縣玉泉寺住持修行，惠能大師於韶州城東三十五里漕溪山住持修行。法即一宗，人有南北，因此便立南北。何以漸頓？法即一種，見有遲疾，見遲即漸，見疾即頓。法無漸頓，人有利鈍，故名漸頓。

第四十折

神秀師常見人說，惠能法疾，直指見路。秀師遂喚門人僧志誠曰：「汝聰明多智，汝與吾至漕溪山到惠能所，禮拜但聽，莫言吾使汝來。所聽得意旨，記取，卻來與吾說，看惠能見解與吾誰疾遲。汝第一早來，勿令吾怪。」志誠奉使，歡喜遂行，半月中間，即至漕溪山，見惠能和尚，禮拜即聽，不言來處。志誠聞法，言下便悟，即契本心。起立即禮拜，白言：「和尚！弟子從玉泉寺來，秀師處不得啟悟，聞和尚說，便契本心。和尚慈悲，願當教示。」惠能大師曰：「汝從彼來，應是細作？」志誠曰：「不是！」六祖曰：「何以不是？」志誠曰：「未說時即是，說了即不是。」六祖言：「煩惱即是菩提，亦復如是！」

第四十一折

大師謂志誠曰：「吾聞汝禪師教人，唯傳戒定惠，汝和尚教人戒定惠如何？當為吾說！」志誠曰：「秀和尚言戒定惠：諸惡不作名為戒，諸善奉行名為惠，

自淨其意名為定，此即名為戒定惠。彼作如是說，不知和尚所見如何？」惠能和尚答曰：「此說不可思議，惠能所見又別。」志誠問：「何以別？」惠能答曰：「見有遲疾。」志誠請和尚說所見戒定惠。大師言：「汝聽吾說，看吾所見處：心地無非是自性戒，心地無亂是自性定，心地無癡是自性惠。」大師言：「汝師戒定惠勸小根智人；吾戒定惠勸上智人。得悟自性，亦不立戒定惠。」志誠言：「請大師說，不立如何？」大師言：「自性無非、無亂、無癡，念念般若觀照，常離法相，有何可立？自性頓修，無有漸次，所以不立。」志誠禮拜，便不離漕溪山，即為門人，不離大師左右。

第四十二折

又有一僧名法達，常誦《法華經》七年，心迷不知正法之處。來至漕溪山禮拜，問大師言：「弟子常誦《妙法蓮華經》七年，心迷不知正法之處，經上有疑，大師智惠廣大，願為除疑？」大師言：「法達！法即甚達，汝心不達！經上無疑，汝心自邪，而求正法。吾心正定，即是持經。吾一生以來，不識文字，汝將《法華經》來，對吾讀一遍，吾聞即知。」法達取經到，對大師讀一遍。六祖聞已，即識佛意，便與法達說《法華經》。六祖言：「法達！《法華經》無多語，七卷盡是譬喻因緣。如來廣說三乘，只為世人根鈍。經文分明，無有餘乘，唯有一佛乘。」大師言：「法達！汝聽一佛乘，莫求二佛乘，迷卻汝性。經中何處是一佛乘？吾與汝說，經云：『諸佛世尊唯以一大事因緣故，出現於世。』（已上十六字是正法）此法如何解？此法如何修？汝聽吾說。人心不思，本源空寂，離卻邪見，即一大事因緣。內外不迷，即離兩邊。外迷著相，內迷著空，於相離相，於空離空，即是不迷。若悟此法，一念心開，出現於世。心開何物？開佛知見。『佛』猶如『覺』也，分為四門：開覺知見，示覺知見，悟覺知見，入覺知見。此名開、示、悟、入，從一處入，即覺知見，見自本性，即得出世。」大師言：「法達！吾常願一切世人，心地常自開佛知見，莫開眾生知見。世人心邪，愚迷造惡，自開眾生知見；世人心正，起智惠觀照，自開佛知見。莫開眾生知見，開佛知見即出世。」大師言：「法達！此是《法華經》一乘法。向下分三，為迷人故。汝但依一佛乘。」大師言：「法達！心行轉《法華》，不行《法華》轉；心正轉《法華》，心邪《法華》轉。開佛知見轉《法華》，開眾生知見被《法華》轉。」大師言：「努力依法修行，即是轉經。」法達一聞，言下大悟，涕淚悲泣，白言：「和尚！實未曾轉《法華》，七年被《法華》轉；以後轉《法華》，念念修行佛行。」大師言：

「即佛行是佛。」其時聽人，無不悟者。

第四十三折

時有一僧名智常，來漕溪山，禮拜和尚，問四乘法義。智常問和尚曰：「佛說三乘，又言最上乘，弟子不解，望為教示。」惠能大師曰：「汝自身心見，莫著外法相，原無四乘法。人心量四等，法有四乘。見聞讀誦是小乘，悟法解義是中乘，依法修行是大乘。萬法盡通，萬行俱備，一切不離，但離法相，作無所得，是最上乘。最上乘是最上行義，不在口諍。汝須自修，莫問吾也。」

第四十四折

又有一僧名神會，襄陽人也。至漕溪山禮拜，問言：「和尚坐禪，見亦不見？」大師起，把打神會三下，卻問神會：「吾打汝，痛不痛？」神會答言：「亦痛亦不痛。」六祖言曰：「吾亦見亦不見。」神會又問：「大師何以亦見亦不見？」大師言：「吾亦見，常見自過患，故云亦見。亦不見者，不見他人過罪，所以亦見亦不見也。汝亦痛亦不痛如何？」神會答曰：「若不痛，即同無情木石；若痛，即同凡夫，即起於恨。」大師言：「神會！向前！見不見是兩邊，痛不痛是生滅。汝自性且不見，敢來弄人？」神會禮拜，再禮拜，更不言。大師言：「汝心迷不見，問善知識覓路；汝心悟自見，依法修行。汝自迷不見自心，卻來問惠能見否？吾不自知，代汝迷不得；汝若自見，代得吾迷？何不自修，問吾見否？」神會作禮，便為門人，不離漕溪山中，常在左右。

第四十五折

大師遂喚門人法海、志誠、法達、智常、智通、志徹、志道、法珍、法如、神會。大師言：「汝等十弟子近前，汝等不同餘人，吾滅度後，汝等各為一方師。吾教汝等說法，不失本宗。舉三科法門，動用三十六對，出沒即離兩邊。說一切法，莫離於性相。若有人問法，出語盡雙，皆取法對，來去相因，究竟二法盡除，更無去處。三科法門者，蔭、界、入。蔭，是五蔭；界，是十八界；入，是十二入。何名五蔭？色蔭、受蔭、想蔭、行蔭、識蔭是。何名十八界？六塵、六門、六識。何名十二入？外六塵，中六門。何名六塵？色、聲、香、味、觸、法是。何名六門？眼、耳、鼻、舌、身、意是。法性起六識（眼識、耳識、鼻識、舌識、身識、意識）、六門、六塵。自性含

萬法，名為含藏識。思量即轉識，生六識，出六門、六塵，是三六十八。由自性邪，起十八邪；若自性正，起十八正。惡用即眾生，善用即佛。用由何等？由自性。」

第四十六折

對：外境無情對有五：天與地對，日與月對，暗與明對，陰與陽對，水與火對。語言法相對有十二對：有為無為對，有色無色對、有相無相對、有漏無漏對、色與空對、動與靜對、清與濁對、凡與聖對、僧與俗對、老與少對、長與短對、高與下對。自性起用對有十九對：邪與正對、癡與惠對、愚與智對、亂與定對、戒與非對、直與曲對、實與虛對、嶮與平對、煩惱與菩提對、慈與害對、喜與嗔對、捨與慳對、進與退對、生與滅對、常與無常對、法身與色身對、化身與報身對、體與用對、性與相對。語言與法相對有十二對，外境無情對有五對，自性起用對有十九對，都合成三十六對也。此三十六對法，解用通一切經，出入即離兩邊。如何自性起用三十六對？共人言語，出，外於相離相；入，內於空離空。著空，則惟長無明；著相，則惟長邪見。秉法直言，不用文字。既云不用文字？人不合言語，言語即是文字。自性上說空，正語言本性不空。迷自惑，語言除故。暗不自暗，以明故暗；暗不自暗，以明變暗。以暗現明，來去相因。三十六對，亦復如是。

第四十七折

大師言：「十弟子！以後傳法，遞相教授一卷《壇經》，不失本宗。不稟受《壇經》，非我宗旨。如今得了，遞代流行。得遇《壇經》者，如見吾親授。」十僧得教授已，寫為《壇經》，遞代流行，得者必當見性。

第四十八折

大師先天二年八月三日滅度。七月八日，喚門人告別。大師先天元年於新州國恩寺造塔，至先天二年七月告別。大師言：「汝眾近前，吾至八月，欲離世間，汝等有疑早問，為汝破疑，當令迷者盡悟，使汝安樂。吾若去後，無人教汝。」法海等眾僧聞已，涕淚悲泣。唯有神會不動，亦不悲泣。六祖言：「神會小僧，卻得善不善等，毀譽不動。餘者不得，數年山中，更修何道？汝今悲泣，更憂阿誰？憂吾不知去處在？若不知去處，終不別汝。汝等悲泣，即不知吾去處；若知去處，即不悲泣。性體無生無滅，無去無來。汝等盡坐，吾與汝一偈《真假動靜偈》，汝等盡誦取，見此偈意，與吾意同。依此修行，

不失宗旨。」僧眾禮拜，請大師留偈，敬心受持。偈曰：

> 一切無有真，不以見於真。
>
> 若見於真者，是見盡非真。
>
> 若能自有真，離假即心真。
>
> 自心不離假，無真何處真？
>
> 有情即解動，無情即無動。
>
> 若修不動行，同無情不動。
>
> 若見真不動，動上有不動。
>
> 不動是不動，無情無佛種。
>
> 能善分別相，第一義不動。
>
> 若悟作此見，則是真如用。
>
> 報諸學道者，努力須用意。
>
> 莫於大乘門，卻執生死智。
>
> 前頭人相應，即共論佛義。
>
> 若實不相應，合掌禮勸善。
>
> 此教本無諍，若諍失道意。
>
> 執迷諍法門，自性入生死。

第四十九折

眾僧既聞，識大師意，更不敢諍，依法修行。一時禮拜，即知大師不久住世。上座法海向前言：「大師！大師去後，衣法當付何人？」大師言：「法即付了，汝不須問。吾滅後二十餘年，邪法撩亂，惑我宗旨。有人出來，不惜身命，定佛教是非，豎立宗旨，即是吾正法。衣不合傳，汝不信，吾與誦先代《五祖傳衣付法頌》。若據第一祖達摩頌意，即不合傳衣。聽吾與汝誦。頌曰：

第一祖達摩和尚頌曰：

> 吾本來東土，傳教救迷情。
>
> 一花開五葉，結菓自然成。

第二祖惠可和尚頌曰：

> 本來緣有地，從地種花生。
>
> 當本元無地，花從何處生？

第三祖僧璨和尚頌曰：

　　　　　　花種須因地，地上種花生。

　　　　　　花種無生性，於地亦無生。

　第四祖道信和尚頌曰：

　　　　　　花種有生性，因地種花生。

　　　　　　先緣不和合，一切盡無生。

　第五祖弘忍和尚頌曰：

　　　　　　有情來下種，無情花即生。

　　　　　　無情又無種，心地亦無生。

　第六祖惠能和尚頌曰：

　　　　　　心地含情種，法雨即花生。

　　　　　　自悟花情種，菩提菓自成。」

第五十折

　能大師言：「汝等聽吾作二頌，取達摩和尚頌意。汝迷人依此頌修行，必當見性。

　第一頌曰：

　　　　　　心地邪花放，五葉逐根隨。

　　　　　　共造無明業，見被業風吹。

　第二頌曰：

　　　　　　心地正花放，五葉逐根隨。

　　　　　　共修般若惠，當來佛菩提。」

　六祖說偈已了，放眾僧散。門人出外思惟，即知大師不久住世。

第五十一折

　六祖後至八月三日，食後，大師言：「汝等著位坐，吾今共汝等別！」法海問言：「此頓教法傳授，從上以來至今幾代？」六祖言：「初，傳授七佛，釋迦牟尼佛第七，大迦葉第八，阿難第九，末田地第十，商那和修第十一，優婆毱多第十二，提多迦第十三，佛陀難提第十四，佛陀蜜多第十五，脅比丘第十六，富那奢第十七，馬鳴第十八，毘羅長者第十九，龍樹第二十，迦那提婆第二十一，羅睺羅第二十二，僧迦那提第二十三，僧迦耶舍第二十四，鳩摩羅馱第二十五，闍耶多第二十六，婆修盤多第二十七，摩拏羅第二十八，鶴勒那第二十九，師子比丘第三十，舍那婆斯第三十一，優婆堀第三十二，僧迦羅第三十三，須婆蜜多第三十四，南天竺國王子第三子菩提達摩第三十

五，唐國僧惠可第三十六，僧璨第三十七，道信第三十八，弘忍第三十九，惠能自身當今受法第四十。」大師言：「今日以後，遞相傳授，須有依約，莫失宗旨。」

第五十二折

法海又白：「大師今去，留付何法？令後代人如何見佛？」六祖言：「汝聽！後代迷人，但識眾生，即能見佛；若不識眾生，覓佛萬劫不可得見也。吾今教汝識眾生見佛，更留《見真佛解脫頌》，迷即不見佛，悟者即見。」法海願聞，代代流傳，世世不絕。六祖言：「汝聽！吾與汝說。後代世人，若欲覓佛，但識眾生，即能識佛，即緣佛心有眾生，離眾生無佛心。

> 迷即佛眾生，悟即眾生佛。
> 愚癡佛眾生，智惠眾生佛。
> 心嶮佛眾生，平等眾生佛。
> 一生心若嶮，佛在眾生中。
> 一念悟若平，即眾生自佛。
> 我心自有佛，自佛是真佛。
> 自若無佛心，向何處求佛？」

第五十三折

大師言：「汝等門人好住！吾留一頌，名《自性見真佛解脫頌》。後代迷人，聞此頌意，即見自心自性真佛。與汝此頌，吾共汝別。頌曰：

> 真如淨性是真佛，邪見三毒是真魔。
> 邪見之人魔在舍，正見之人佛在堂。
> 性中邪見三毒生，即是魔王來住舍。
> 正見忽除三毒心，魔變成佛真無假。
> 化身報身及法身，三身原本是一身。
> 若向性中覓自見，即是成佛菩提因。
> 本從化身生淨性，淨性常在化身中。
> 性使化身行正道，當來圓滿真無窮。
> 淫性本是淨性因，除淫即無淨性身。
> 性中但自離五欲，見性剎那即是真。
> 今生若悟頓教門，悟即眼前見世尊。
> 若欲修行求覓佛，不知何處欲覓真？

　　若能心中自有真，有真即是成佛因。

　　自不求真外覓佛，去覓總是大癡人。

　　頓教法者是西流，救度世人須自修。

　　今報世間學道者，不依此見大悠悠。」

　　大師說偈已了，遂告門人曰：「汝等好住，今共汝別，吾去以後，莫作世情悲泣，而受人弔問錢帛，著孝衣，即非聖法，非我弟子。如吾在日一種，一時端坐，但無動無靜，無生無滅，無去無來，無是無非，無住無往，坦然寂靜，即是大道。吾去以後，但依法修行，共吾在日一種。吾若在世，汝違教法，吾住無益。」

　　大師云此語已，夜至三更，奄然遷化。大師春秋七十有六。

第五十四折

　　大師滅度之日，寺內異香氛氳，經數日不散。山崩地動，林木變白，日月無光，風雲失色。八月三日滅度，至十一月，迎和尚神座於漕溪山，葬在龍龕之內。白光出現，直上衝天，三日始散。韶州刺史韋據立碑，至今供養。

第五十五折

　　此《壇經》，法海上座集。上座無常，付同學道際。道際無常，付門人悟真。悟真在嶺南漕溪山法興寺，現今傳授此法。

第五十六折

　　如付此法，須得上根智，深信佛法，立於大悲。持此經，以為稟承，於今不絕。

第五十七折

　　和尚本是韶州曲江縣人也。如來入涅槃，法教流東土，共傳無住心，即我心無住。此真菩薩說，真實亦譬喻，唯教大智人，無住是旨依。凡發誓修行，修行遭難不退，遇苦能忍，福德深厚，方授此法。如根性不堪，裁量不得，雖求此法，建立不得者，不得妄付《壇經》。告諸同道者，令知密意。

曹溪大師別傳〔註5〕

佚 名

　　唐韶州曹溪寶林山國寧寺六祖惠能大師傳法宗旨，並高宗大帝敕書兼賜物改寺額，及大師印可門人，並滅度六種瑞相，及智藥三藏懸記等傳。〔註6〕

一、智藥三藏懸記

　　梁天監壬午九年正月五日，時婆羅門三藏，字智藥，是中天竺國那爛陀寺大德，辭彼國王，來此五臺山禮謁文殊。時弟子數十侍從。

　　三藏博識多聞，善通經論星象之學，志弘大乘，巡歷諸國，遠涉滄波，泛舶至韶州曹溪口村。謂村人曰：「看此水源，必有勝地，堪為沙門居止，代代高僧不絕。吾欲尋之。」行至曹溪，勸村人修造住處。經五年，號此山門名寶林寺。人天所敬，海內歸依。

　　至天監五年二月十五日，敕天下名僧大德，令所在州縣進入內道場供養。時韶州刺史侯公表進三藏入內。使君問三藏云：「何以名此山門為寶林耶？」答曰：「吾去後一百七十年，有無上法寶於此地弘化，有學者如林。故號寶林耶。」三藏四月初，得對奏為寶林寺，敕賜田五拾頃。

　　至天監十年，三藏入台山，卻還本國。至隋大業十三年，天下荒亂，寺舍毀廢。至天平元年，樂昌縣令李藏之，請寶林額於樂昌曹〔註7〕溪村置寺。

〔註5〕 此文收錄於《卍續藏》第86冊。不知何人所撰，傳唐時為日本僧人抄錄回國，成其國研究惠能及《壇經》的重要史料。然對照國內諸本《壇經》或歷代禪門公案，可發現此傳多處差異，甚至前後也有混亂、矛盾之處，胡適對《壇經》的探討便指出過此傳的多處舛錯。然而，此傳畢竟是研究《壇經》可予以參考的史料，其中也不乏精彩可取之處，故附錄於此，以資對比。

〔註6〕 此為別傳簡介，與正文內容順序並不絕對一致。正文原無綱目，後文六處綱目乃編錄者參照簡介酌情分類增入。

〔註7〕 原為「靈」字，當為「曹」。

二、惠能傳法宗旨

至咸亨元年時，惠能大師，俗姓盧氏，新州人也。少失父母，三歲而孤。雖處群輩之中，介然有方外之志。其年，大師遊行至曹溪，與村人劉志略結義為兄弟。時春秋三十。

略有姑出家，配山澗寺，名無盡藏。常誦《涅槃經》。大師畫與略役力，夜即聽經。至明，為無盡藏尼解釋經義。尼將經與讀，大師曰：「不識文字。」尼曰：「既不識字，如何解釋其義？」大師曰：「佛性之理，非關文字能解。今不識文字何怪？」

眾人聞之，皆嗟歎曰：「見解如此，天機自悟，非人所及。堪可出家住此寶林寺。」大師即住此寺。修道經三年，正當智藥三藏一百七十年懸記之時也。時大師春秋卅有三。

後聞樂昌縣西石窟有遠禪師，遂投彼學坐禪。大師素不曾學書，竟未披尋經論。時有惠紀禪師誦《投陀經》，大師聞經歎曰：「經意如此，今我空坐何為！」至咸亨五年，大師春秋卅有四。惠紀禪師謂大師曰：「久承蘄州黃梅山忍禪師開禪門，可往彼修學。」

大師其年正月三日，發韶州往東山，尋忍大師。策杖塗跣，孤然自行，至洪州東路。時多暴虎，大師獨行山林無懼。遂至東山見忍大師。忍大師問曰：「汝化物來？」能答曰：「唯求作佛來。」忍問曰：「汝是何處人？」能答曰：「嶺南新州人。」忍曰：「汝是嶺南新州人，寧堪作佛？」能答曰：「嶺南新州人佛性與和上佛性有何差別？」忍大師更不復問。可謂自識佛性，頓悟真如，深奇之奇之。

忍大師山中門徒至多，顧眄左右，悉皆龍象，遂令能入廚中供養。經八個月，能不避艱苦，忽同時戲調，嶷然不以為意，忘身為道，仍踏碓。自嫌身輕，乃繫大石著腰，墜碓令重，遂損腰腳。忍大師因行至碓米所，問曰：「汝為供養，損腰腳所，痛如何？」能答曰：「不見有身，誰言之痛！」

忍大師至夜，命能入房。大師問：「汝初來時答吾嶺南人佛性與和上佛性有何差別，誰教汝耶？」答曰：「佛性非偏，和上與能無別，乃至一切眾生皆同。更無差別，但隨根隱顯耳。」忍大師征曰：「佛性無形，如何隱顯？」能答曰：「佛性無形，悟即顯，迷即隱。」

於時，忍大師門徒見能與和上論佛性義。大師知諸徒不會，遂遣眾人且散。忍大師告能曰：「如來臨般涅槃，以甚深般若波羅蜜法付囑摩訶迦葉，迦

葉付阿難，阿難付商那和修，和修付優波掬多。在後展轉相傳西國，經二十八祖至於達磨多羅大師，漢地為初祖。付囑惠可，可付璨，璨付雙峰信，信付於吾矣。吾今欲逝，法囑於汝。汝可守護，無令斷絕。」能曰：「能是南人，不堪傳授佛性。此間大有龍象。」忍大師曰：「此雖多龍象，吾深淺皆知。猶兔與馬，唯付囑象王耳。」忍大師即將所傳袈裟付能，大師遂頂戴受之。

大師問和上曰：「法無文字，以心傳心，以法傳法，用此袈裟何為？」忍大師曰：「衣為法信，法是衣宗。從上相傳，更無別付。非衣不傳於法，非法不傳於衣。衣是西國師子尊者相傳，令佛法不斷。法是如來甚深般若，知般若空寂無住即而了法身，見佛性空寂無住是真解脫。汝可持衣去。」遂則受持，不敢違命，然此傳法袈裟是中天布，梵云婆羅那。唐言第一好布，是木綿花作。時人不識，謬云絲布。

忍大師告能曰：「汝速去，吾當相送。」隨至蘄州九江驛，忍大師告能曰：「汝傳法之人，後多留難。」能問大師曰：「何以多難？」忍曰：「後有邪法競興親，附國王大臣，蔽我正法。汝可好去。」能遂禮辭南行。

忍大師相送已，卻還東山，更無言說。諸門人驚怪問：「和上何故不言？」大師告眾曰：「眾人散去，此間無佛法，佛法已向南去也。我今不說，於後自知。」忍大師別能大師，經停三日，重告門人曰：「大法已行，吾當逝矣。」忍大師遷化，百鳥悲鳴，異香芬馥，日無精光，風雨折樹。

時有四品官，俗姓陳氏，捨俗出家，事和上，號惠明禪師。聞能大師將衣鉢去，遂奔趁南方。尋至大庾嶺，見能大師。大師即將衣鉢，遂還明。明曰：「來不為衣鉢，不審和尚初付囑時，更有何言教？願垂指示。」能大師即為明禪師傳囑授密言。惠明唯然受教，遂即禮辭。明語能曰：「急去，急去，在後大有人來相趁逐。」能大師即南行。

至來朝，果有數百人來，至嶺，見明禪師。師曰：「吾先至此，不見此人，問南來者亦不見，此人患腳，計未過此。」諸人卻向北尋，明禪師得言教，猶未曉悟，卻居廬山峰頂寺，三年方悟密語。明後居蒙山，廣化群品。

能大師歸南，略至曹溪，猶被人尋逐，便於廣州四會、懷集兩縣界避難。經於五年，在獵師中，大師春秋三十九。

至儀鳳元年初，於廣州制旨寺，聽印宗法師講《涅槃經》。法師是江東人也，其制旨寺是宋朝求那跋摩三藏置，今廣州龍興寺是也。法師每勸門人商量論義，時囑正月十三日懸幡，諸人夜論幡義，法師廊下隔壁而聽。初論

幡者：「幡是無情，因風而動。」第二人難言：「風幡俱是無情，如何得動？」第三人：「因緣和合，故動。」第四人言：「幡不動，風自動耳。」眾人諍論，喧喧不止。能大師高聲止諸人曰：「幡無如餘種動。所言動者，人者心自動耳。」

印宗法師聞已，至明日講次，欲畢，問大眾曰：「昨夜某房論義，在後者是誰？此人必稟承好師匠。」中有同房人云：「是新州盧行者。」法師云：「請行者過房。」能遂過房。法師問曰：「曾事何人？」能答曰：「事嶺北蘄州東山忍大師。」法師又問：「忍大師臨終之時，云佛法向南，莫不是賢者否？」能答：「是。」「既云是，應有傳法袈裟，請一覽看。」印宗見袈裟已，珍重禮敬，心大歡喜。歎曰：「何期南方有如是無上之法寶！」法師曰：「忍大師付囑如何指授言教？」能大師答曰：「唯論見性，不論禪定解脫、無為無漏。」法師曰：「如何不論禪定解脫，無漏無為？」能答曰：「為此多法，不是佛性，佛性是不二之法。《涅槃經》明其佛性不二之法，即此禪也。」法師又問：「如何佛性是不二之法？」能曰：「《涅槃經》高貴德王菩薩白佛言：『世尊，犯四重禁，作五逆罪，及一闡提等，為當斷善根、佛性改否？』佛告高貴德王菩薩：『善根有二，一者常，二者無常，佛性非常非無常，是故不斷，名之不二。一者善，二者不善，佛性非善非不善，是故不斷，名為不二。』又云：『蘊之與界，凡夫見二，智者了達，其性無二，無二之性即是實性。明與無明，凡夫見二，智者了達，其性無二，無二之性即是實性。』實性無二。」能大師謂法師曰：「故知佛性是不二之法。」印宗聞斯解說，即起合掌，虔誠願事為師。

明日講次，告眾人曰：「印宗何幸！身是凡夫，不期座下法身菩薩！印宗所為眾人說《涅槃經》猶如瓦礫，昨夜請盧行者過房論義猶如金玉。諸人信否？然此賢者，是東山忍大師傳法之人，諸人永不信，請行者將傳法袈裟呈示諸人。」諸人見已頂禮，咸生信重。

儀鳳元年正月十七日，印宗與能大師剃髮落。二月八日，於法性寺受戒，戒壇是宋朝求那跋摩三藏所置。當時遙記云：「於後當有羅漢登此壇，有菩薩於此受戒。」今能大師受戒應其記也（出《高僧錄》）。

能大師受戒和尚西京總持寺智光律師，羯磨闍梨蘇州靈光寺惠靜律師，教授闍梨荊州天皇寺道應律師。後時三師皆於能大師所學道，終於曹溪。其證戒大德，一是中天耆多羅律師，二是密多三藏。此二大德皆是羅漢，博達

三藏，善中邊言。印宗法師請為尊證也。又蕭梁末有真諦三藏，於壇邊種菩提樹兩株，告眾僧曰：「好看此樹，於後有菩薩僧於此樹下演無上乘。」於後能大師於此樹下坐，為眾人開東山法門，應真諦三藏記也（出《真諦三藏傳》）。

其年四月八日，大師為大眾初開法門曰：「我有法，無名無字，無眼無耳無身無意，無言無示，無頭無尾，無內無外，亦無中間，不去不來，非青黃赤白黑，非有非無，非因非果。」大師問眾人此是何物。大眾兩兩相看，不敢答。時有菏澤寺小沙彌神會，年始十三。答：「此之佛之本源。」大師問云：「何是本源？」沙彌答曰：「本源者諸佛本性。」大師云：「我說無名無字，汝云何言佛性有名字？」沙彌曰：「佛性無名字，因和上問，故立名字。正名字時，即無名字。」大師打沙彌數下。大眾禮謝曰：「沙彌小人，惱亂和上。」大師云：「大眾且散去，留此饒舌沙彌。」至夜間，大師問沙彌：「我打汝時，佛性受否？」答云：「佛性無受。」大師問：「汝知痛否？」沙彌答：「知痛。」大師問：「汝既知痛，云何道佛性無受？」沙彌答：「豈同木石，雖痛而心性不受。」大師語沙彌曰：「節節支解時不生嗔恨，名之無受。我忘身為道，踏碓直至跨脫，不以為苦，名之無受。汝今被打，心性不受。汝受諸觸如智證，得真正受三昧。」沙彌密受付囑。

大師出家開法受戒，年登四十。印宗法師請大師歸制旨寺，今廣州龍興寺經藏院，是大師開法堂。法師問能大師曰：「久在何處住？」大師云：「韶州曲縣南五十里曹溪村故寶林寺。」法師講經了，將僧俗三千餘人送大師歸曹溪，因茲廣闡禪門，學徒十萬。

三、宣敕辭疾

至神龍元年正月十五日，敕迎大師入內，表辭不去。高宗大帝敕曰：

朕虔誠慕道，渴仰禪門，召諸州名山禪師集內道場供養。安秀二德，最為僧首。朕每咨求，再推南方有能禪師密受忍大師記，傳達磨衣鉢，以為法信，頓悟上乘，明見佛性，今居韶州曹溪山，示悟眾生即心是佛。朕聞如來以心傳心，囑付迦葉。迦葉展轉相傳，至於達磨，教被東土，代代相傳，至今不絕。師既稟承有依，可往京城施化，緇俗歸依，天人瞻仰。故遣中使薛簡迎師，願早降至。神龍元年正月十五日下。

韶州曹溪山釋迦惠能辭疾表：

惠能生自偏方，幼而慕道，叨為忍大師囑付如來心印，傳西國衣鉢，授

東土佛心。奉天恩遣中使薛簡召能入內。惠能久處山林，年邁風疾。陛下德包物外，道貫萬民，育養蒼生，仁慈黎庶，旨弘大教，欽崇釋門。恕惠能居山養疾，修持道業，上答皇恩，下及諸王太子。謹奉表。釋迦惠能頓首頓首。

中使薛簡問大師：「京城大德禪師教人要假坐禪，若不因禪定，解脫得道，無有是處。」大師云：「道由心悟，豈在坐耶？《金剛經》云〔註8〕：『若人言如來若坐若臥，是人不解我所說義。如來者，無所從來，亦無所去，故名如來。』無所從來曰生，亦無所去曰滅。若無生滅，而是如來清淨禪。諸法空，即是坐。」大師告言中使：「道畢竟無得無證，豈況坐禪。」薛簡云：「簡至天庭，聖人必問。伏願和上指授心要，將傳聖人及京城學道者。如燈轉照，冥者皆明，明明無盡。」大師云：「道無明暗，明暗是代謝之義。明明無盡，亦是有盡，相待立名。《淨名經》云：『法無有比，無相待故。』」薛簡云：「明譬智慧，暗喻煩惱。修道之人，若不用智慧照生死煩惱，何得出離？」大師云：「煩惱即菩提，無二無別。汝見有智慧為能照，此是二乘見解。有智之人悉不如是。」薛簡云：「大師！何者是大乘見解？」大師云：「《涅槃經》云：『明與無明，凡夫見二，智者了達，其性無二。無二之性即是實性。』實性者即是佛性。佛性在凡夫不減，在賢聖不增，在煩惱而不垢，在禪定而不淨。不斷不常，不來不去，亦不中間及內外。不生不滅，性相常住，恒不變易。」薛簡問：「大師說不生不滅，何異外道？外道亦說不生不滅。」大師答曰：「外道說不生不滅，將生止滅，滅猶不滅。我說本自無生，今即無滅，不同外道。外道無有奇特，所以有異。」大師告薛簡曰：「若欲將心要者，一切善惡都無思量，心體湛寂，應用自在。」薛簡於言下大悟云：「大師！今日始知佛性本自有之，昔日將為大遠；今日始知至道不遙，行之即是；今日始知涅槃不遠，觸目菩提；今日始知佛性不念善惡，無思無念，無知無作不住；今日始知佛性常住不變，不為諸惑所遷。」中使薛簡禮辭大師，將表赴京。

高宗大帝賜磨衲袈裟一領及絹五百疋。敕書曰：

敕：師老疾為朕修道，國之福田。師若淨名託疾，金粟闡弘大法，傳諸佛心，談不二之說。杜口毗耶，聲聞被呵，菩薩辭退。師若此也。薛簡傳師指授如來智見，善惡都莫思量，自然得入心體，湛然常寂，妙用恒沙。朕積善餘慶，宿種善因，得值師之出世，蒙師惠頓上乘佛心第一。朕感荷師恩，

〔註8〕此一「云」字為錄者加。

頂戴修行，永永不朽。奉磨衲袈裟一領，絹五百疋，供養大師。神龍三年四月二日下。

又，神龍三年十一月十八日，敕下：

韶州百姓，可修大師中興寺佛殿及大師經坊，賜額為法泉寺，大師生緣新州故宅為國恩寺。

四、門人因緣

延和元年，大師歸新州，修國恩寺。諸弟子問：「和上修寺去，卒應未歸，此更有誰堪咨問？」大師云：「翁山寺僧靈振，雖患腳跛，心裏不跛。」門人咨請振說法。又問：「大師何時得歸？」答曰：「我歸無日也。」

大師在日，景雲二年先於曹溪造龕塔。後先天二年七月，廊宇猶未畢功。催令早了，吾當行矣。門人猶未悟意。

某年八月，大師染疾，諸門人問大師：「法當付囑阿誰？」答：「法不付囑，亦無人得。」神會問大師：「傳法袈裟云何不傳？」答云：「若傳此衣，傳法之人短命。不傳此衣，我法弘盛。留鎮曹溪。我滅度七十年後，有東來菩薩。一在家菩薩，修造寺舍；二出家菩薩，重建我教門。」徒問大師曰：「云何傳此衣短命？」答曰：「吾持此衣，三遍有刺客來取吾命，吾命如懸絲。恐後傳法之人被損，故不付也。」

大師力疾勸誘徒眾，令求道忘身，唯懃加行，直趣菩提。某月三日，奄然端坐遷化。春秋七十有六。滅度之日，煙雲暴起，泉池枯涸，溝潤山澗潤絕流，白虹貫日。岩東忽有眾鳥數千，於樹悲鳴，又寺西有白氣如練長一里餘，天色清朗，孤然直上，經於五日乃散。復有五色雲，見於西南。是日四方無雲，忽有數陣涼風，從西南飄入寺舍。俄而香氣氛氳，遍滿廊宇。地皆振動，山崖崩頹。大師新州亡廣果寺。寺西虹光三道，經於旬日。又寺前城頭莊有虹光，經一百日。眾鳥悲鳴，泉水如稠泔汁，不流數日。又翁山寺振禪師，於房前與眾人夜間說法，有一道虹光從南來入房。禪師告眾人曰：「和上多應新州亡也，此虹光是和上之靈瑞也。」新州尋有書報亡。曹溪門徒發哀，因虹光頓謝，泉水漸流。書至翁山，振禪師聞哀，設三七齋，於夜道俗畢集。忽有虹光從房而出，振禪師告眾人曰：「振不久住也，經云：『大象既去，小象亦隨。』」其夕中夜，臥右脅而終也。

曹溪門人迎大師全身歸曹溪，其時首領不肯放，欲留國恩寺起塔供養。時門人僧崇一等，見刺史論理，方還曹溪。大師頭頸先以鐵鍱封裹，全身膠

漆，其年十一月十三日遷神入龕。至開元二十七年，有刺客來取頭。移大師出庭中，刀斬數下。眾人唯聞鐵聲驚覺，見一孝子奔走出寺，尋跡不獲。

大師在日，受戒開法度人三十六年，先天二年壬子歲滅度。至唐建中二年，計當七十一年。其年，眾請上足弟子行滔守所傳衣。經三十五年，有殿中侍御史韋據，為大師立碑。後北宗俗弟子武平一，開元七年磨卻韋據碑文，自著武平一文。

開元十一年，有潭州瑝禪師，曾事忍大師，後時歸長沙祿山寺。常習坐禪，時時入定，遠近知聞。時有大榮禪師，住曹溪事大師，經三十年。大師常語榮曰：「汝化眾生得也。」榮即禮辭歸北。路過瑝禪師處，榮頂禮問瑝曰：「承和上每入定，當入定時，為有心耶？為無心耶？若有心，一切眾生有心，應得入定。若無心，草木瓦礫亦應入定。」瑝答曰：「我入定無此有無之心。」榮答曰：「若無有無之心，即是常定，常定即無出入。」瑝即無對。瑝問：「汝從能大師處來，大師以何法教汝？」榮答曰：「大師教榮不定不亂，不坐不禪，是如來禪。」瑝於言下便悟，云：「五蘊非有，六塵體空。非寂非照，離有離空。中間不住，無作無功。應用自在，佛性圓通。」歎曰：「我三十年來，空坐而已。」往曹溪歸依大師學道。世人傳瑝禪師三十年坐禪，近始發心修道。景雲二年，卻歸長沙舊居，二月八日夜悟道。其夜空中，有聲告合郭百姓：「瑝禪師今夜得道。」皆是能大師門徒也。

五、袈裟別傳

上元二年，廣州節度韋利見奏，僧行滔及傳袈裟入內。孝感皇帝依奏。敕書曰：

敕：曹溪山六祖傳袈裟及僧行滔，並俗弟子韋利，見令水陸給公乘，隨中使劉楚江赴上都。上元二年十二月十七日下。

又乾元二年正月一日，滔和上有表辭老疾，遣上足僧惠象及家人永和，送傳法袈裟入內，隨中使劉楚江赴上都。四月八日，得對。滔和上正月十七日身亡，春秋八十九。敕賜惠象紫羅袈裟一對，家人永和州敕賜度配本寺，改建興寺為國寧寺。改和上蘭若，敕賜額為寶福寺。

又僧惠象隨中使劉楚江將衣赴上都訖。辭歸表：

沙門臣惠象言：臣偏方賤品，叨篚桑門，樂處山林，恭持聖教。其前件衣鉢，自達磨大師已來，轉相傳授，皆當時海內欽崇，沙界歸依，天人瞻仰，俾令後學，覩物思人。臣雖不才，濫承付囑，一昨奉恩命勒送天宮，親自保

持永無失墜。臣之感荷，悲不自勝。是知大法之衣，萬劫不朽。京城緇侶，頂戴而行。然臣師主行滔，久傳法印，保茲衣缽，如護髻珠。數奉德音，不敢違命。一朝已歿，奄棄明朝。臣今欲歸，至彼啟告神靈，宣述聖情，陳進衣改寺之由，敘念舊恤今之狀。臣死將萬足，不勝涕戀，懇歎之至，供奉表辭以聞。沙門惠象，誠悲誠戀，頓首頓首謹書。

孝感皇帝批僧惠象表：

敕曰：師之師主行滔戒行清循，德行孤秀，傳先賢所付衣缽，在炎方而保持甌換歲年，曾不失墜。朕虔誠慕道，發使遐求。師綿歷畏途，頂戴而送，遂朕懇願，何慰如之。行滔身雖云亡，其神如在。師歸至彼，具告厥靈，知朕敘崇，永永不朽矣。即宜好去。

又，乾元三年十一月二十日，孝感皇帝遣中使程京杞，送和香於能大師龕前供養。宣口敕，焚香，龕中一道虹光直上，高數丈。程使見光，與村人舞蹈。錄表奏。

又寶應元皇帝送傳法袈裟歸曹溪，敕書曰（袈裟在京總持寺安置經七年）：

敕：楊鑒卿久在炎方，得好在否？朕感夢，送能禪師傳法袈裟歸曹溪。尋遣中使鎮國大將軍楊崇景，頂戴而送。傳法袈裟是國之寶，卿可於能大師本寺，如法安置。專遣眾僧親承宗旨者守護，勿令墜失。朕自存問。永泰元年五月七日下。

六、六種靈瑞

大師在日，寺側有瓦瓦窯匠於水源所煬雞，水被觸穢，旬日不流。大師處分瓦匠，令於水所焚香設齋。稽告纔畢，水即通流。

又，寺內前後兩度經軍馬，水被觸污，數日枯渴。軍退散後，焚香禮謝，涓涓供用。

又，大師住國寧寺及新州國恩寺，至今兩寺並無鵲雀烏鳶。

又，大師每年八月三日遠忌，村郭士女雲集，在寺營齋。齋散，眾人皆於塔所禮別，須臾之間，微風忽起，異香襲人，煙雲覆寺。天降大雨，洗蕩伽籃，寺及村雨即不降。

又，大師滅後，法衣兩度被人偷將，不經少時，尋即送來，盜者去不得。

又，大師滅後，精靈常在，怳怳如睹。龕塔中常有異香，或入人夢。

前後祥瑞，其數非一。年月淹久，書記不盡。

六祖大師緣記外記〔註9〕

法海等集

　　大師名惠能，父盧氏，諱行瑫，唐武德三年九月左官新州。母李氏，先夢庭前白華競發，白鶴雙飛，異香滿室，覺而有娠。遂潔誠齋戒，懷妊六年，師乃生焉，唐貞觀十二年戊戌歲二月八日子時也。時毫光騰空，香氣芬馥。黎明有二僧造謁，謂師之父曰：「夜來生兒，專為安名，可上惠下能也。」父曰：「何名惠能？」僧曰：「惠者以法惠濟眾生，能者能作佛事。」言畢而出，不知所之。師不飲母乳，遇夜，神人灌以甘露。三歲父喪，葬於宅畔，母守志鞠養。既長，鬻薪供母。年二十有四，聞經有省，往黃梅參禮。五祖器之，付衣法，令嗣祖位，時龍朔元年辛酉歲也。

　　南歸隱遁，至儀鳳元年丙子正月八日，會印宗法師，詰論玄奧，印宗悟契師旨。是月十五日，普會四眾為師薙髮。二月八日，集諸名德，授具足戒。西京智光律師為授戒師，蘇州慧靜律師為羯磨，荊州通應律師為教授，中天耆多羅律師為說戒，西國蜜多三藏為證戒。其戒壇，乃宋朝求那跋陀羅三藏創建，立碑曰：「後當有肉身菩薩於此受〔註10〕戒。」又梁天監元年，智藥三藏自西竺國航海而來，將彼土菩提樹一株植此壇畔，亦預誌曰：「後一百七十年，有肉身菩薩，於此樹下開演上乘，度無量眾，真傳佛心印之法主也。」師至是祝髮受戒，及與四眾開示單傳之旨，一如昔讖（梁天監元年壬午歲，至唐儀鳳元年丙子，得一百七十五年）。

　　次年春，師辭眾歸寶林，印宗與緇白送者千餘人，直至曹溪。時荊州通應律師，與學者數百人依師而住。師至曹溪寶林，睹堂宇湫隘，不足容眾，

〔註9〕此本錄於《大正藏》第48冊。
〔註10〕原文為「授」，今改為「受」。

欲廣之。遂謁里人陳亞仙曰：「老僧欲就檀越求坐具地，得不？」仙曰：「和尚坐具幾許闊？」祖出坐具示之，亞仙唯然。祖以坐具一展，盡罩曹溪四境，四天王現身坐鎮四方。今寺境有天王嶺，因茲而名。仙曰：「知和尚法力廣大，但吾高祖墳墓並在此地，他日造塔，幸望存留，余願盡捨永為寶坊。然此地乃生龍白象來脈，只可平天，不可平地。」寺後營建，一依其言。師遊境內山水勝處，輒憩止，遂成蘭若一十三所。今曰華果院，隸籍寺門。

其寶林道場，亦先是西國智藥三藏自南海經曹溪口，掬水而飲，香美異之。謂其徒曰：「此水與西天之水無別，溪源上必有勝地，堪為蘭若。」隨流至源上，四顧山水迴環，峰巒奇秀，歎曰：「宛如西天寶林山也。」乃謂曹侯村居民曰：「可於此山建一梵剎，一百七十年後，當有無上法寶於此演化，得道者如林，宜號寶林。」時韶州牧侯敬中，以其言具表聞奏，上可其請，賜寶林為額，遂成梵宮，落成於梁天監三年。

寺殿前有潭一所，龍常出沒其間，觸橈林木。一日現形甚巨，波浪洶湧，雲霧陰翳，徒眾皆懼。師叱之曰：「爾只能現大身，不能現小身，若為神龍，當能變化以小現大，以大現小也。」其龍忽沒，俄頃復現小身，躍出潭面，師展缽試之曰：「爾且不敢入老僧缽盂裏。」龍乃游揚至前，師以缽舀之，龍不能動。師持缽堂上，與龍說法，龍遂蛻骨而去。其骨長可七寸，首尾角足皆具，留傳寺門。師後以土石堙其潭，今殿前左側有鐵塔鎮處是也。

師墜腰石，鐫「龍朔元年盧居士誌」八字，此石今存黃梅東禪。又唐王維右丞，為神會大師作《祖師記》云：「師混勞侶積十六載，會印宗講經，因為削髮髮。」又柳宗元刺史，作《祖師諡號碑》云：「師受信具，遁隱南海上十六年。度其可行，乃居曹溪為人師。」又張商英丞相，作《五祖記》云：「五祖演化於黃梅縣之東禪院，蓋其便於將母。龍朔元年，以衣法付六祖已，散眾入東山結庵。有居人馮茂，以山施師為道場焉。」以此考之，則師至黃梅傳受五祖衣法，實龍朔元年辛酉歲。至儀鳳丙子，得一十六年，師方至法性祝髮。他本或作師咸亨中至黃梅，恐非。

六祖能禪師碑銘〔註11〕

王　維

　　無有可捨，是達有源；無空可住，是知空本。離寂非動，乘化用常，在百法而無得，周萬物而不殆。鼓枻海師，不知菩提之行；散花天女，能變聲聞之身。則知法本不生，因心起見；見無可取，法則常如。世之至人，有證於此，得無漏不盡漏，度有為非無為者，其惟我曹溪禪師乎！

　　禪師俗姓盧氏，某郡某縣人也。名是虛假，不生族姓之家；法無中邊，不居華夏之地。善習表於兒戲，利根發於童心。不私其身，臭味於耕桑之侶；苟適其道，膻行於蠻貊之鄉。年若干，事黃梅忍大師。願竭其力，即安於井臼；素刳其心，獲悟於稊稗。每大師登座，學眾盈庭，中有三乘之根，共聽一音之法。禪師默然受教，曾不起予，退省其私，迴超無我。其有猶懷渴鹿之想，尚求飛鳥之跡。香飯未消，弊衣仍覆，皆曰升堂入室，測海窺天。謂得黃帝之珠，堪授法王之印。大師心知獨得，謙而不鳴。天何言哉！聖與仁豈敢？子曰：「賜也，吾與汝弗如。」臨終，遂密授以祖師袈裟，而謂之曰：「物忌獨賢，人惡出己；吾且死矣，汝其行乎！」

　　禪師遂懷寶迷邦，銷聲異域。眾生為淨土，雜居止於編人；世事是度門，混農商於勞侶。如此積十六載。南海有印宗法師，講《涅槃經》。禪師聽於座下，因問大義，質以真乘。既不能酬，翻從請益，乃歎曰：「化身菩薩在此，色身肉眼凡夫，願開慧眼。」遂領徒屬，盡詣禪居，奉為掛衣，親自削髮。於是大興法雨，普灑客塵，乃教人以忍。曰：「忍者無生，方得無我。始成於初發心，以為教首。」至於定無所入，慧無所依。大身過於十方，本覺超於三世。根塵不滅，非色滅空。行願無成，即凡成聖。舉足下足，長在道場。是心是情，同歸性海。商人告倦，自息化城。窮子無疑，直開寶藏。其有不植德本，

難入頓門。妄係空花之狂，曾非惠日之咎。常歎曰：「七寶布施，等恒河沙；億劫修行，盡大地墨。不如無為之運，無礙之慈，弘濟四生，大庇三有。」

既而道德遍覆，名聲普聞。泉館卉服之人，去聖歷劫；塗身穿耳之國，航海窮年。皆願拭目於龍象之姿，忘身於鯨鯢之口。駢立於戶外，趺坐於床前。林是旃檀，更無雜樹；華惟蒼葡，不嗅餘香。皆以實歸，多離妄執。九重延想，萬里馳誠。思布發以奉迎，願叉手而作禮。則天太后、孝和皇帝，並敕書勸諭，徵赴京城。禪師子牟之心，敢忘鳳闕！遠公之足，不過虎溪。固以此辭，竟不奉詔。遂送百衲袈裟及錢帛等供養。天王厚禮，獻玉衣於幻人；女後宿因，施金錢於化佛。尚德貴物，異代同符。

至某載月日中，忽謂門人曰：「吾將行矣。」俄而異香滿室，白虹屬地。飯食訖而敷坐，沐浴畢而更衣。彈指不留，水流燈焰。金身永謝，薪盡火滅。山崩川竭，鳥哭猿啼。諸人唱言：「人無眼目。」列郡慟哭，世且空虛。某月日，遷神於曹溪，安坐於某所。擇吉祥之地，不待青烏；變功德之林，皆成白鶴。

嗚呼！大師至性淳一，天姿貞素，百福成相，眾妙會心。經行宴息，皆在正受；談笑語言，曾無戲論。故能五天重跡，百越稽首。修蛇雄虺，毒蜇之氣銷；跳狖彎弓，猜悍之風變。畋漁悉罷，蠱醯知非。多絕膻腥，效桑門之食；悉棄罝網，襲稻田之衣。永惟浮圖之法，實助皇王之化。

弟子曰神會，遇師於晚景，聞道於中年，廣量出於凡心，利智逾於宿學。雖末後供，樂最上乘。先師所明，有類獻珠之願；世人未識，猶多抱玉之悲。謂余知道，以頌見託。偈曰：

> 五蘊本空，六塵非有。眾生倒計，不知正受。
>
> 蓮花承足，楊枝生肘。苟離身心，孰為休咎？
>
> 至人達觀，與佛齊功。無心捨有，何處依空！
>
> 不著三界，徒勞八風。以茲利智，遂與宗通。
>
> 愍彼偏方，不聞正法。俯同惡類，將興善業。
>
> 教忍斷瞋，修慈捨獵。世界一華，祖宗六葉。
>
> 大開寶藏，明示衣珠。本源常在，妄轍遂殊。
>
> 過動不動，離俱不俱。吾道如是，道豈在吾！
>
> 道遍四生，常依六趣。有漏聖智，無義章句。
>
> 六十二種，一百八喻。悉無所得，應如是住！

六祖大師法寶壇經序〔註12〕

德　異

　　妙道虛玄，不可思議；忘言得旨，端可悟明。故世尊分座於多子塔前，拈華於靈山會上，似火與火，以心印心。西傳四七，至菩提達磨，東來此土，直指人心，見性成佛。有可大師者，首於言下悟入，末上三拜得髓，受衣紹祖，開闡正宗。三傳而至黃梅，會中高僧七百，惟負舂居士，一偈傳衣為六代祖。南遯十餘年，一旦以非風旛動之機，觸開印宗正眼。居士由是祝髮登壇，應跋陀羅懸記，開東山法門，韋使君命海禪者錄其語，目之曰《法寶壇經》。

　　大師始於五羊，終至曹溪，說法三十七年。沾甘露味，入聖超凡者，莫記其數。悟佛心宗，行解相應，為大知識者，名載傳燈。惟南嶽青原，執侍最久，盡得無巴鼻。故出馬祖石頭，機智圓明，玄風大震。乃有臨濟、溈仰、曹洞、雲門、法眼諸公，巍然而出。道德超群，門庭險峻，啟迪英靈衲子，奮志衝關，一門深入，五派同源，歷遍爐錘，規模廣大。原其五家綱要，盡出《壇經》。

　　夫《壇經》者，言簡義豐，理明事備，具足諸佛無量法門。一一法門具足無量妙義，一一妙義發揮諸佛無量妙理。即彌勒樓閣中，即普賢毛孔中，善入者，即同善財，於一念間圓滿功德，與普賢等，與諸佛等。

　　惜乎《壇經》為後人節略太多，不見六祖大全之旨。德異幼年嘗見古本，自後遍求三十餘載，近得通上人尋到全文，遂刊於吳中休休禪庵，與諸勝士同一受用。惟願開卷舉目，直入大圓覺海，續佛祖慧命無窮！斯余志願滿矣！

　　至元二十七年庚寅歲中春日敘。

〔註12〕錄於《大正藏》第48冊。

六祖大師法寶壇經贊 〔註13〕

契 嵩

　　贊者，告也，發經而溥告也。《壇經》者，至人之所以宣其心也（至人謂六祖，篇內同）。何心邪？佛所傳之妙心也。大哉心乎！資始變化而清淨常若，凡然聖然幽然顯然，無所處而不自得之。聖言乎明，凡言乎昧。昧也者變也，明也者復也。變復雖殊，而妙心一也。始釋迦文佛以是而傳之大龜氏，大龜氏相傳之三十三世者，傳諸大鑒（六祖謚號大鑒禪師），大鑒傳之而益傳也。

　　說之者抑亦多端，固有名同而實異者也，固有義多而心一者也。曰血肉心者，曰緣慮心者，曰集起心者，曰堅實心者，若心所之心，益多也，是所謂名同而實異者也。曰真如心者，曰生滅心者，曰煩惱心者，曰菩提心者，諸修多羅其類此者，殆不可勝數，是所謂義多而心一者也。義有覺義有不覺義，心有真心有妄心，皆所以別其正心也。方《壇經》之所謂心者，亦義之覺義，心之實心也。

　　昔者聖人之將隱也，乃命乎龜氏教外以傳法之要，意其人滯跡而忘返，固欲後世者提本而正末也。故《涅槃》曰：「我有無上正法，悉已付囑摩訶迦葉矣。」天之道存乎易，地之道存乎簡，聖人之道存乎要。要也者，至妙之謂也。聖人之道，以要則為法界門之樞機，為無量義之所會，為大乘之椎輪。《法華》豈不曰「當知是妙法，諸佛之秘要」，《華嚴》豈不曰「以少方便，疾成菩提」！要乎其於聖人之道，利而大矣哉。是故《壇經》之宗，尊其心要也。

　　心乎若明若冥，若空若靈，若寂若惺。有物乎？無物乎？謂之一物，固

〔註13〕錄於《大正藏》第 48 冊。

彌於萬物；謂之萬物，固統於一物；一物猶萬物也，萬物猶一物也。此謂可思議也。及其不可思也，不可議也，天下謂之玄解，謂之神會，謂之絕待，謂之默體，謂之冥通。一皆離之遣之，遣之又遣，亦烏能至之。微其果然獨得與夫至人之相似者，孰能諒乎！推而廣之，則無往不可也。探而裁之，則無所不當也。施於證性，則所見至親；施於修心，則所詣至正；施於崇德辯惑，則真忘易顯；施於出世，則佛道速成；施於救世，則塵勞易歇。此《壇經》之宗，所以旁行天下而不厭。彼謂即心即佛，淺者何其不知量也。以折錐探地而淺地，以屋漏窺天而小天，豈天地之然邪？

　　然百家者，雖苟勝之，弗如也。而至人通而貫之，合乎群經，斷可見矣。至人變而通之，非預名字，不可測也。故其顯說之，有倫有義；密說之，無首無尾。天機利者得其深，天機鈍者得其淺。可擬乎？可議乎？不得已況之，則圓頓教也，最上乘也，如來之清淨禪也，菩薩藏之正宗也。論者謂之玄學，不亦詳乎？天下謂之宗門，不亦宜乎？

　　《壇經》曰定慧為本者，趣道之始也。定也者，靜也。慧也者，明也。明以觀之，靜以安之，安其心可以體心也，觀其道可以語道也。一行三昧者，法界一相之謂也。謂萬善雖殊，皆正於一行者也。無相為體者，尊大戒也。無念為宗者，尊大定也。無住為本者，尊大慧也。夫戒定慧者，三乘之達道也。夫妙心者，戒定慧之大資。以一妙心而統乎三法，故曰大也。無相戒者，戒其必正覺也。四弘願者，願度度苦也，願斷斷集也，願學學道也，願成成寂滅也。滅無所滅，故無所不斷也；道無所道，故無所不度也。無相懺者，懺非所懺也。三歸戒者，歸其一也。一也者，三寶之所以出也。說摩訶般若者，謂其心之至中也。般若也者，聖人之方便也，聖人之大智也。固能寂之明之，權之實之。天下以其寂，可以泯眾惡也。天下以其明，可以集眾善也。天下以其權，可以大有為也。天下以其實，可以大無為也。至矣哉，般若也，聖人之道，非夫般若不明也，不成也。天下之務，非夫般若不宜也，不當也。至人之為以般若振，不亦遠乎！我法為上上根人說者，宜之也。輕物重用則不勝，大方小授則過也。從來默傳分付者，密說之謂也。密也者，非不言而闇證也，真而密之也。不解此法而輒謗毀，謂百劫千生斷佛種性者，防天下亡其心也。

　　偉乎，《壇經》之作也！其本正，其跡效，其因真，其果不謬。前聖也，後聖也，如此起之，如此示之，如此復之，浩然沛乎，若大川之注也，若虛

空之通也，若日月之明也，若形影之無礙也，若鴻漸之有序也。妙而得之之謂本，推而用之之謂跡，以其非始者始之之謂因，以其非成者成之之謂果。果不異乎因，謂之正果也；因不異乎果，謂之正因也。跡必顧乎本，謂之大用也；本必顧乎跡，謂之大乘也。乘也者，聖人之喻道也。用也者，聖人之起教也。

夫聖人之道，莫至乎心。聖人之教，莫至乎修。調神入道，莫至乎一相止觀。軌善成德，莫至乎一行三昧。資一切戒，莫至乎無相。正一切定，莫至乎無念。通一切智，莫至乎無住。生善滅惡，莫至乎無相戒。篤道推德，莫至乎四弘願。善觀過，莫至乎無相懺。正所趣，莫至乎三歸戒。正大體，裁大用，莫至乎大般若。發大信，務大道，莫至乎大志。天下之窮理盡性，莫至乎默傳。欲心無過，莫善乎不謗。定慧，為始道之基也。一行三昧，德之端也。無念之宗，解脫之謂也。無住之本，般若之謂也。無相之體，法身之謂也。無相戒，戒之最也。四弘願，願之極也。無相懺，懺之至也。三歸戒，真所歸也。摩訶智慧，聖凡之大範也。為上上根人說，直說也。默傳，傳之至也。戒謗，戒之當也。

夫妙心者，非修所成也，非證所明也，本成也，本明也。以迷明者復明，所以證也。以背成者復成，所以修也。以非修而修之，故曰正修也。以非明而明之，故曰正證也。至人暗然不見其威儀，而成德為行藹如也。至人頹然若無所持，而道顯於天下也。蓋以正修而修之也，以正證而證之也。於此乃曰，罔修罔證，罔因罔果。穿鑿叢脞，競為其說，繆乎至人之意焉。噫！放戒定慧而必趣乎混茫之空，則吾未如之何也。甚乎含識溺心而浮識，識與業相乘循諸響，而未始息也。

象之形之，人與物偕生，紛然乎天地之間，可勝數邪？得其形於人者，固萬萬之一耳。人而能覺，幾其鮮矣！聖人懷此，雖以多義發之，而天下猶有所不明者也。聖人救此，雖以多方治之，而天下猶有所不醒者也。賢者以智亂，不肖者以愚壅，平平之人以無記惛，及其感物而發，喜之怒之，哀之樂之，益蔽者萬端，曖然若夜行而不知所至。其承於聖人之言，則計之博之。若蒙霧而望遠，謂有也，謂無也，謂非有也，謂非無也，謂亦有也，謂亦無也。以不見而卻蔽固，終身而不得其審焉。海所以在水也，魚龍死生在海而不見乎水。道所以在心也，其人終日說道而不見乎心。悲夫！心固微妙幽遠，難明難湊，其如此也矣！

聖人既隱，天下百世雖以書傳，而莫得其明驗。故《壇經》之宗舉，乃直示其心，而天下方知，即正乎性命也。若排雲霧而頓見太清，若登泰山而所視廓如也。王氏以方乎世書曰：「齊一變至於魯，魯一變至於道。」斯言近之矣。《涅槃》曰「始從鹿野苑，終至跋提河，中間五十年，未曾說一字」者，示法非文字也，防以文字而求其所謂也。曰「依法不依人」者，以法真而人假也。曰「依義不依語」者，以義實而語假也。曰「依智而不依識」者，以智至而識妄也。曰「依了義經不依不了義經」者，以了義經盡理也。而菩薩所謂即是宣說《大涅槃》者，謂自說與經同也。聖人所謂四人出世（即四依也）、護持正法、應當證知者，應當證知故，至人推本以正其末也。自說與經同故，至人說經如經也。依義、依了義經故，至人顯說而合義也、合經也。依法、依智故，至人密說變之、通之而不苟滯也。示法非文字故，至人之宗尚乎默傳也。聖人如春陶陶而發之也，至人如秋濯濯而成之也。聖人命之而至人傚之也，至人固聖人之門之奇德殊勳者也。

夫至人者，始起於微，自謂不識世俗文字。及其成至也，方一席之說，而顯道救世，與乎大聖人之云為者，若合符契也。固其玄德上智，生而知之，將自表其法而示其不識乎？歿殆四百年，法流四海而不息。帝王者，聖賢者，更三十世求其道而益敬。非至乎大聖人之所至，天且厭之久矣，烏能若此也。予固豈盡其道，幸蚊虻飲海亦預其味，敢稽首布之，以遺後學者也。

賜諡大鑒禪師碑〔註14〕

柳宗元

　　扶風公廉問嶺南三年，以佛氏第六祖未有稱號，疏聞於上。詔諡大鑒禪師，塔曰靈照之塔。元和十年十月十三日，下尚書祠部符到都府，公命部吏泊州司功掾告於其祠。幢蓋鐘鼓，增山盈谷，萬人咸會，若聞鬼神。其時學者千有餘人，莫不欣踴奮厲，如師復生；則又感悼涕慕，如師始亡。因言曰：

　　自有生物，則好鬥奪，相賊殺，喪其本實，誖乖淫流，莫克返於初。孔子無大位，沒以餘言持世，更楊墨黃老益雜，其術分裂。而吾浮圖說後出，推離還源，合所謂生而靜者。梁氏好作有為，師達磨譏之，空術益顯。六傳至大鑒。大鑒始以能勞苦服役，一聽其言，言希以究。師用感動，遂受信具。遯隱南海上，人無聞知，又十六年。度其可行，乃居曹溪為人師。會學者來，嘗數千人。其道以無為為有，以空洞為實，以廣大不蕩為歸。其教人，始以性善，終以性善，不假耘鋤，本其靜矣。中宗聞名，使幸臣再徵，不能致。取其言以為心術，其說具在。今佈天下，凡言禪皆本曹溪。

　　大鑒去世百有六年，凡治廣部而以名聞者以十數，莫能揭其號。乃今始告天子，得大諡。豐佐吾道，其可無辭？公始立朝，以儒重，刺虔州，都護安南。由海中大蠻夷，連身毒之西，浮舶聽命，咸被公德，受旗纛節戟，來蒞南海，屬國如林。不殺不怒，人畏無噩，允克光於有仁，昭列大鑒，莫如公宜。其徒之老，乃易石於宇下，使來謁辭。其辭曰：

　　達摩乾乾，傳佛語心。六承其授，大鑒是臨。勞勤專默，終挹於深。抱其信器，行海之陰。其道爰施，在溪之曹。厖合猥附，不夷其高。傳告咸陳，

〔註14〕錄於《大正藏》第 48 冊。

惟道之褒。生而性善，在物而具。荒流奔軼，乃萬其趣。匪思愈亂，匪覺滋誤。由師內鑒，咸獲於素。不植乎根，不耘乎苗。中一外融，有粹孔昭。在帝中宗，聘言於朝。陰翊王度，俾人逍遙。越百有六祀，號諡不紀。由扶風公，告今天子。尚書既復，大行乃誄。光於南土，其法再起。厥徒萬億，同悼齊喜。惟師化所被洎，扶風公所履，咸戴天子。天子休命，嘉公德美，溢於海夷，浮圖是視。師以仁傳，公以仁理，謁辭圖堅，永胤不已。

大鑒禪師碑〔註15〕

劉禹錫

　　元和十年某月日，詔書追褒曹溪第六祖能公，諡曰大鑒。實廣州牧馬總以疏聞，繇是可其奏。尚道以尊名，同歸善善，不隔異教。一字之褒，華夷孔懷，得其所故也。馬公敬其事，且謹始以垂後，遂咨於文雄，今柳州刺史河東柳君為前碑。

　　後三年，有僧道琳率其徒由曹溪來，且曰：「願立第二碑，學者志也。」維如來滅後，中五百歲，而摩騰、竺法蘭，以經來華，人始聞其言，猶夫重昏之見曶爽。後五百歲，而達摩以法來華，人始傳其心，猶夫昧旦之睹白日。自達摩六傳至大鑒，如貫意珠，有先後而無同異。世之言真宗者，所謂頓門。初達摩與佛衣俱來，得道傳付，以為真印。至大鑒置而不傳，豈以是為筌蹄邪？芻狗邪？將人人之莫已若而不若置之邪？吾不得而知也。

　　按大鑒生新州，三十出家，四十七年而沒，百有六年而諡。始自蘄之東山，從第五師得授記以歸。中宗使中貴人再徵，不奉詔，第以言為貢。上敬行之。銘曰：

　　至人之生，無有種類。同人者形，出人者智。蠢蠢南裔，降生傑異。父乾母坤，獨肖元氣。一言頓悟，不踐初地。五師相承，授以寶器。宴坐曹溪，世號南宗。學徒爰來，如水之東。飲以妙藥，差其瘖聾。詔不能致，許為法雄。去佛日遠，群言積億。著空執有，各走其域。我立真筌，揭起南國。無修而修，無得而得。能使學者，還其天識。如黑而迷，仰目斗極。得之自然，竟不可傳。口傳手付，則礙於有。留衣空堂，得者天授。

〔註15〕錄於《大正藏》第 48 冊。

佛衣銘〔註16〕

劉禹錫

吾既為僧琳撰曹溪第二碑，且思所以辯六祖置衣不傳之旨，作《佛衣銘》，曰：

佛言不行，佛衣乃爭。忽近貴遠，古今常情。尼父之生，土無一里。夢奠之後，履存千祀。惟昔有梁，如象之狂。達摩救世，來為醫王。以言不痊，因物乃遷。如執符節，行乎復關。民不知官，望車而畏。俗不知佛，得衣為貴。壞色之衣，道不在茲。由之信道，所以為寶。六祖未彰，其出也微。既還狼荒，憬俗蚩蚩。不有信器，眾生曷歸。是開便門，非止傳衣。初必有終，傳豈無已。物必歸盡，衣胡久恃。先終知終，用乃不窮。我道不朽，衣於何有。其用已陳，孰非芻狗。

〔註16〕錄於《大正藏》第 48 冊。

六祖腰石銘〔註17〕

陳豐頂

師腰石棄在黃梅，嘉靖間，鄉人有官於楚者，舁以歸，至今謁師者未嘗不謁石，睹斯石有道心焉。

陳子曰：求道者如入寶山，得則金玉，不得瓦礫。師唯不向黃梅求道也！師向黃梅求道，竟得茲石，不亦宜乎？夫以石如衣焉則可，衣非道也，石安取？以石即道焉則可，祖道非師道也，石安取？

嘗潛心頓門，妄云有得，蓋自學樵飯母，聞應沃心。師之為師，固已作祖有餘，而逢客多事，師復過聽，促裝別母，千里問津，所求何物？時已見笑於忍祖矣。槽廠著去，原非為惡人害汝也，固謂蠢茲獦獠，枉具利根，捨爾真佛，貪我昫布，必將磨落之，不堪而後厭。

當此之時，祖悟而師未悟，是以捐軀為法，竭蹶徒工。忘己非輕，假物作重，碓頭腰間，猶然求福田，不求出離之大眾也。迨夫米熟慧生者，我本來如見父母。書廊半偈，愧悔己形。杖碓三更，籠牢亦盡。當此之時，祖悟而師亦悟。區區衣缽，且未足愚自渡者之心，而況乎此石！

是故登舟把櫓，明悔前迷，擲缽盤上，已將棄去不取矣。祖有道，師亦有道，金剛如故，應住無加，汗血八月，僅博袈裟。一講所得，孰與市上多耶！是固秀若眾等所惓聽者而均不師若也何哉？於是諸上人請曰：道不從石，亦不從祖，石以道傳，亦以文顯。願居士留意焉！遂銘之曰：

> 師腰斯石，一舉一俯。舉則拔山，俯則飲羽。
> 只求米熟，不求勞苦。自師視之，以當一石。
> 自我視之，亦當一石。若有鈍賊，妄生荊棘。
> 謂法須石，謂鏡須拭。稽請大師，如黃梅日。
> 頑質頑石，護以膠漆。勞彼迷根，永不得逸。

〔註17〕錄於《重修曹溪通志》，亦見《大藏經補編》第 30 冊。

六祖大師法寶壇經跋〔註18〕

宗　寶

　　六祖大師平昔所說之法，皆大乘圓頓之旨，故目之曰經。其言近指遠，詞坦義明，誦者各有所獲。明教嵩公常贊云：「天機利者得其深，天機鈍者得其淺。」誠哉言也。

　　余初入道，有感於斯。續見三本不同，互有得失，其板亦已漫滅，因取其本校讎，訛者正之，略者詳之，復增入弟子請教機緣。庶幾學者得盡曹溪之旨。按察使雲公從龍，深造此道。一日過山房睹余所編，謂得《壇經》之大全，慨然命工鋟梓，顓為流通，使曹溪一派不至斷絕。

　　或曰：「達磨不立文字，直指人心見性成佛，盧祖六葉正傳，又安用是文字哉？」

　　余曰：「此經非文字也，達磨單傳直指之指也。南嶽青原諸大老，嘗因是指以明其心，復以之明馬祖石頭諸子之心。今之禪宗流佈天下，皆本是指。而今而後，豈無因是指而明心見性者耶。」

　　問者唯唯再拜謝曰：「予不敏，請並書於經末，以詔來者。」

　　至元辛卯夏，南海釋宗寶跋。

〔註18〕錄於《大正藏》第48冊。

讀壇經跋 〔註19〕

王世貞

　　《壇經》其聖人之言乎哉！然而非聖人教也！其教行天下遂無祖矣，非無祖也，夫人而能為祖也！黃梅之徒，蓋十餘焉，引而不發躍如也，達磨之示旨微矣！子曰：「參乎，吾道一以貫之。」曾子曰：「唯。」子出，門人問曰：「何謂也？」曾子曰：「夫子之道，忠恕而已矣。」夫悟解，悟也；解悟，非悟也。酥乳醍醐品列而人嘗之，而味得也。日攜醍醐而食，人知味者寡矣。

　　又跋：

　　阿難親從世尊且數十年，受楞嚴時幾隳法身，而不支；數現聖光，屈金色臂指示要理，而不悟。六祖一謁黃梅而即覺，其人可知也。然至遷化現虛空變，分骸二國，抑何其通達靈妙耶？夫子曰：「或生而知之，或學而知之，及其知之，一也。」

〔註19〕錄於《重修曹溪通志》，亦見《大藏經補編》第 30 冊。

後　記

　　《入〈壇經〉注》是我「中華傳統經典注釋系列」的第一部。此注非為試圖傳道授業解惑，或趕「國學」熱鬧。而是我發現，對我而言，注釋經典實際上是最有效的學習方法。我並不是懂了以後才去注釋經典，而是注釋以後才懂：一邊學習，一邊注解，然後就有了某些心得。

　　二十年來，我一直在研學《壇經》，她已深深印在我的心頭，蘊養出了我學習、禪修、寫作、為人待物的底色。當然，這部經典，即使我再讀二十年也未必能夠讀透，自性的世界，深廣著呢！

　　我初步設定，從此以後，只要還有心力，便每年一部，精讀、修學、注解優秀傳統文化經典，完成我思考已久的「中華傳統經典詮釋學」。同時也邀約有心者一起學習、推廣、探討經典。越是知識爆炸、信息亂飛、科技高超的時代，越要重視根基的築牢，越要回歸、守護好內心。否則，生命從來是被裹挾著亂竄的。

　　試問哪一部經典又不是為守護好、建構好心靈而生！只是現在，經典離我們確實有些距離了。一是因年代久遠，我們已很難理解古人的詞意表達；二是現代人理性思維極其頑固，已很難穿透思維而進入經典之本心；三是傳播者、學習者輕率作為，放縱身心，未建立在性命修學、德行為大的基礎上詮釋經典，最終導致「國學」爛了一地，還招來眾多口誅筆伐。

　　研習經典，乃為從傳統中挖掘此心同、此理同、千古不變的生命價值。我深信，我所實踐歸納出來的「中華經典深度閱讀法」是有一定效用的。目前，我已經進入《老子》《黃裳集》《傳習錄》的深度學習、譯註了。我依然不是在講心靈雞湯，而是認真體貼，虛化自我固執，歸納、實踐能有效契入其中的具體方法。

其實，我並沒有將之當作我的主業，好多注解都是我用零散時間完成的，這些時間，不用來學習經典，也同樣會被混亂焦灼的內心所消耗、浪費。況且，這種注解，我認為同時就是生命的修行、蘊養，尤其是在那閑暇中，內心最易變得慵懶放縱時。

我的經典詮釋理路，首重「立心」。如此絕非道德說教，而是講解如何立心。心既不穩、不淨，這個世界便更添了許多混亂和偽道德者、偽教化者、偽修行者。雖名曰立功立言立德，實是掩蓋了本心，另造了罪禍。況且，如今身邊經常有絕症消息傳來，聞之痛心疾首。可知，絕大部分病患，都是本心未立，以致不但陰氣入體，還自造內邪。許多平時很善良的人，都倒在了自造的病患中。能立心者，便可有效深究性命煉養工夫，從而化盡身心陰濁，解構病相，救己救人。

其次，注重深度閱讀，詳細整理、詮釋實踐方法。當前經典習學的普遍情況是，似乎對某幾部經典已有涉獵，但談及深層旨要或面臨講授運用時，常常心有餘而力不足，不知從何下手。故本人力舉深度閱讀，吃透經典。並且，一定要歸納整合。經典中有很多可以滋養、潤化生命的資源，只是大多過於零散，讀之似乎已有所得，卻朦朦朧朧，羚羊掛角。本人希望以自己的學習經驗，將那些涵養身心的方法詳細歸納出來，供研習者參考。

再次，注重實踐化用。空講道理，有何可益！不但使人望洋興歎，更增長了自心執著。我詮釋經典的一個重要環節便是極力躬行，坐空坐忘，尋求與經典的契合、互證，真正進入經典的核心。並用之於生活，在能力範圍內解決一些身心問題，於人於己受用，也可響應國家對傳統文化創造性轉化和創新性發展的理念。

經典，是指導人類涵養性命的大學問，屬於為道層面的事，而非一定要宣揚通過經典應對考試，獲取聲名利益，如此實在太過短視和急功近利，不但小看、違背了經典意蘊，更將一個健康生命本該創造出的利國、利民、利心、利道的自然功能給破壞了。其實，如果真的吃透了幾部經典，哪怕一部，必能打開心量、拓寬視野，應對些選拔考試、日常身心養護，或名利場中清醒進退，已經綽綽有餘！

中華經典詮釋，我會一直繼續，先不說傳播國學智慧等高大上口號，我的出發點是「為己」。今之學者更當為己，盡力提升、成就心性涵養。在此基礎上，再來說傳播、解惑之事吧。

　　此外另有一點說明，本人在進行國家社科基金項目《雲南禪宗史》研究時，數次遭遇史實不清、史料未全的窘境，一度難以繼續。但深度研讀《壇經》後，卻如換了全新視角，許多模糊問題豁然開朗。才感慨禪心、禪史原來是相互彰顯，多有共鳴。故而，此書其實是我研究《雲南禪宗史》的重要階段性成果。

　　最後，在研學、成書過程中，感謝各位親友的互動、陪伴！也感謝臺灣花木蘭文化事業有限公司及楊嘉樂副總編輯認可本書的價值並願意推促出版！真心祝福他們！願生命從容、輕盈、安好！

天春，2019.11.12 記